国家社会科学基金项目（16CXW030）研究成果

扬州大学出版基金资助

石晋阳 / 著

老年群体社交媒体使用困境及其社会支持研究

江苏大学出版社
JIANGSU UNIVERSITY PRESS

镇 江

图书在版编目（CIP）数据

老年群体社交媒体使用困境及其社会支持研究 ／ 石晋阳著. -- 镇江 ：江苏大学出版社，2024. 11.

ISBN 978-7-5684-2366-3

Ⅰ. C912.3-39

中国国家版本馆CIP数据核字第202423NV33号

老年群体社交媒体使用困境及其社会支持研究

LaoNian QunTi SheJiao MeiTi ShiYong KunJing Ji Qi SheHui ZhiChi YanJiu

著　　者/石晋阳

责任编辑/梁宏宇

出版发行/江苏大学出版社

地　　址/江苏省镇江市京口区学府路 301 号（邮编：212013）

电　　话/0511-84446464（传真）

网　　址/http：press.ujs.edu.cn

排　　版/镇江文苑制版印刷有限责任公司

印　　刷/苏州盛世云印科技有限公司

开　　本/710 mm×1 000 mm　1/16

印　　张/16

字　　数/290 千字

版　　次/2024 年 11 月第 1 版

印　　次/2024 年 11 月第 1 次印刷

书　　号/ISBN 978-7-5684-2366-3

定　　价/68. 00 元

如有印装质量问题请与本社营销部联系（电话：0511-84440882）

/ 前　言 /

　　本课题的形成源于"80后"的我对"50后"亲代的观察和思考。我亲眼见证刚刚步入老年期的长辈带着"成熟"的生活经验匆匆踏入相对陌生的数字世界，他们或是怀疑抗拒，或是无助焦虑……曾经强大权威、无所不能的长辈展现出无能为力的一面，而这可能是老年人步入数字时代普遍面临的窘境。在当前时代发展的节点，"数字化"遇上"老龄化"，无论是对家庭还是对社会都是不小的挑战。

　　自2016年国家社科基金立项以来，我持续进行线上和线下两个空间的田野调查。我不仅在线上"沉浸式"考察社交媒体环境、观察数十位老年朋友的网络行为，也在线下与老年朋友聊天、倾听他们的故事。通过调查，我深深地感受到自己的研究对象经历了共和国日新月异的发展，拥有独特的"中国体验"，是有经验、有思想、有故事的一群人。老年人这个群体其实存在着显著的个体异质性，在理解老年人共性的基础上，我努力去关注老年人的多元性。我知道自己的研究对象是一个个活生生的人，他们的生命历程可能跌宕起伏，他们的晚年生活也多种多样。在关注老年人时，我不能仅将他们作为研究的数据节点，而应浸润在新中国的时代变迁中，尝试对老年人的命运有深刻理解，对老年人的生活体验有深度共情。

　　研究老年群体，我首先感受到的是代际差异。随着对社会现实的深入思考，我还关注到城乡差异。乡土研究是我国社会学的一大特色，然而数字媒体是新时代的产物，因此针对老年群体数字化生存的研究大多聚焦于城市地区。在当代传播学领域，真正的数字贫困群体还没有进入学术研究的中心。空巢老人、留守老人，他们处在怎样的境遇中？不同地方的老年人的生活有什么不同？老年人的社交圈子呈现出怎样的形态？社交媒体的使用是否有益于老年人的晚年生活？带着这些问题，我上下求索。在这里，我想讲述两个在调研过程中听来的故事。

我的家乡地处江海平原，近年来，随着城镇化进程加速，越来越多的年轻人选择进城定居，农村开始出现留守老人。2019年年末，母亲告诉我，村里一位坚持独居养老的老人去世了。被前来探望的社区工作人员发现时，他趴在门口已没有了气息。据说，他饿了好多天，没有人发现。他把两万多元的现金铺在了床上，似乎是在说"谁帮着料理后事，谁就可以拿走这些钱"。由于老人没有直系儿女，村主任找到了他的侄子，委托他为老人料理后事。村里人议论说，这种悲惨的结局跟老人自身的性格也有关。这位老人性格比较孤僻，不舍得"撒钱"，素来与亲属不睦，也没什么朋友。这不禁让人反思：随着独居老人越来越多，在居家养老模式下，政府和社会可以承担什么？也就是说，政府和社会该如何支持老年人构建更有益的社交网络，保障老年人活得更有尊严？数字技术又可以提供哪些解决方案？

深入接触老年群体，我发现他们相比之下普遍受教育水平不高。在一次单位活动上，一位"70后"同事跟我说："我觉得现在的老年人受到的关怀太少了。他们一辈子都在为子女操劳。你知道吗，我妈妈八十多了，她的积蓄存款很多的，都是我们兄妹平时给她的，但是她舍不得用，说要百年后把钱留给我们。有一次，大热天的，我妈妈一直躺在沙发上。她认为不动就不会出汗，也就不用开那个费电的空调了。"同事的话让我很感慨。老年人在历史等因素的影响下形成了某种同质化的群体性格，如勤劳节俭、缺乏兴趣爱好。很多人一辈子为家庭而操劳，没有自我，而且这种生活方式已然成为惯性，到了晚年也依然以家庭或子女后辈的利益为重，自我的存在感很低。那么，人到老年，该如何认识自我？网络社交媒体能否帮助老年人建立积极的自我认同，追求更有意义的晚年生活？

2021年，阳春三月，扬州瘦西湖风景区终于又迎来了一群群游客。我发现，这个旅游季，老年游客很多。有的老年游客开心地在美景前摆姿势拍照；有的老年游客将手机撑在三脚架上，在风景如画的园子里跟着音乐跳起广场舞。我还发现，正值园林修葺的季节，在湖边劳作的农民工也以老年人居多。

中午时分，老年农民工在湖边工地旁或倚或躺地休息，静静地看着一群群操着各地口音的老年游客一路欢笑一路歌。

由于社交圈缩小，一些老年人退休后会向越来越小的内部组织寻求支持，如家庭、亲友等。我在牛年春节期间，教近七十岁的伯母使用平板电脑。在学会微信视频通话后，她想学习广场舞，说在抖音上就可以学。让我惊讶的是，伯母虽然并不会使用智能设备，但已知道"抖音"之类的流行词。由此可见，新媒介对人们的日常生活有着深度渗透，包括流行话语的广泛传播，而这些话语又形塑着人们的想象世界和媒介需求。在此意义上，新媒介技术似乎在拓展老年群体认知方面有用武之地。

不过，本研究并不局限于技术应用，而是研究数字时代人与技术的关系及技术对人类社交关系的影响。从社会交往视角出发，每一位老年人都是复杂社会关系中的一员。亲缘、业缘、地缘、趣缘等构建了一个人或近或远的社会关系网络。我们常常形象化地将一个人的关系网看成同心圆，圆心是这个人自己。越靠近圆心的关系越亲密，越远离圆心的关系越疏淡。技术工具的使用，让我们重新思考其对各种社会关系的影响，包括基于血缘的家庭亲密关系、基于学缘或业缘的熟人关系、基于地缘或趣缘的偶然发生的松散关系等。因此，我想重点考察老年人利用社交媒体时如何认识自我、如何构建关系网络、如何进行数字化生存。

在持续的观察和思考中，我发现，相关研究问题绝不是通过简单的数据统计就能解决的。在对一个个具体问题的探究中，我管窥到当下的宏观现实。在梳理社会文化变迁的过程中，我触摸到一个个鲜活的生命。老年人身处暮年，依然努力地、积极地扮演着"应该是"的角色。在快速的数字化进程中，老年群体的现实境遇究竟如何？当信息化与老龄化相互交织，我不仅感受到"大国养老"的不易，也感受到老年人如今的晚年生活与传统的"四世同堂"生活渐行渐远。在调研时，我通过一个个孤寂困苦的留守老人，深刻感受到中国乡村的转型。城市"空巢"里空虚无聊或网络成瘾的老人，让我深刻感受到，在经历人口结构、家庭结构的急剧变化后，全社会急需重建老龄文化。

在纷繁复杂的数字世界中，有人积极抗争，有人沉沦其中，有人被迷惑，有人被利用。我在调研时发现，有些老年朋友时不时在网络社交群内传播一些固定格式的谣言，他们就像是被无形之手操纵的"机器人"。这仅仅是因为这些老年朋友不够聪明吗？主要原因是有人故意甚至恶意地利用了老年人的弱点，将他们变成谣言传播中的"节点"。

我们不难发现，与老年市场开发者所期待的消费观相对立的是老年人被

"讨生活"的经历塑造的金钱观，如日积月累、"好天里，防阴天"。在数字世界中，有的老年人极容易受骗上当，这在某种程度上是因为他们在节衣缩食的生活中养成了"贪小便宜"的心理。老年用户每日到社交 App 上签到领流量、领金币、领积分，就极有可能是受到自身金钱观的影响。在数字时代，网络经验不足、对互联网资本逻辑不明就里的老年人特别容易为"蝇头小利"而陷入骗局。面对各种风险，老年网民该如何规避和防范？

最后，一个迫切的问题是，老年群体能充分共享数字化红利吗？老年人身上带有鲜明的时代烙印，他们大多在融入数字时代的过程中倍感吃力。一方面，老年人对数字技术的接受，不但受制于社会、经济等因素，还受到社交圈子、文化背景的影响；另一方面，老年人对社交媒体的理解，不但受到传统媒介观的制约，还可能受到固执心态的影响。2020 年之前，有关老年人数字化生存的学术研究并不丰富，而且大部分研究立足于大中城市，研究结果往往较为乐观。2020 年以来，随着数字社会治理体系建设的深化，越来越多的研究者开始关注城乡数字贫困群体，相关研究进一步深入和细化。

良好的社会互动关系有助于塑造"自我"。当社会关系和交往行为被全景化地映射于网络社交媒体时，我们该如何以社交媒体为"镜"，全面映照出全社会的老龄观念和老年人的生存境遇？我们该如何以社交媒体为"器"，为老年人寻求自我提供支持之策？面对数字弱势群体的困境，我们该如何思考社交媒体的人性化发展之道？带着这些疑问，本研究立足国情，以社交媒体的流行为背景，围绕"大国养老"层面的老龄化社会的数字化挑战、个体层面的老年人的数字化生存、群体层面的社交媒体逻辑下的老年人身份认同、社会层面的治理逻辑下的精准扶老进行探索。

全书包括绪论、正文和结语三大部分。绪论简要介绍了开展本研究的理论背景，界定了一些关键概念，具体阐释了研究意义和研究思路。正文分为三篇，共十一章。上篇聚焦于老龄化社会中老年群体的数字化生存困境。第一章反思数字时代的"大国养老"，梳理老龄社会面临的机遇与挑战。第二章通过对学术研究文献和数据报告的回顾，解析社交媒体视角下老年人数字化生存的参与实践与现实困境。第三章对我国当代老年人进行多元透视，试图全面理解其现实生活世界，为本土化研究奠定现实基础。第四章对老年群体的触网历程、社交媒体使用特征、网络身份表征、网络社交困境与风险进行梳理和反思。中篇聚焦于社交媒体环境中老年群体的形象塑造、参与实践和身份认同。第五章到第八章，基于微博、微信等社交平台对网络形象塑造、群际关系建构、老年人线上阅读与互动、老年人的群体边界与隐私观念、老年网络成瘾、老年网红等问题或现象进行系统探索，旨在揭示社交媒体逻辑下"老年歧视"网络传播现象及老年网民在通过网络传播实践寻求话语权力、身份认同的过程中遭遇的困境。下篇聚焦于数字社会中老年人发展与智慧养老的社会支持问题。首先，从老年数字贫困治理出发分析在国家"信息无障碍"顶层设计的引领下，融合化的社交媒体为"扶老越鸿沟"施行的传播之策。其次，立足于国内外案例，从教育视角讨论老年媒介素养教育发展的社会支持之策。最后，在社会治理层面，探讨网络空间治理之于老年人数字化生存的重要意义，以及老年友好型智慧社会构建过程中社交媒体的支持之策。结语部分从发现自我意义、建构老年身份、培育数字公民等方面对本研究的核心观点进行总结和展望。

需要说明的是，本书以笔者2021年完成的国家社科基金项目的研究成果为基础。由于数据的收集和整理需要时间，加之出版流程较长，本书中的数据或许未能反映2022年之后的市场趋势、技术进步或政策变化。绪论对数据采集和案例选用情况亦有详细说明。请读者在参考本书时留意数据可能存在的滞后性问题，结合最新的信息进行综合判断。

目　录 / Contents

 绪 论

第一节 研究的理论背景

一、老年期发展的社会理论探索

有关人类发展的科学研究，自 19 世纪末以来主要诞生了三种人类发展观：弗洛伊德（Sigmund Freud）的性心理发展理论、埃里克森（Erik Erikson）的心理社会发展理论和布朗芬布伦纳（Urie Bronfenbrenner）的生态系统理论。

埃里克森的心理社会发展理论认为，人类发展的动力是想要融入社会文化。该理论将人的发展划分为八个阶段，认为每个阶段都有独特的发展挑战，对上一阶段挑战的应对可以为下一阶段的发展做准备。在八个阶段中，成年晚期所要面对的挑战是"自我整合与绝望"。处于这一阶段的人会回望过往岁月并反思自己的一生。如果坦然接受过去、现在，并对未来充满希望，对自我感到满意，便达到了"自我整合"的目标，反之，则会陷入绝望。

与埃里克森重视人类发展的社会文化基础不同，20 世纪末发展起来的生态系统理论关注发展过程中人类所经历的文化环境，以及人与环境的互动。布朗芬布伦纳的生态系统理论包括对人类发展起作用的微观系统、中间系统、外部系统、宏观系统和时间系统，这些子系统表现为一个由内而外嵌套状的同心圆。[1] 这个发展生态模型的启示在于，人类的发展不仅受到家庭、社区、学校、媒体等系统直接或间接的影响，而且受到社会主流价值体系、所处时代、社会历史事件等因素的制约。

在情绪和社会性发展方面，越来越多的研究表明，老年期并非一个经常意

---

1 阿内特. 发展心理学：人类文化与人的毕生发展：第 2 版 [M]. 北京：电子工业出版社，2018：21-22.

志消沉的时期。在多数情况下，老年期是一个自我满足和心境平和的时期。与更年轻的人相比，老年人不仅自我评价更积极，而且负面情绪的发生概率更低。这是因为老年人更容易接受过去和现在的自己，从而有计划地去实现自我发展目标，如与健康和社交关系有关的自我发展目标。根据劳拉·卡斯滕森（Laura Carstensen）的社会情绪选择理论，老年人通过不断增加社会交往的选择性来实现情绪健康的最大化。[1] 与需要广泛接触社会的年轻人不同，老年人建立社会关系的动机不再以知识为基础，而转向以情感为基础。这意味着，老年人会通过筛选，退出一些没有情感回报的人际关系，更加关注对自身有价值的人际关系，从而实现老年期社交网络的重建。这一理论可以解释老年人的"熟人"社交网络偏好，因为与熟悉的人进行社会接触更能使老年人获得情感或精神上的满足；还可以解释人们为什么在晚年期对子女或后辈依赖感增强，因为家庭或家族亲密关系的维系与老年人的情绪健康目标相一致。

对于老年人的退休生活，西方发展心理学主要关注休闲活动、社区服务与公民参与、媒体使用等方面。

在休闲活动方面，退休的老年人往往拥有更多的闲暇时间，可以参加自己感兴趣的活动，如旅游、体育锻炼等。在发达国家，社会福利水平较高，老年群体通常有钱有闲，为老年人提供休闲活动的市场发展得更为完善。当然，也有很多老年人倾向于过平淡的日常生活，如看电视、阅读、购物、烹饪等。

在社区服务与公民参与方面，老年人通过参与志愿服务，不仅可以增强后代的幸福感，还可以从公益活动中切实受益，如获得身体和心理方面的好处，包括更高的健康自我评估、生活满意度、价值感、幸福感等。老年人参与志愿活动的传统与文化背景有关。有调查表明，低龄、女性老年人是我国社区老年志愿服务参与的主体，初中及以上学历、认为自己收入有保障、身体健康的有偶老年人参与志愿服务的比例较高。这与国外的相关研究结论一致。[2] 中国老年志愿服务主要依赖于社区的组织，如社区巡逻、环保监督、邻里互助等，鼓励参与者发挥自身技能的专业化志愿服务活动比较少。实际上，老年人参与志愿服务的动机是多样的，包括履行社会责任、建立社会关系、实现自我价值、进行角色转换等，其中以"发挥余热"为主的社会责任履行动机占比较高，

1　阿内特. 发展心理学：人类文化与人的毕生发展：第 2 版 [M]. 北京：电子工业出版社，2018：500.
2　杜鹏，谢立黎，李亚娟. 如何扩大老年志愿服务?：基于北京朝外街道的实证研究 [J]. 人口与发展，2015, 21（1）：89-95.

体现出老年志愿服务的利他性。[1] 相关调查数据显示，我国城市老年志愿服务存在高意愿、低参与的现象，老年志愿服务资源有待进一步开发。[2] 与发达国家相比，我国有机会参与志愿服务的老年人占比较低。这主要是因为社会对老年志愿服务的引导不足，提供的平台资源或活动设计不够。

老年人不仅是志愿服务的对象，还可以成为志愿服务的积极参与者。一方面，老年志愿服务不是单纯的休闲娱乐活动，而是老年人利用自身经验和智慧服务于社会的活动。老年志愿服务可以是助人的公益活动，也可以是专业化的服务项目。另一方面，社区应结合不同老年人的身心特点、知识经验等，开发能够发挥老年人专长的志愿服务项目，让老年人通过社会参与体会到存在感和满足感。[3]

在媒体使用方面，电视媒体是老年人广泛接受的传播媒体。在信息获取方面，电视是老年人获取信息的主要途径；在社会关系方面，电视挑战着老年人在家庭中的权威地位，因为年轻人不再习惯从年长者那里获得经验。中国广视索福瑞媒介研究（CSM）在 71 个大中城市的收视调查数据表明：2019 年 1—8 月，65 岁以上观众受到视力及经济条件的限制，把电视媒体作为第一选择，日均收看时长达 4.7 小时；55—64 岁电视观众所占比例为 18.6%。值得注意的是，越来越多视力较好、文化水平较高、经济条件较宽裕的老年人从电视媒体"移民"至互联网媒体。[4]

互联网媒体越来越受到老年群体的欢迎，老年人可以通过互联网获取资讯、与他人交往等。腾讯发布的《大健康行业数据洞察报告 2019》表明，文娱和健康是老年网民的重要关注领域，老年人获取健康内容的渠道从电视、报纸逐渐转向移动互联网。越来越多的老年人通过互联网获取健康知识、交流健康信息、了解健康产品等。

基于互联网逻辑的社交媒体可以在认知、交流和协作等方面为老年人提供支持，但同时也可能带给老年人困扰。根据"数字鸿沟 ABCD"理论，人们在新数字媒体接触和使用过程中存在的差异，主要表现在以下方面：接入（Access）

1　杜鹏，谢立黎，李亚娟. 如何扩大老年志愿服务?：基于北京朝外街道的实证研究［J］. 人口与发展，2015，21（1）：89-95.

2　谢立黎. 中国城市老年人社区志愿服务参与现状与影响因素研究［J］. 人口与发展，2017，23（1）：55-65，73.

3　齐天际，高春兰. 老年志愿服务大有可为［N］. 吉林日报，2020-07-17（5）.

4　张广彦. 老年观众媒介报告　传统电视仍是其主要选择［EB/OL］.（2019-11-06）［2024-10-11］. https://news.znds.com/article/41806.html.

沟、技能（Basic skill）沟、内容（Content）沟、动机（Desire）沟。[1] 随着互联网技术对日常生活的深度渗透，我国 60 岁以上的老年人"接入"互联网的速度正在加速。根据中国互联网络信息中心（CNNIC）发布的报告，截至 2020 年 12 月，老年网民规模达 1.1 亿。面对如此巨量的老年网民群体，来自社会学、传播学和信息管理等学科的研究者，越来越关注发生在老年人社交媒体使用过程中的群际、群内差异，并积极探索社交媒体之于老年人信息认知、关系建构、身份认同、主观幸福感获得、社会参与的发展价值。另外，值得注意的是，我国老年网民虽然增速迅猛，但在全部网民中占比较低。学界应关注到因数字不平等而产生的"数字弃民""数字难民"等数字贫困人群，积极探索老年群体数字贫困的治理之策。

二、老年期发展的社会关系支持

社会应该如何为老年期发展提供有效的支持？卡恩（Kahn）和安东努奇（Antonucci）于 1980 年提出了社会关系的护航模型（Convoy Model of Social Relations）或者说社会支持的护航模型（Convoy Model of Social Support）。该模型采用毕生发展视角和生命历程视角描绘社会关系网络图景，研究重点是成熟的社会关系及社会关系随时间变迁而产生的变化。

护航模型用一个同心圆结构描绘老年人的社会关系，并指出影响老年人身心健康的最重要的概念是社会关系网络中的情绪亲密感（emotional closeness）。情绪亲密感一般用于衡量社会关系的强度，不仅与亲密社会同伴的数量与联络频率等广度概念有关，也与亲密关系的深度有关。[2] 亲密关系的深度表征了老年人社会关系的支持功能。例如，拥有几个能够分享亲密感受的同伴，会为老年人带来有力的情感支持。

护航模型重点关注老年人社会关系的动态变化特征，强调个体异质性和灵活性。虽然社会情绪选择理论指出，个体成年后，随着年龄的增长会逐渐缩小社会关系网络，并将更多时间与情感投入到给自己带来更高情绪亲密感的社会关系中，但是个体晚年的幸福感有一定的灵活性。[3] 来自家庭的亲密关系可能是个体晚年幸福感的来源，也可能带来困扰，这与个体的生命历程、关键事件

1　郭庆光. 传播学教程［M］. 2 版. 北京：中国人民大学出版社，2011：218.
2　刘素素，欧阳铮，王海涛. 老年人的社会关系研究概述：基于护航模型的视角［J］. 人口与发展，2016，22（5）：90-97.
3　刘素素，欧阳铮，王海涛. 老年人的社会关系研究概述：基于护航模型的视角［J］. 人口与发展，2016，22（5）：90-97.

有关。因此，我们不仅要了解老年人在不同生命周期的社会关系的结构属性，还需要关注建立在社会关系圈基础上的社会互动方式及其积极或消极的影响。

在以华人为对象的研究中，一项基于护航模型—同心圆方法的调查表明，主要家庭成员和同辈群体形成的支持网络对老年人的生活满意度产生了积极影响。[1]　一项对 1005 名香港中老年人的研究运用聚类分析的方法确定了五种社会网络类型，即多种关系型、朋友聚焦型、受限关系型、家庭聚焦型和远亲型。其中，多种关系型与家庭聚焦型对主观幸福感的贡献最高。[2]　一项研究表明，拥有多种关系型社会网络的老年人的整体健康水平更高，朋友聚焦型社会网络比家庭聚焦型社会网络对老年人身体健康的贡献大。[3]　一项基于 2010 年中国家庭追踪调查（CFPS）的研究表明，虽然大多数老年人是嵌入家庭核心网络的，但是拥有多元社会网络类型的老年人的主观幸福感最高。[4]

根据现有研究，社会资本的增加有助于提高老年人的生活质量。[5]　代与代之间的双向情感支持和单向经济支持，有助于老年人抗逆性的提升，而自尊在代际支持和老年人抗逆力之间起中介作用。[6]　可见，随着退休后离开工作岗位，大多数老年人的社交圈子退回到家庭。维系良好的家庭亲密关系并拓展积极的社会关系网络，有助于保持老年人的主观幸福感。

在互联网时代，越来越多的研究者关切"互联网或社交媒体的使用能否帮助老年人维系或建构良好的社会关系，以及如何影响老年人的主观幸福感"这一问题。一项基于中国综合社会调查（CGSS）2012 年、2013 年和 2015 年微观数据的分析表明，使用互联网会显著提高老年人的主观幸福感，但其对不同类型老年人主观幸福感的影响具有异质性。闲暇时间使用互联网进行社交活动和娱乐活动对老年人具有显著的幸福激励效应，进行学习活动则对老年人具

1　LIU S. Social support network, coping and positive aging among the community-dwelling elderly in Hong Kong [D]. City University of Hong Kong, 2014.

2　CHENG S T, LEE C K L, CHAN A, et al. Social network types and subjective well-being in Chinese older adults [J]. The Journals of Gerontology Series B: Psychological Sciences and Social Sciences, 2009, 64 (6): 713-722.

3　LI T, ZHANG Y. Social network types and the health of older adults: exploring reciprocal associations [J]. Social Science & Medicine, 2015, 130: 59-68.

4　张君安, 张文宏. 社会网络类型与老年人幸福感 [J]. 社会发展研究, 2019, 6 (2): 79-96, 243-244.

5　陈虹霖. 追溯老年佳境：基于社会资本理论的研究 [M]. 北京：社会科学文献出版社, 2015: 156.

6　陈虹霖. 代际支持影响老年人抗逆力 [N]. 中国社会科学报, 2019-04-17 (6).

有显著的幸福抑制效应。[1] 我们不仅需要理解老年群体晚年发展过程中的共性需求，还需要关注其个体异质性，从而为老年群体的数字化生存探索积极有效的社会支持方案。

第二节　核心概念的界定

一、老年群体与老年网民

从壮年到老年是一个界限模糊的渐变过程。世界卫生组织（WHO）提供了一个标准，即将 60 周岁以上的人群归为"老年人"。但受到文化传统的影响，不同国家对老年人的界定不同。比如，由于预期寿命延长，有些国家认为 65 周岁以上的人是老年人，日本则常把 70 周岁以上的人称为老年人。另外，有人认为"老年"划分标准除了参考年代年龄、生理年龄，还可以参照心理年龄、社会年龄。比如，我国有些行业的退休年龄不超过 60 周岁，这些退休人员也常被归为老年群体。

《中华人民共和国老年人权益保障法》第二条规定：本法所称老年人是指六十周岁以上的公民。根据国家统计局发布的《中华人民共和国 2019 年国民经济和社会发展统计公报》，我国大陆总人口 140005 万人，60 周岁以上人口为 25388 万人，占总人口的18.1%；65 周岁以上人口为 17603 万人，占总人口的 12.6%。我国 60 周岁以上人口占总人口的比例超过 10%，且 65 周岁以上人口占总人口的比例超过 7%。根据联合国的有关标准，我国已进入老龄化社会，而且老龄化进程还在加快。

在互联网时代，人们除了在现实世界中互动，还在网络世界里活动，由此诞生了"网民"这一概念。一般而言，"网民"泛指所有的网络使用者。中国互联网络信息中心发布的第 47 次《中国互联网络发展状况统计报告》显示，截至 2020 年 12 月，我国网民规模达 9.89 亿，手机网民规模达 9.86 亿，互联网普及率达 70.4%。从年龄分布可以看出，我国网民凸显青春特征，60 周岁以上网民占比为 11.2%。老年人是互联网普及率较低的年龄群体，常被看作需要跨越数字鸿沟的重点人群，同时又被视作潜在的互联网用户最大增量群体。

---

1 彭希哲，吕明阳，陆蒙华．使用互联网会让老年人感到更幸福吗?：来自 CGSS 数据的实证研究 [J]．南京社会科学，2019（10）：57-68．

有些研究者将 55 周岁以上的上网群体定义为"老年网民"。在数字经济学领域，有些研究团队将 50 周岁以上的中老年网络用户定义为"银发网民"，研究他们在数字经济浪潮中的消费潜力。本研究根据国际惯例，以 60 周岁以上的老年人群作为主要研究对象。

我国以老年网民为研究对象的诸多研究，大多在宏观层面上探索现状、特征和未来发展趋势。在这些研究中，老年网民往往仅因"年龄大于 60 周岁"这一共同特性而成为某网络群体中的一个节点。我们很难感受到老年网民鲜活的数字化生活样态和丰富的数字化生活体验，更难以判断不同的老年网民参与网络事件时的主观感受或道德情感。本研究更偏向于认识一个个真实的、鲜活的老年网民，了解他们如何建构数字身份，观察并理解他们在社交媒体实践中的传播行为及获得的真实生命体验。

二、社交媒体

社交媒体是什么？通常，人们会将"社交媒体"与脸书（Facebook）、推特（Twitter）[1]、微信、微博等互联网平台联系起来。在这些互联网平台上，人们能实现数字化交互。为了确切地把握这一概念，我们不妨将"社交媒体"拆分为"社交"和"媒体"。其中，"社交"指通过与他人分享信息或从他人那里接受信息，从而实现与他人的交互；"媒体"指一种通信工具，如报纸、广播、电视等传统形式及互联网这种新兴形式。由此我们可以发现，"社交媒体"是一个宽泛的术语。鉴于互联网时代新兴社交媒体的深度发展，本研究以"社交媒体"特指互联网上基于用户关系的内容生产与交换平台。社交媒体种类繁多，如国外的脸书、推特、照片墙（Instagram）、Snapchat，国内的QQ、微信、微博、小红书等。

社交媒体改变了人们发现、阅读和分享信息的方式，建成了"人人可发表"的信息生产模式，为推动信息民主化提供了新的路径。同时，社交媒体允许人们通过信息互动建立联系，形成个人或商业关系，从而在互联网上构建了一种基于关系网络的商业模式。在中国社交媒体版图上，流行的社交媒体往往类似于"巨无霸"式网络应用。社交媒体通过各种信息服务增强用户的黏性，从而在广告、游戏、娱乐、阅读等消费领域获益。

随着移动互联网逐渐渗透到日常生活，网络社交变得越来越便捷，随身携带的智能手机即可承载几乎全部的网络社交活动。中国移动社交应用行业图谱

1　2023 年改名为 X。

一般包括即时交流、微博/博客、婚恋交友、内容社区、陌生人交友、职场社交、兴趣社交等应用类别。[1] 本研究所关切的老年群体正成为网民的重要增长群体，而且不可忽视的是，很多老年人是通过智能手机"跃入"移动互联网，然后通过"微信"这一应用实现移动社交目的的。随着移动互联网加速向医疗、购物、办公、金融等领域下沉，中老年网民生活场景开始向线上转移。举例来讲，以抖音为代表的短视频平台向中老年群体用户渗透的趋势不容小觑，预示着互联网时代的银发经济正在崛起。

　　由此，本研究关注的主要是移动互联网时代下我国流行的社交媒体，如微信、微博、抖音、快手、全民 K 歌等。

三、社会支持

　　"社会支持"（social support）是一个来自社会学的学术用语，一般指个人可以感受、察觉或接受到的来自他人的关心或协助。社会支持往往与社会关系相关，指向自我与他人之间因缔结了关系网络而获得的支持。社会支持形式多元，包括情感支持、工具支持、信息支持等；社会支持来源多样，可能来自家庭成员或朋友，可能来自社会团体或专业支持组织，国家公共政策也可能引导职能部门或社会团体为有需要的个体提供专业、有效的社会支持。

　　近年来，学界倾向于探讨社会支持与身心健康的关系。豪斯（J. S. House）指出，社会支持可分为情感性支持、实质性支持、知识性支持和评价性支持。其中，情感性支持有关同情心、喜爱、信任和照料；实质性支持指对需求者提供实际的帮助和服务；知识性支持指针对个体在解决其所面对的困难时给予劝告、建议和知识性资料；评价性支持指采用回馈、社会比较或肯定的方式，达到自我评价的目的。另外，豪斯还提出了主要效果和缓冲效果理论，认为社会支持会影响一个人的压力感受和健康状态。随着老龄社会的深化，学界开展大量相关研究，旨在探索老年人需要从家庭、亲友和社会获得怎样的慰藉、关怀、尊重和帮助。比如，老年人从线下和线上获得的社会支持与幸福感、生活质量的相关性研究，家庭或社会为老年父母提供有效社会支持的影响因素研究，面向老年群体的多元社会支持网络体系构建研究等。

1　艾媒咨询. 2019—2020 年中国移动社交行业年度研究报告［EB/OL］.（2020-06-30）［2024-10-11］. https://report. iimedia. cn/repo1-0/39031. html.

第三节　理论意义与实践意义

一、理论意义

我们并不能将我国约 3 亿的老年人当作单纯的数据，而是要将他们看作与国家共同成长、共同奋斗的有血有肉的人。他们有独特的"成长记忆"和"中国体验"，他们的生命历程深受社会变革的影响。国家和社会不仅在物质层面为老年群体提供养老保障，还积极地在精神层面提供支持。当"老龄化"遇上"数字化"，老年人口的社交媒体使用和数字社会融入问题成为关乎"健康中国"和"数字中国"发展的重要话题，开展相关研究对实现"满足全体人民对美好生活的向往"这一目标具有重要的理论意义。

"媒介环境就像墨镜，它并不决定人们看到什么，但是却会影响人们所看世界的色调。"[1] 因此，我们需要探索社交媒体对当代老年群体"看世界"的影响，以及社交媒体如何形塑年轻群体和老年群体对彼此的看法、重塑数字时代的群际关系、更新数字时代的老龄观念。

在传播学理论体系中，"媒介化"理论正成为传播研究的重要取向。该理论认为，从微观层面、中观层面到宏观层面，日常实践、交往关系和社会文化日益被中介技术和媒介组织形塑。不可否认，在移动互联网时代，社交媒体对日常生活的深度渗透还在加速。一些社交平台（如微信）正在成为基础信息设施，似乎对所有人的衣食住行发挥着"大包大揽"的功能。在我国，系统考察老年群体如何应对数字技术引发的社会变革，如何适应复杂多维的新媒介组织对社会文化的重塑，正是对"媒介化"理论的一次验证。而且，本研究带着批判的眼光审视数字社会发展过程中技术与人性之间的博弈，并进一步反思互联网资本逻辑下技术发展的伦理规范。

本研究主要围绕"老龄化社会的老年人数字化生存"，从个体、组织和社会三个层面做本土化、系统化的学术探索。首先，立足于我国当代老年人的生活世界，以流行的社交媒体平台为主要媒介环境，通过对老年群体数字化生存困境进行系统考察，理解老年群体的社交媒体采纳动机、社交媒体使用行为和网络身份认同。其次，在"青年化"的社交媒体环境中对涉及老年人的典型

1　刘海龙. 大众传播理论：范式与流派 [M]. 北京：中国人民大学出版社，2008：447.

案例进行分析，解析社交媒体逻辑下老年群体在网络参与、身份建构、文化理解过程中出现的媒介形象塑造、群际关系构建、隐私观念更新、网络重度依赖等现象。最后，从社会治理逻辑出发，聚焦老年群体数字贫困的精准治理问题，从融合媒体传播和老年教育创新两个方面谋求促进数字时代的老年发展之策；围绕老年人网络社会参与的风险，对数字化社会发展进程中技术与人性的关系进行伦理反思，为构建老年友好型智慧社会贡献理论支持。

二、实践意义

第四次中国城乡老年人生活状况抽样调查数据显示，2015 年我国老年人口中经常上网的占 5%。2017 年 1 月，中国互联网络信息中心发布的第 39 次《中国互联网络发展状况统计报告》显示，我国 60 周岁以上的网民约为 2924 万，占老年人口的 12.2%，占全体网民的 4%。由此可见，在本课题 2016 年立项之时，我国老年群体是网民中的低比例群体，也是最具有潜力的增量群体。我们所要关切的是，随着互联网、大数据等新一代信息技术对国家治理和社会服务的深度渗透，大量不会上网的老年人是不是会被抛弃？特别是以微信为代表的"巨无霸"式社交媒体逐步介入日常生活场景，老年人如果不会使用这样的社交媒体，会不会进一步"边缘化"？较早加入互联网的老年网民能够理解"青年化"的网络亚文化吗？年轻群体对老年群体的社交媒体使用习惯是心存偏见，还是包容理解？为什么会出现"数字代沟"？本研究正是通过对这些现实问题的思考，寻得了实践价值，确立了具体研究问题。

对于机遇与挑战并存的老龄化社会而言，本研究的意义不仅在于重新认识在新媒体时代生存的老年群体，为老年群体提供"我们的"支持，更在于启示向着"老化"前进的非老年群体该如何在数字时代谋划自己一生的发展。我们以社交媒体为镜，洞察的不仅是步入老年的"他们"，也是尚未步入老年的"我们"。因此，关注老年群体在数字化生存中遭遇的困境及老年群体需要的支持，不仅是为了反思"年轻社会"所塑造的思维习惯和行动习惯给老年群体带来的问题，改善老年群体的晚年境遇，更是为了重建所有人在"老龄社会"都应该秉持的年龄观念。

第四节 研究问题与研究方法

社交媒体的含义和功能都很广泛。对于个人而言，融入社交平台不仅意味着可以获得各种需要的信息、建立强社会关系，还意味着获得国家提供的各种数字化服务，共享数字红利。本研究将"老年群体与社交媒体"的相关问题扩展到"老年群体数字化生存"范畴，主要从社交媒体视角出发，探索以下问题：（1）管窥老年个体的数字社会参与现状与网络社交困境；（2）揭示老年群体从组织（如社交媒体平台）层面获得了怎样的赋能赋权及数字身份；（3）探索老年群体融入数字化社会需要哪些方面或维度的社会支持，以及社交媒体在老年友好型智慧社会建设过程中能提供哪些支持。

需要说明的是，在网络社会，虚拟空间极大地延伸了个体的感官体验和社会关系，形成一种独特的新文化。越来越多的学者开始采用人类学的方法研究媒介，将媒介置于活生生的生存空间中，在媒介实践（媒介使用情境）中考察媒介之于人的意义。有学者提出用民族志方法来研究网络社会，通过"对网络空间的文化进行详细、情景化的描述，探究网络空间中人们的行为模式、生活方式和价值观念"[1]。在线上进行民族志研究可能更适合于群像研究，如探索在某网络空间中比较活跃的群体发表的话语、表现的态度或形成的意见到底意味着什么。当然，研究者除了观察网络群体内部特定的行动模式，还可以探索网络上不同群体直接的互动模式。这种互动模式既包括积极互动，也包括群际冲突。

在研究方法上，本研究积极探索互联网民族志这种研究路径的创新运用。在传播学视角下，本研究对 2016—2021 年在不同社交媒体环境中传播的与老年群体数字化生存有关的舆情事件进行记录和反思，积累了一些案例样本。在社会学视角下，本研究对我国制定的应对政策及其传播、施行进行梳理和分析，为老年群体数字化生存的社会支持研究提供了一定价值的历时性资料。

在实际研究过程中，老年网民在各种社交平台上的表现、年轻网民对年龄或代际话题的讨论、涉及老年人的舆情事件在各社交媒体平台上沉淀的话语或传播的轨迹等，为我们提供了丰富的研究资源。

---

1 张娜. 虚拟民族志方法在中国的实践与反思 [J]. 中山大学学报（社会科学版），2015，55（4）：143-150.

　　本研究综合运用量化研究和质性研究的方法，以网络民族志为主要研究路径，借助调查研究法、访谈法、焦点小组法、案例研究法、话语分析法等探究相关问题。

　　本研究所依据的数据主要来自其他研究者实施的问卷调查、国家级数据调查报告，以及笔者在线上和线下进行的田野调查。其中，笔者通过调研获取的数据资料总量较大，累计 20 余万字。纳入本书分析范畴的线上数据主要有微博"热搜榜"上涉及老年人的话题[1]案例数据，4 个面向老年群体的高影响力微信公众号[2]案例数据，5 个有代表性的微信群[3] ［3 个家庭群和 2 个社区（业主）群］的历时性数据，老年重度网络使用者个案[4]的历时性数据，"夕阳再晨"大学生志愿者在某社区开展的线上助老学习服务群[5]数据；线下数据主要包括面向老年样本及其成年子女、青年志愿者、青年群体进行的深度访谈、焦点小组访谈数据。根据不同的研究问题，本书对数据资料的分析采用了数据统计、话语分析、案例分析等方法，并制作了可视化图表，以清晰地反映数据呈现的规律。

　　在研究过程中，研究者充分考虑了研究伦理问题。线上采集的数据资料均为网友在社交媒体平台上公开发表的内容，线下访谈获得的数据资料得到受访者的使用许可。写作过程中，为了保护受访者隐私，在不影响故事线展开的基础上，笔者对受访者进行了化名处理，对所观察的微信群进行了编码处理。

1　主要指 2016—2021 年笔者考察记录的微博"热搜榜"上涉及老年人的话题案例。除了第五章中纳入系统分析的 51 条"热搜"话题，还包括散落在其他章节中的微博"热搜榜"上涉及老年人的话题，如第七章中的"'朋友圈'该屏蔽父母吗"。

2　根据"西瓜数据"提供的 2020 年 5 月公众号（文摘—行业类）排行榜（前 30 名），抽取其中面向老年用户的前 4 名微信公众号，分别为"老年网校""乐退族""退休群""新老人"（基本信息见表 6-1）；第六章根据研究需要，采集了这 4 个微信公众号 2020 年 6 月发布的文章和评论；第九章根据研究需要，采集了这 4 个微信公众号 2020 年 11 月到 2021 年 1 月发布的相关文章等。

3　基于自我民族志方法，纳入本研究的 3 个家庭群为"谭大家""程氏家族""家和万事兴"，2 个社区（业主）群为"Y 群""J6 群"。采集的数据主要用于第七章第一节，探讨老年人的微信群参与问题。

4　根据研究者对数十名微信老年网友的持续观察，基于在线时长、网络活跃度等筛选出申女士作为研究个案，具体个案分析见第七章第二节。

5　2011 年创立于北京的"夕阳再晨"是一个组织大学生青年志愿者走进社区，通过科技大讲堂和一对一的"青春伴夕阳"模式教老年人学习网上购物、挂号、拍照等技能的公益组织，倡导"积极老龄、快乐享老"。"夕阳再晨"与 Y 大学青年志愿者协会合作创立了青年志愿者助老团队，笔者自 2019 年起跟踪考察该团队在 Y 市 JZS 社区开展的线下和线上助老服务。2020 年，该团队建立了为老年人提供线上数字技能培训的微信群，即"JZS 线上助老学习群"。

上　篇

老龄化社会中老年群体的数字化生存困境

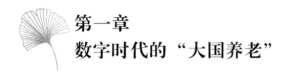

第一章
数字时代的"大国养老"

　　根据 2020 年第七次全国人口普查数据，我国人口总体规模为 14.4 亿人（不含港澳台地区），老年人口占总人口的比重为 18.7%。受到 20 世纪 50 年代和 60 年代生育高峰的影响，我国老年人口增速进一步加快。积极应对人口老龄化变得非常迫切，甚至上升至国家战略的高度。面对"大国养老"难题，我们不仅需要更新全社会的老龄观念，还需要挖掘数字技术的优势，在科技创新、产品服务上持续发力。同时，我们要深入理解中国社会快速变迁过程中老年人面临的养老困境，积极寻求数字解决方案。

第一节　大国养老：老龄化社会的人口问题

一、人口结构变迁与养老制度安排

（一）人口结构的基本变迁

　　自 1999 年进入老龄化社会以来，我国老年人口越来越庞大。第七次全国人口普查数据显示，我国 60 岁及以上老年人口达 2.64 亿，辽宁、江苏、上海等 12 省区进入深度老龄化阶段。中国人口与发展研究中心研究团队预测，从"十四五"开始，中国 60 岁及以上老年人口将迎来快速增长期。老年人口在"十四五"时期预计年均增长 1150 万，大大高于"十三五"年均 740 万的增速。我国老年人口可能在 2025 年达到 3.16 亿，此后不断加速，2032 年突破 4亿，2048 年突破 5 亿。[1]

　　以江苏省为例，根据《江苏省老龄事业发展报告（2020 年）》，江苏省是我国最早进入老龄化社会的地区之一，人口老龄化程度仅次于上海

1　李月，张许颖. 我国"十四五"时期及中长期人口发展态势分析 [J]. 人口与健康，2020（8）：41-47.

（35.2%）、北京（26%）。截至 2019 年年底，江苏省户籍人口 7865.82 万人。其中，60 岁及以上老年人口 1834.16 万人，占户籍人口的 23.32%，高于全国 5.22 个百分点；65 岁及以上老年人口 1330.29 万人，占户籍人口的 16.91%，高于全国 4.31 个百分点。江苏省人口老龄化主要有以下特征：一是老年人口增速加快的趋势明显；二是高寿老人越来越多；三是老年人社会抚养比直线上升；四是城乡区域不平衡。

进一步具体到江苏省地级市的人口状况，以扬州市为例。2020 年《扬州市老龄事业发展状况报告》[1] 显示，扬州市自 1986 年步入人口老龄化社会。截至 2019 年年底，扬州市户籍人口数达 457.14 万人，其中 60 岁以上老年人口 118.84 万人，占总人口的 26%；65 岁以上老年人口 85.93 万人，占总人口的 18.8%。扬州市的老年人口增速明显加快，人口高龄化趋势明显。而且，随着城市化进程加快，宝应、高邮、仪征的农村老龄化率超过 50%，出现人口老龄化城乡倒置现象。

值得注意的是，我国 20 世纪 50 年代的"婴儿潮"使得 20 世纪 70 年代、80 年代的劳动年龄人口迅速增加，社会抚养比持续下降。这种极富生产性的人口结构（生产人口大于消费人口）直接带动了改革开放以来经济的高速增长。自 20 世纪 60 年代中期开始，中国人口逐步转入"低出生、低死亡、低增长"的阶段。伴随着总和生育率的持续下降与预期寿命的不断延长，中国老龄化进程加快，人口结构从"生产型"向"负债型"加速转变。[2] 我国老龄化总体呈现"两高一超一独"的趋势，即老年人口数量高增长、年龄结构高龄化、养老负担超过抚幼负担、独居老人比例大幅提升。

受经济发展、计划生育政策等因素的影响，中国家庭规模逐渐变小。20 世纪五六十年代生育高峰出生的人口的平均子女不到 2 个，这意味着在"婴儿潮"人口步入老年后，"空巢"家庭的数量将进一步增加。一方面，子女数量的减少意味着子女照料父母的负担会加重，传统的居家养老模式将受到挑战。另一方面，受城镇化的影响，越来越多的年轻人从大家庭撤离，仅有老年人的家庭变多。尤其突出的现象是大量老年人滞留乡村，很难接受子女直接的照料。

老龄化程度日益加剧成为中国经济发展的重大挑战。从人力资源角度出

---

1 丁志新．刚刚，扬州市老龄事业发展报告发布！［EB/OL］．（2020-11-27）［2024-10-11］.http://share.96189.com/yfs/Article/9a1d011142884a18a698524e4941fa6d.

2 白晨，雷晓燕．新时代中国老龄化趋势、挑战及应对思考［N］．中国社会科学报，2019-08-09（5）.

发，我们正努力从人口"数量优势"转向"质量优势"，包括塑造老年人的"终身学习"观念，提升老年人的劳动技能，特别是鼓励老年人加强社会参与，发挥余热，创造财富。

政府文件明确提出，健康是促进人的全面发展的必然要求，也是经济社会发展的基础条件。我国人口老龄化深度发展带来的健康问题是客观存在的，影响深远。健康不仅是老年人口的专属问题，而且是所有人在全生命周期中都面临的问题。

挑战往往与机遇并存，中国人民需要靠自己的智慧来解决人口结构老化带来的系列问题。例如，调整或完善生育政策、延迟退休制度、养老制度等，广泛开展老龄国情教育，充分挖掘互联网红利。

（二）应对老龄问题的制度安排

1984 年，我国召开了第一次全国老龄工作会议，将老龄工作的目标概括为"老有所养、老有所医、老有所为、老有所学、老有所乐"。2000 年，《中共中央、国务院关于加强老龄工作的决定》将"老有所养、老有所医、老有所教、老有所学、老有所为、老有所乐"规定为中国老龄事业的发展目标。该决定还指出，老龄问题涉及政治、经济、文化和社会生活等诸多领域，是关系国计民生和国家长治久安的重大社会问题。

从整体来看，我国人口老龄化具有以下特点。第一，我国是人口大国，老年人口规模大，而且正处于快速老龄化的阶段。65 岁以上人口老龄化水平从 7% 提高到 20%，法国用了 154 年，英国用了 97 年，日本用了 36 年，我国用了 34 年。[1] 第二，我国人口老龄化区域发展不平衡。东部地区经济发展水平较高，人均预期寿命延长，人口老龄化程度也较高。其中，上海人口老龄化水平最高。2015 年上海户籍人口的老龄化水平为 30.2%，80 岁及以上的高龄老年人占总人口的 5.4%。第三，未富先老，未备先老。所谓"未富先老"，指我国在经济不发达、社会保障制度不完善的情况下进入老龄化社会，因此应对人口老龄化挑战的任务更加艰巨。所谓"未备先老"，指我国在经济快速增长的同时，社会制度建设相对落后。李建民认为，中国人口老龄化的真正挑战在于，能否在经济转型、社会转型和人口迅速老龄化的条件下，建立起公平、合理、有效的国家制度安排和社会应对机制。[2]

1　国家应对人口老龄化战略研究总课题组. 国家应对人口老龄化战略研究总报告 [M]. 北京：华龄出版社，2014：5-8.
2　李建民. "未富先老"不是中国老龄化的本质特征 [J]. China Population Today, 2008 (1)：29-30.

党的十八大以来，习近平总书记在不同场合多次强调，要积极应对人口老龄化，完善制度、改进工作，推动养老事业多元化、多样化发展，"让所有老年人都能老有所养、老有所依、老有所乐、老有所安"。2019 年 2 月，习近平总书记在春节团拜会上的讲话特别提到："我国已经进入老龄化社会。让老年人老有所养、老有所依、老有所乐、老有所安，关系社会和谐稳定。我们要在全社会大力提倡尊敬老人、关爱老人、赡养老人，大力发展老龄事业，让所有老年人都有一个幸福美满的晚年。"习近平总书记的讲话为老龄事业发展指明了方向。

面对人口老龄化的严峻挑战，必须探索中国特色养老服务体系。对此，我国职能部门的基本思路是：先梳理清楚"大国养老"的根本问题，再结合信息技术优势挖掘能有效助力养老事业发展的良策。

2017 年 2 月，工业和信息化部、民政部、国家卫生和计划生育委员会联合印发《智慧健康养老产业发展行动计划（2017—2020 年）》。该计划明确指出：利用物联网、云计算、大数据、智能硬件等新一代信息技术产品，能够实现个人、家庭、社区、机构与健康养老资源的有效对接和优化配置，推动健康养老服务智慧化升级，提升健康养老服务质量。

2018 年 1 月，全国老龄办等 14 个部门联合发布《关于开展人口老龄化国情教育的通知》。通知指出：人口老龄化是贯穿我国 21 世纪的基本国情，积极应对人口老龄化是国家的一项长期战略任务。人口老龄化国情教育要面向全社会，重点对象是党政干部、青少年和老年人，主要内容包括人口老龄化形势教育、老龄政策法规教育、应对人口老龄化成就教育、孝亲敬老文化教育、积极老龄观教育。

中国老龄科学研究中心研究员党俊武认为，随着我国从"年轻社会"迅猛过渡到"老龄社会"，全社会对"应该如何应对老龄社会"存在诸多认识上的误区。研究者常仅把观察视角聚焦于老年人这一规模日益庞大的群体，而失却了对老龄社会结构进行全方位观察的多维度、多层次和整体关照视角[1]。

2020 年 11 月，《中共中央关于制定国民经济和社会发展第十四个五年规划和二〇三五年远景目标的建议》指出，国家积极应对人口老龄化的措施包括：积极开发老龄人力资源，发展银发经济；推动养老事业和养老产业协同发展，健全基本养老服务体系；发展普惠型养老服务和互助性养老，支持家庭承担养老功能；培育养老新业态，构建居家社区机构相协调、医养康养相结合的

1　党俊武. 重阳六论老龄社会国情教育［J］. 老龄科学研究，2018，6（10）：3-11.

养老服务体系；健全养老服务综合监管制度。

值得一提的是，大众传播是具有强大影响力的社会信息系统。[1] 因此，专业媒体和网络自媒体的积极宣传，对于公民理性认知中国老龄化问题及政策具有重大意义。融合媒体的全方位宣传可以让我国数量越来越庞大的老年人被"看见"和"尊重"，有助于消除存在于社交媒体上的"老年歧视"。

二、老龄观念更新与养老模式探索

（一）全社会老龄观念的更新

远古社会，人类平均预期寿命大约是 20 岁。新中国成立时，我国人口平均预期寿命大约为 40 岁。进入 21 世纪，世界人口平均预期寿命达 65 岁，长寿时代来临。人类经历了太漫长的短寿时代，因此由短寿时代所塑造的思想、观念、制度、文化等进入"老龄社会"，必然面临各种挑战。从全生命周期来看，随着物质文明和精神文明的发展，一个人的就业准备期和老年期不断延长。大学毕业后参加工作的人口不断增加，这意味着其就业准备期不少于 22 年，而中国 60 岁老年人口的平均余寿已超过 19 年。如何度过漫长的老年期，将成为当代人面临的现实问题。然而，我们整个社会还没有教会全体民众特别是年轻民众践行终生战略，进入长寿时代的我们依然用短寿时代的方式思考和行动。[2]

《老龄社会研究报告（2019）》聚焦于我国从"年轻社会"走向"老龄社会"这一大转折，总结出老龄社会的三大特点：一是人口年龄结构发生重大变化，老龄人口将与其他年龄人口一起构成推动社会可持续发展的重要力量；二是经济供需两侧发生重大改变，生产、市场等各方面都要为适应人口老龄化做出重大调整；三是各群体的世界观、人生观、价值观等精神文化体系需要重建。[3]

从 20 世纪 70 年代起，国际上不断出现各种老龄化观念。西方发达国家面对老龄危机，希望通过挖掘老龄化的潜能来对抗或消解老龄化带来的问题，化危机为机遇。[4] 主流的老龄化观念包括成功老龄化（successful aging）、健康老龄化（healthy aging）、积极老龄化（active aging）、生产性老龄化（productive

1 郭庆光. 传播学教程 [M]. 2 版. 北京：中国人民大学出版社，2011：135.

2 党俊武. 超老龄社会的来临：长寿新时代人类的伟大前景 [M]. 北京：华龄出版社，2018：14.

3 易鹏，梁春晓. 老龄社会研究报告：2019 [M]. 北京：社会科学文献出版社，2019：12.

4 李洁. 老年教育理论的反思与重构：基于西方现代老龄化理论视野 [J]. 开放教育研究，2015，21
   （3）：113-120.

aging）等。

成功老龄化强调人们在老龄期应最大限度地保持身心健康和社会功能，将失能和痛苦降到最低。该理念确立了老龄社会的一种发展目标。

健康老龄化是世界卫生组织于 1990 年提出的，包括老年群体的健康预期寿命延长、身体和心理均健康及社会生活环境美好。邬沧萍、姜向群指出，"健康老龄化"这个概念内容丰富，倾向于将促进老年健康作为一项社会系统工程。[1]

20 世纪 90 年代末，国际社会基于社会权利理论提出了积极老龄化，直面老年期的健康、保障和社会参与等问题。1999 年，欧盟召开以"积极老龄化"为主题的国际会议，使得积极老龄化进一步得到世界卫生组织、联合国等组织的推动。积极老龄化试图改变"老年人是需要被照顾的弱者"这样的观念，强调老年人依然可以积极地参与社会、政治、经济、文化及公共事务，追求更高的生存质量和幸福感。社会参与和权利保障是积极老龄化的核心关切，积极老龄化支持了诸多学者对"老年人社交网络构建或社会资本积累对其生存质量、幸福感的影响"的探索。

生产性老龄化强调老年群体是一种社会资源，鼓励老年人积极参与经济活动、生产活动、社会服务。我国少子老龄化现象明显，因此，从政策导向和媒介宣传出发，引导老年群体承担更多的生产性工作、支持性服务势在必行。例如，有些地方开展了"时间银行"项目，鼓励有能力的老人进入服务市场提供服务，实时存储服务时间。[2]

2002 年，老年学家穆光宗提出"老年发展"理论假说，即"通过积极老龄化的各种途径和方式来增强老年资本的存量，进而降低老龄化的各种风险和冲击"。[3] 据此，穆光宗提出了三大老龄化战略：一是"健康老龄化战略"，重在延长老年人健康期，缩短老年人病残期；二是"生产性老龄化战略"，旨在充分发挥老年人力资源的优势，为老年人提供"老有所为"的机会，鼓励有经验有头脑的老年人继续为社会进步和发展贡献自己的力量；三是"积极老龄化战略"，旨在促进老年人的社会性发展，让老年人参与社会活动、融入社会并与社会和谐并存。在青年主导的新时代，不忘却、不抛弃老年人，不但需要营造积极包容的社会文化，还需要倡导老年人自助互助。在良好的家庭代际

1　邬沧萍，姜向群. "健康老龄化"战略刍议 [J]. 中国社会科学，1996（5）：52-64.
2　林卡，吕浩然. 四种老龄化理念及其政策蕴意 [J]. 浙江大学学报（人文社会科学版），2016，46（4）：136-143.
3　穆光宗. 老年发展论：21 世纪成功老龄化战略的基本框架 [J]. 人口研究，2002（6）：29-37.

关系和社会关系网络中，老年人不仅需要学会独立和独处，还需要互相帮助、积极应对晚年期可能出现的各种问题。

此外，老年教育学家积极探索老年阶段的意义感和价值感，追问"什么才是人生的终极追求""如何才能过好晚年"。特罗布里奇（Richard Hawley Trowbridge）认为，面对空巢、退休等变化带来的生活挑战，老年人需要有智慧地解决。这意味着老年人在晚年仍然需要积极发展智慧，到达一种自我整合的境界。相比于知识，智慧是人类发展的新维度。人人都会变老，因此人人都需要学习"优雅老化"的智慧，提前思考并规划如何体面地、有尊严地度过晚年生活。

（二）智慧养老模式的持续探索

受社会传统的影响，相比于搬到养老院等机构养老，大多数老年人更愿意选择居家养老。随着社区功能的增强，由此发展起来社区养老（又称"社区居家养老"）也日益流行。社区养老模式下，政府承担更多的养老责任。由于我国养老事业发展相对滞后，养老服务人员短缺，现代科技和智慧技术的加持成为养老事业的重要生长点。

2015年7月，《国务院关于积极推进"互联网+"行动的指导意见》明确指出，深度融合互联网的创新成果与经济社会各领域，加快发展基于互联网的医疗、健康、养老、教育、旅游、社会保障等新兴服务，创新政府服务模式，提升政府科学决策能力和管理水平。"互联网+"益民服务旨在依托互联网资源和社会理论搭建养老信息服务网络平台，为老年人提供护理看护、健康管理、康复照料等居家养老服务，并鼓励养老服务机构运用适老化智能设备，提高服务水平。

2017年3月，国务院印发《"十三五"国家老龄事业发展和养老体系建设规划》，要求大力发展居家社区养老服务，实施"互联网+"养老工程，开发应用智能终端和居家社区养老服务智慧平台、信息系统、App应用、微信公众号等，建设虚拟养老院。该规划还指出，为了更好地支持居家社区养老，政府各部门要全面推进信息化建设，推动信息惠民服务向老年人覆盖。

2019年3月，《国务院办公厅关于推进养老服务发展的意见》要求"持续完善居家为基础、社区为依托、机构为补充、医养相结合的养老服务体系"，进一步提出实施"互联网+养老"的行动方案。

国家在完善养老服务体系的过程中注重促进人工智能、大数据、物联网等信息技术和智能产品的深度应用，积极探索多元化的智慧养老模式。左美云教授认为，智慧养老指利用信息技术等现代科学技术，围绕生活起居、安全保障、医疗卫生、保健康复、娱乐休闲、学习分享等对老年人进行支持，对涉及老年人的信息自动监测、预警甚至主动处置，实现技术和老年人之间友好、自主、个性化的交互。[1] 智慧养老主要包括三方面：智慧助老、智慧孝老、智慧用老。智慧助老指向物质支持，智慧孝老指向精神支撑，智慧用老则指借助信息技术支持，充分发挥老年人的经验、技能和知识。值得一提的是，智慧用老不仅包括运用信息技术支持老人为家庭继续做贡献，如照顾后代、进行代际互动等，还包括通过系统或平台实现代际知识转移，促进知识利用或创造。

当前，随着数字包容度的提升，我国在应对快速人口老龄化的过程中明确了以新一代互联网、人工智能技术为代表的信息科技应用的战略地位，这意味着老年群体应被纳入"数字中国"建设框架，公平共享互联网和智能技术带来的红利。当然，要推进智慧养老服务，需要从个人、家庭、社区、养老机构、研发单位等多层面统筹考虑。宋林飞指出，符合我国国情的居家智慧养老模式应该是"政府主导、社会参与、市场运作、智能基础、医养结合、康乐保障、社会支持、邻里互助、家人陪伴"的。[2] 作为破解快速人口老龄化困境、促进老龄事业发展的新思路，智慧养老的本质是服务，而非产品。[3] 因此，要围绕老年人的真实需求开发适老化、人性化产品，帮助老人转变观念，提高老年人对智能产品的采纳意愿和使用能力，使老年人切实体验到智慧养老服务的好处，同时注意保护老年人的隐私数据安全。

第二节　时代挑战："老"难跨越的数字鸿沟

一、数字时代老年人的社交隔离难题

（一）空巢老人与社会养老现实的折射

非虚构作品《空巢》的作者弋舟在谈创作缘起时提及一则95岁老人因为无人陪伴而选择离开这个世界的报道。弋舟说，他从新闻图文中感受到一种孤独，它潜藏在我们每个人的内心，柔韧地蛰伏着，伺机荼毒我们的灵魂。[4]

源自日本的"无缘死"一词折射了老龄化社会中一部分人晚年的悲惨命

1　左美云. 智慧养老的含义与模式 [J]. 中国社会工作，2018（32）：26-27.

2　宋林飞. 居家智慧养老模式与标准 [N]. 中国社会科学报，2020-02-20（4）.

3　魏蒙. 智慧养老助力老龄社会建设 [N]. 中国社会科学报，2020-10-28（A5）.

4　弋舟. 空巢：我们在这世上太孤独 [M]. 上海：上海文艺出版社，2020：5.

运。所谓"无缘",根本上是一种个人社交网络的缺失。NHK 纪录片《无缘社会》直面日本社会"无缘"现象,包括单身成风、老人独居、故乡消失、职场缘浅等。与"失能老人"一样,失去社交关系网络的"失缘老人"亦是老人中的弱势群体。

有学者认为,我们应深度发掘社会政策和民间行动在规避老年人"无缘死""孤独死"的潜力。[1] 改革开放以来,我国城乡社会结构的变迁,尤其是家庭规模的缩小,使得"谁负责养老"这个问题变得愈发复杂。

2018 年 12 月 23 日,"日本孤独死现状"话题登上微博"热搜榜",引发了微博用户的热议。从近万条评论来看,年轻化的微博用户表达出两种观念:一是对当代老年人晚年孤独问题相对乐观,比如有网友说"中国老人喜欢'大家在一起'的集体生活,有效地缓解了晚年孤独,也就在一定程度上规避了'孤独死'";二是对自己未来的养老生活表示悲观。当然,也有网友认为,随着社会和科技的发展,如果无法避免"无缘",不妨向人工智能技术寻求解决方法,比如研制"智能家庭保姆"。

在我国当前社会发展过程中,比"无缘死""孤独死"更受关注的是空巢现象。在中国知网"篇关摘"类型下检索"空巢老人",可获得超过 7100 篇的中文学术论文、报道。自 1995 年《人口研究》发表肖汉仕的《我国家庭空巢现象的成因及发展趋势》一文开始,该话题的热度持续攀升,2015 年度达到顶峰(710 篇),随后略有下降。有研究者统计发现,空巢老人研究可以分为缓慢起步、快速上升与稳定发展三个阶段,研究的热点包括"空巢老人""社会支持""农村空巢老人"。[2]

值得注意的是,我国老年人空巢率持续攀升。《人民日报》相关报道显示,2010 年浙江省城镇老人家庭的空巢率超过 70%。民政部 2016 年的数据显示,中国城乡空巢家庭超过 50%,部分大中城市达到 70%,其中农村留守老年人口约 4000 万人,占农村老年人口的 37%。[3] 实际上,随着我国社会保障制度的逐步完善,有较多的"50 后""60 后"逐步实现"边富边老"。与经济支持相比,他们往往更期待来自子女、朋友或其他社会关系在精神方面的支持

1　任杰慧. 把"无缘"变"有缘":中国农村养老模式研究 [J]. 西南民族大学学报(人文社科版),2018,39(7):7-15.
2　曹阳春,宁凌,张静. 基于 CiteSpace 的中国空巢老人研究知识图谱 [J]. 中国老年学杂志,2021,41(1):181-186.
3　邱玥,刘坤. 中国家庭空巢率超 50%　如何破解"养老难" [EB/OL]. (2016-02-18)[2024-10-11]. http://theory.people.com.cn/n1/2016/0218/c40531-28132685.html.

和关切。我们需要探究的是，在老年人的精神赡养方面，社交媒体是否能发挥一定的支持作用。

（二）老年人的社交隔离与数字解决方案

从客观上讲，社会隔离是个人社会关系网络缺失的状态。从个人影响上讲，社会隔离是缺乏与他人的联系和互动，并由此导致社会网络缩小或者缺失，进而引发心理和/或生理消极结果的状态。[1] 一方面，空巢现象某种程度体现了老年人因子女不在身边而出现居住空间上的隔离，同时也可能产生一定的社会隔离；另一方面，如果老年人退休后主动退出原有的同事圈，主动缩小社交网络，也可能增加社交隔离的风险。

一项基于 2014 年中国老年社会追踪调查（CLASS）项目基线数据的研究表明：老年人的社会隔离分为家庭隔离和朋友隔离两类；家庭特征是老年人家庭隔离的主要预测因素，健康状况是老年人朋友隔离的主要影响因素；老年人的社会经济地位、社会参与和社会环境也对家庭隔离和朋友隔离有着重要影响。[2] 另一项研究表明，社会隔离、孤独感均与老年人精神健康显著相关。[3] 因此，研究者建议，家庭成员应保持或增强与老年人的互动，帮助老年人维系良好的社会关系，以预防老年人的社会隔离及其引发的精神健康问题。

有研究表明，教育程度在初中及以上、隔代抚育、社会参与等正向效应事件会降低城市老年人社会隔离的风险。[4] 不过，该研究基于 2010 年中国城乡老年人口状况追踪调查数据，其中的"社会参与"主要包括社会公益活动和休闲娱乐活动，并不包括"新媒体使用"。这也说明，当时"新媒体使用"并未成为影响城市老年人社会隔离的考察因素。

如今，基于互联网的社交媒体已然影响到生活的方方面面，其对老年人有效社会参与的促进作用不容小视。例如，老年人可能需要加入某微信群，才能获得参与广场舞活动的各种信息，交到新的朋友，构建新的社交网络。如果无法接入网络社交平台，老年人可能遭遇新媒介环境壁垒，与潜在的兴趣团体隔离，从而导致社交网络越来越小。

陈鑫通过对 2018 年中国家庭追踪调查数据的分析，认为"互联网使用"对老年人社会隔离存在一定的影响："互联网使用"显著降低了老年人的社会

1　张硕，陈功. 中国城市老年人社会隔离现状与影响因素研究 [J]. 人口学刊，2015，37（4）：66-76.
2　张文娟，刘瑞平. 中国老年人社会隔离的影响因素分析 [J]. 人口研究，2016，40（5）：75-91.
3　程新峰，刘一笑，葛廷帅. 社会隔离、孤独感对老年精神健康的影响及作用机制研究 [J]. 人口与发展，2020，26（1）：76-84，96.
4　张硕，陈功. 中国城市老年人社会隔离现状与影响因素研究 [J]. 人口学刊，2015，37（4）：66-76.

隔离风险；从感知有用性出发，认为互联网在学习、娱乐、社交、信息获取方面比较重要的老年人，其社会隔离显著降低。[1] 在年龄方面，"互联网使用"对中高龄老年人的影响更加明显。中高龄老年人更可能处于社交网络缺失的状态，因此"互联网使用"可以拓展他们的社会关系，或者增加他们社会参与的可能性。老年人文化水平有别，对"互联网使用"的需求存在内部差异，因此需要"精准施策"，为不同的老年人提供不同的互联网教学服务。

2018 年的短片《他们需要的不只是一部手机》聚焦中国空巢老人的当代境遇：当成年子女因求学、成家、立业而离开家庭时，步入老年的父母该如何对抗孤独？短片提出的问题是，能否通过智能手机建立起代际沟通的桥梁。在现实生活中，子女往往认为可以通过为老年父母购买智能手机来维系代际沟通；然而，短片的标题却在提醒观众，老年父母需要的可能不是一部手机，而是亲友的陪伴和关怀。面对功能越来越多的智能手机，空巢老人不仅可能操作能力不足，还可能在遇到困难时求教无门。子女是否有耐心教老年父母学习新技术，隔着屏幕是否能感受到彼此的关心，都是值得探讨的问题。

2019 年 9 月，极光调研（Aurora Mobile）平台发布《头发白了，心依然年轻——2019 年老年群体触网研究报告》。[2] 随着中国家庭居住方式发生变化，老年群体更可能处于空巢状态，更需要加强社会交往。因此，银发"有闲一族"[3] 对于"触网"有较强的需求和动机，他们渴望通过互联网促进亲友之间的沟通、接触更广阔的世界。

基于综合考虑，本研究聚焦老年群体的社交媒体使用，立足当下社会现实开展本土化研究。在"快速老龄化""大国养老"的宏观现实下，本研究引入先进的老龄化观念，直面我国老年群体在数字时代面临的生存困境，探索他们的社交媒体使用现状，在分析社交媒体平台特点及运行逻辑的基础上，尝试解析老年群体在复杂多元的社交媒体环境中如何理解网络社交逻辑，又如何在数字世界中主动履行话语权力、争取社会参与权利，实现数字身份认同、关系网络构建，进而推动老年友好型智慧社会的建设。

二、老年数字弱势群体的生存困境

随着数字技术的发展，数字鸿沟问题日益凸显。学界对"数字富有者"

---

[1]　陈鑫. 互联网使用对老年人社会隔离的影响及差异研究［J］. 当代经济管理，2020，42（9）：53-59.

[2]　极光 JIGUANG. 极光大数据：2019 年老年群体触网研究报告［EB/OL］.（2019-10-30）［2024-10-11］.https：//www. sohu. com/a/350613441_483389.

[3]　由于该调查是基于网络的定向配额抽样方法，因此老年群体被定义为"有闲一族"。

和"数字贫困者"、"数字强势群体"和"数字弱势群体"、"数字原住民"和
"数字移民"等概念进行了讨论。

中国互联网络信息中心发布的第 47 次《中国互联网络发展状况统计报
告》显示，截至 2020 年 12 月，我国 60 周岁及以上的网民约 1.1 亿人。可见，
门槛越来越低的新媒介技术使得更多老年人获得了媒介参与机会。但与中青年
群体相比，老年群体在数量上仍属于"数字弱势群体"。同时，在媒介参与广
度和深度上，老年群体与中青年群体也存在较大的差距。

根据"媒介化"理论，社会制度和社会关系受到媒介的形塑。我国出生
在 20 世纪 50 年代及之前的老年人，大部分岁月都伴随着广播、电视等媒体。
单向传播型媒介对群体性格产生了影响，如"50 后"更容易相信来自大众媒
介的信息，并倾向于全盘接受。在以关系为核心的新媒体环境中，老年群体虽
然通过使用新媒体获得了表达、交往、行动等方面的权力，但需要重新思考
"自我"的身份问题，明确数字社会公民的责任。也就是说，获得了新媒体赋
权的老年群体面临新的问题：如何行使这种权力？如何对待权力带来的权利与
责任？如何在数字社会中怡然自处？唯有解决了这些问题，老年群体才能真正
撕掉"数字弱势群体"的标签，享受数字时代的福利。

根据"数字鸿沟 ABCD"理论，数字鸿沟主要分为 4 种类型：接入沟、技
能沟、内容沟、动机沟。[1]

在接入沟方面，虽然根据中国互联网络信息中心第 47 次报告的数据，移
动互联网、智能手机的普及让越来越多的老年人（约 42%）跨越了接入沟，
但是老年网民的比例依然有很大的提升空间。妨碍老年人接入数字世界的因素
较为复杂，主要体现在经济能力、身体机能、心理认知水平等方面。从技术接
受理论出发，老年人只有感知到新媒体技术的易用性和有用性，才会主动采纳
新技术。

在技能沟和内容沟方面，老年人具备一定的信息技能，才能更好地利用互
联网服务；通过学习和实践，进一步提升自身数字经验，才能拓展数字融入的
广度和深度。从新媒体的特性出发，老年人需要掌握通过数字媒体获取信息的
技能，享受新媒体提供的观点表达、情感交流、关系建构等多样化服务。从数
字环境的包容度出发，以年轻人为主的数字空间应积极接纳老年群体的平等参
与，并提供更多适合老年群体的内容、适合老年群体参与的服务。

在动机沟方面，发挥老年人的主观能动性是"数字融入"的前提。老年

1　郭庆光. 传播学教程 [M]. 2 版. 北京：中国人民大学出版社，2011：218.

人不仅需要改变被动式接受信息的习惯，更需要主动地参与媒介世界，理解媒介对现代社会的制度化意义，还需要通过新媒介参与增强权利意识，与其他群体一起共享数字社会的红利。

从数字鸿沟视角分析新媒介对老年群体的意义，可以发现，如果希望更多的老年人参与到新媒介中，就需要让他们了解新媒介之于老年人生存的益处，如在信息服务、代际交流、社会参与、精神滋养等方面的益处。

综上所述，我们可以归纳出老年人在数字社会生存可能面临的如下困境。

接入困境：此类困境主要来自无法接入数字世界的老年群体，有学者称之为"数字弃民"。在数字时代，他们的衣食住行遭受严重阻碍。

使用困境：此类困境聚焦于工具层面的信息技能掌握难。当前较多研究关注使用困境，如从技术接受、数字文化反哺等视角对老年群体的数字技术使用技能进行系统研究。

融入困境：此类困境主要存在于跃入移动互联网的智能手机老年用户群。他们带着传统媒体时代的媒介观念出现在社交媒体平台，游离于主要由青年群体创造的新媒体文化圈。值得注意的是，老年人的媒介印象塑造过程不乏偏见和污名，在数字环境中受到歧视的老年用户往往缺少自我表达、自我保护的意识和策略。此外，由于老年群体往往只是有限地利用社交媒体，无法真正融入网络文化，因此也就疏离于新文化创造中心，很难为数字文化的建构做贡献。

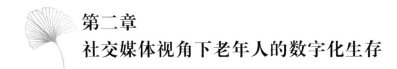

第二章
社交媒体视角下老年人的数字化生存

　　随着老龄化进程的加速，"老龄化、媒体和文化"成为多学科交叉的研究热点，受到社会学、传播学、老年学、计算机等学科的重点关注。在个体层面，智能手机、平板电脑等智能终端的普及使得各种具有社交特征的新媒体（如微信、微博等）深度介入生活，使得更多老年人体验到新媒体在多方面产生的积极和消极影响。在国家层面，随着各国对数字技术的包容度增大，国家事务的实施极大地依赖于互联网用户的参与。政府希望搭乘信息技术快车，让更多的老年人顺利实现数字化生存，公平共享数字红利。

　　建立在 Web 2.0 技术基础上的社交媒体塑造着现代人的虚拟社交方式，是数字弱势群体迈入数字世界的重要途径。作为互联网上基于用户关系的内容生产与交换平台，社交媒体不仅是传播信息的载体，也正成为大众重要的社会参与空间和情感交流领域。我国社交媒介视域下的老年人数字化生存研究从 2010 年左右起步，与国外相比，研究成果还不够丰富。本章以 2018 年 12 月为时间节点 [1]，对国内外相关研究成果进行深度分析和对比研究，并结合国情进行本土化反思，以探索社交媒体之于我国老龄事业发展的价值。

第一节　接纳与悦纳：维护老年人的网络安全感

　　根据中国互联网络信息中心发布的第 43 次《中国互联网络发展状况统计报告》，截至 2018 年 12 月，互联网用户以中青年群体为主，并持续向中高年龄人群渗透。这说明我国老年网民越来越多，但与中青年网民相比较，老年网民占全体老年人的比例仍然偏低。学界早期较为关注"老年人为什么不使用网络"这一问题，一般认为，身体老化带来的感知能力、认知能力的衰退，以及识字率不

1　本章内容源于笔者 2019 年发表的论文《社交媒体视域下老年人的数字化生存：问题与反思》，文献梳理的时间节点为 2018 年 12 月。

高是影响老年人采纳新技术的主要障碍。在某些地区，经济状况也是影响老年人采纳新技术的重要因素。[1]

当前，随着老年群体经济水平、健康水平、文化水平的普遍提升，以及社交媒体使用门槛的降低，相关研究更多地聚焦于老年人对社交媒体技术的感知、态度、兴趣、信任等。有研究表明，技术感知和隐私关注是影响老年人使用社交媒体的主要因素。其中，技术感知与老年人是否愿意"接纳"社交媒体有关，隐私关注则与老年人是否能够放心地使用社交媒体相关，即"悦纳"问题。

一、技术感知：老年人的社交媒体接纳

技术接受模型（Technology Acceptance Model）被证明可以较好地预测不同年龄段用户对不同技术的接纳程度，其主要的技术指标是感知有用性（perceived usefulness）和感知易用性（perceived ease of use）。

感知有用性反映一个人认为使用某技术系统对其效能提高的程度，在老年人的社交媒体使用研究中表现出类似的相关性。[2] 根据吉布森（Gibson）等人的研究，社交媒体对老年人的有用性体现在：及时了解年轻家庭成员的日常生活、与不常见面的朋友分享照片和视频、同时与多人进行联系。[3] 这表明社交媒体的社会性最易于被老年人感知，老年人会利用社交媒体提升自己的社交效能。

感知易用性反映一个人认为某技术系统易于使用的程度。一方面，衰老带来的视力下降、认知处理速度减缓等问题使得老年人易遭遇技术使用困难。[4] 另一方面，随着年龄的增长，老年人对新事物的学习欲望逐渐降低，易产生新技术使用技能焦虑。老年人数字技术需求不强，精力有限，再加上对科技过度恐惧，因此数字技能难以实现质的飞跃。[5] 老年人的新技术使用焦虑可以通过

1　张硕. 中国城市老年人电脑/互联网使用影响因素研究：基于北京市朝阳区的调查 [J]. 国际新闻界，2013（7）：51-61.

2　BRAUN M T. Obstacles to social networking website use among older adults [J]. Computers in Human Behavior，2013，29（3）：673-680.

3　GIBSON L，MONCUR W，FORBES P，et al. Designing social networking sites for older adults [C]. Proceedings of the 24th BCS Interaction Specialist Group Conference（BCS'10）. Swinton，UK：British Computer Society，2010：186-194.

4　CHARNESS N，HOLLEY P. The new media and older adults：usable and useful? [J]. American Behavioral Scientist，2004，48（4）：416-433.

5　周裕琼. 数字弱势群体的崛起：老年人微信采纳与使用影响因素研究 [J]. 新闻与传播研究，2018，25（7）：66-86，127-128.

经验积累和培训活动得到缓解。[1] 也就是说，增加老年人的网络使用经验是克服技术恐惧的有效途径，频繁使用社交媒体可以提升老年人的技能和自信心。

线下关系网络是影响老年人接受社交媒体的重要外部因素。家人和朋友的推荐会让老年人感知到社交媒体的好处。如果一个老年人的线下关系网络中没有人使用社交媒体，那么他极可能没有参与网络社交的意愿和动机。可见，熟人圈对社交媒体功能的推荐和帮助，是老年人克服技术焦虑，进而感知并接纳新技术的重要途径。有研究表明，线上线下的频繁互动有利于促进老年人的参与意向，提升老年人的期望收益，从而增强老年人对虚拟交往的忠诚度。[2]

由此可见，老年人对社交媒体的接纳不仅依赖于感知有用性和感知易用性，还依赖于他们对社交媒体之社会文化意义的理解。随着感知易用性和感知有用性的增强，社交媒体逐步成为老年人在数字时代生存的必要工具。同时，社交媒体深刻地影响到人们的社会交往模式，是老年群体适应数字社会的重要渠道。

二、隐私关注：老年人的社交媒体悦纳

老年人的社交媒体使用焦虑主要源于对缺乏数字技能和数字隐私安全的顾虑。一方面，数字技能缺乏感会随着教育水平的提升、技术使用经验的积累、信息技术教育的惠及等得到改善。另一方面，由于互联网经济对用户数据的依赖性较强，社交媒体提供商在用户隐私保护和企业商业利益两者之间较难取得平衡。老年人一般对在线提供个人信息持谨慎态度，甚至会因为担忧身份信息被平台盗取而放弃使用特定的社交媒体服务。[3] 美国皮尤研究中心发现，虽然老年人和年轻人的隐私态度几乎没有显著差异，但相比于年轻人，老年人对在网络上保护自我隐私的自信心普遍不足。即使社交媒体提供商声称为用户提供了隐私保护策略，老年人也常常表示难以理解这些隐私保护策略。因此，提升老年人在虚拟交往过程中的隐私保护能力，是促进老年人悦纳社交媒体的重要任务。

1　QUINN K. Learning new tricks: the use of social media in later life[M]//HARRINGTON C L, BIELBY D D, BARDO A R. Aging, media, and culture. Lanham, MD: Lexington Books, 2014: 183-192.

2　周军杰，左美云，谢芳文. 虚拟社区内外互动对老年人参与行为的影响研究 [J]. 信息资源管理学报，2014（4）：24-33.

3　DUMBRELL D, STEELE R. Privacy perceptions of older adults when using social media technologies [M].//MADJID T, GHAPANCHI A H, TALAEI-KHOEI A. Healthcare informatics and analytics: emerging issues and trends. Hershey, PA: IGI Global, 2015: 67-82.

英国伦敦大学学院丹尼尔·米勒（Daniel Miller）教授主持的"全球社交媒体研究"发现，中国人注重通过分享秘密或隐私来融入集体，隐私观念在中国的发展处于初级阶段。在匿名化的社交平台上，用户在分享经历或窥视隐私的同时，个人隐私安全被侵犯的风险亦在增强。为了让老年人悦纳社交媒体，我们不但要营造更安全的网络环境，而且要激发老年人的隐私保护意识，提升老年人的隐私保护能力。

社会学家周晓虹认为，在信息社会，能否从互联网中获取信息，将会对"两代人的价值观、生活态度、人生视野、参与能力甚至生存机会产生难以估量的影响"[1]。首先，政府应当通过基础设施建设，为老年人提供接入互联网的机会，激发他们对新技术的需求，并通过教育服务发展他们的信息技能，帮助他们克服心理焦虑，让他们切实感受到社交媒体的好处。同时，有报告表明，老年网民极易遭遇网络谣言、虚假广告、网络诈骗、低俗色情。因此，政府需要进一步健全网络管理制度，营造信息与隐私安全的互联网文化，支持老年人愉悦、友善地利用新媒体。

第二节　差异与认同：提升老年人的网络归属感

当前，青年用户是使用社交媒体的主力军，同时老年用户的增长持续加速。本研究通过关注年轻人与老年人在社交媒体使用过程中存在的代际差异，试图进一步理解老年群体在数字世界中的虚拟身份认同方式和网络社交文化特征。

一、融入网络：网络社交的代际差异

网络社交的代际差异研究中，一些研究重在探索代际网络社交行为表现差异的经验证据和因果联系，一些研究则倾向于在日常生活视野中寻求网络社交代际差异的文化根源和现实意义。这些研究关注社交媒体使用形式或内容的代际差异，不仅揭示了社交媒体对不同群体的生活赋能，还带来了网络社交"代际文化"研究新课题。

第一，在类型选择上，年轻人使用几乎所有类型的社交媒体平台，包括社

1　周晓虹 . 文化反哺与器物文明的代际传承 [J]. 中国社会科学，2011（6）：109-120.

交网站、博客和互联网论坛等，而老年人倾向于驻足有趣的、娱乐型的互联网论坛。[1] 值得注意的是，我国流行的社交媒体往往是集合了社交、娱乐、消费、理财等功能的综合性平台，如微信。随着智能手机的普及，我国越来越多的老年人借助微信融入了数字世界。微信不仅是我国老年人融入数字世界的重要平台，还为老年人提供了许多社会参与机会和生活选择。

第二，在时间花费上，老年人在社交媒体上花费的时间少于年轻人。在使用社交媒体时，老年人往往积极地参与点赞、评论活动，以联系亲友间的感情。

第三，在信息关注上，年轻人更喜欢关注八卦、游戏、明星等方面的信息，而老年人更关注生活、养生、健康等方面的信息。另外，年轻人和老年人在聊天语言、网络表情等交流符号的理解和运用方面差异明显。例如，老年人不能理解年轻人创造的一些表情包，年轻人也不能理解为什么老年人总是喜欢转发某类表示问好或祝福的表情包。

第四，在网络消费上，年轻人对线上消费、互联网金融的理解和接受度更好，行动力也更强，而老年人更多地表现出对财产安全的担忧，常倾向于选择子女为"代理人"，并且总体对互联网理财持谨慎态度。[2]

除了代际网络社交行为数据的量化统计，质性研究者还关注不同群体网络社交依赖行为的成因、危害及解决。随着移动互联网的发展，"手机控""低头族"等开始出现。这种主要出现在年轻人身上的网络依赖行为，也开始出现在老年人身上。有研究发现，老年人的微信使用动机往往是动态变化的，从最初的"娱乐"动机转向"社交"动机后，也容易对微信产生依赖。[3] 当手机无法接入互联网时，半数老年人会变得无法适应或者焦虑。[4] 过度依赖社交网络是否会对老年人的身心产生危害，是一个值得关注的问题。

二、维持关系：网络社交的圈层认同

老年人使用社交媒体，更多是跟自己的亲友联系，维系强关系。年轻人在

1　LEUNG L. Generational differences in content generation in social media: the roles of the gratifications sought and of narcissism [J]. Computers in Human Behavior, 2013, 29 (3): 997-1006.

2　社交网络与赋能课题组. 生活在此处：社交网络与赋能研究报告 [EB/OL]. (2017-02-13) [2024-10-11]. http://wenku. it168. com/d_ 001709767. shtml.

3　唐魁玉，刘冬. 年轻人与老年人微信使用行为的对比研究 [J]. 中共杭州市委党校学报，2015 (6)：69-74.

4　社交网络与赋能课题组. 生活在此处：社交网络与赋能研究报告 [EB/OL]. (2017-02-13) [2024-10-11]. http://wenku. it168. com/d_001709767. shtml.

社交媒体上更倾向于与同龄朋友联系，建构弱关系。作为社会的夹心层，肩挑工作与家庭的中年人使用社交媒体主要是与工作对象进行交流，具有较强的职场属性。不同年龄群体的特性在网络世界得以延续，形成独特的群内圈层认同。

具体而言，老年人希望花更多的时间维系有益的熟人关系。因此，老年人的微信好友以家人、亲友、同事为主。通过使用 QQ 和微信等社交媒体，老年人不仅增加了代际交流，也增强了代际亲密关系。另外，社交媒体还能使老年人与过去的朋友、同事重新取得联系。老年人会通过社交媒体寻找同学、同事、同乡等，以延续传统的人际关系。笔者对身边老年人微信使用的观察，也基本印证了这一结论。老年人的通讯录以熟人为主，会通过微信群和"朋友圈"更多地与亲人、同事和同学进行联系，通过微信沟通、相互关注增进同辈群体的认同感，实现社会身份建构。可见，微信通过打造虚拟"朋友圈"社交，进一步加固了传统的熟人社会结构，重构了线上与线下融合的生存舒适区，从而吸引了众多老年人。

综上所述，从代际视角理解不同群体的网络社交结构，不仅可以揭示社交媒体对不同群体及不同生命周期的影响，还可能为代际沟通和代际理解架设桥梁，进一步塑造代际亲密关系。而且，在经济全球化背景下，对不同群体的网络社交行为及特征进行比较研究，有利于理解老年人在数字世界里寻求身份认同的过程。与年轻群体相比，老年群体在虚拟世界中不够开放，对社交媒体的使用也不够多元。随着社交媒体对日常生活的进一步渗透，更重要的问题可能是如何通过改善数字化生存环境，有效促使老年群体在虚拟世界中获得身份认同。

第三节　赋能与赋权：增强老年人的网络公平感

丹尼尔·米勒将社交媒体定义为一种可以支持"可扩展社会性"（scalable sociality）的技术。这意味着，与传统媒体相比，社交媒体赋予使用者更大的控制权，人们可以自由选择与哪些人建立网络社交关系，以及在什么平台向哪些人公开多少隐私信息。然而，权利与义务两相伴随。例如，人们对基于在线社交的精准服务的享受总是以贡献个人隐私数据为代价的。因此，人们在使用社交媒体时总期望最大程度地获益，并将潜在损失降到最低。

老年群体是否能通过社交媒体提升晚年福祉、共享时代红利？该问题有两个研究视角：一是从社会关系网络视角出发，探索老年人是否可以通过社交媒体扩大社交网络，获得社会资本，从而提升主观幸福感和生存质量；二是在"互联网+养老"的政策导向下，从国家数字包容度出发，研究老年人是否可以通过积极有效地使用社交媒体跨越数字鸿沟，从而公平获取社会资源。

一、扩大社交：社交媒体的情感赋能

社会资本是个人透过社会连接所获得的资源。郭爱妹等认为，社会资本具有决定社会地位、获取社会资源、进行社会分配的工具性功能，因此对老年人生活质量的影响更甚于年轻人。[1]

一方面，社交媒体的主要功能在于帮助用户维系和建构社会关系。首先，老年人通过社交网络进行有意义的社会连接，可能获得更多积极的社会支持。有研究显示，社交媒体的使用与社会资本的创造和维持呈正相关。社会网络越大，老年人越有可能获得必要的社会支持，从而减缓认知衰退。[2] 在信息时代，使用互联网的老年人与亲友的接触频率高于非互联网用户。[3] 尤其是退休后的老年人，社会接触越多，生活满意度越高。其次，社会支持与老年人的主观幸福感呈正相关，与老年人的消极情感体验呈负相关。[4] 腾讯研究院的相关研究表明，用微信的老年人比不用微信的老年人有更高的主观幸福感，而且微信好友数与老年人的主观幸福感成正比。这是由于老年人会在社交媒体使用过程中进行适当的自我披露，而这有助于他们获得更高水平的社会支持。社交媒体能为老年人提供更多的接触社会的机会，有助于丰富老年人的日常生活，促进老年人的社会参与。

另一方面，社交媒体对老年人具有情感赋能作用。首先，老年人通过社交媒体获得健康、生活等方面的信息，可以增强自信心，缓解压力感，提升自我效能感。[5] 其次，通过社交媒体达成的"缺场社交"可以增强老年人与同辈群

1　郭爱妹，张戌凡. 城乡空巢老年人的生存状态与社会保障研究［M］. 广州：中山大学出版社，2011：48.
2　CHERRY K E, WALKER E J, et al. Social engagement and health in younger, older, and oldest-old adults in the Louisiana Healthy Aging Study［J］. Journal of Applied Gerontology, 2013, 32（1）：51-75.
3　HOGEBOOM D L, MCDERMOTT R J, PERRIN K M, et al. Internet use and social networking among middle aged and older adults［J］. Educational Gerontology, 2010, 36（2）：93-111.
4　许婧. 养老模式、社会支持对老年人主观幸福的影响研究：基于孤独感的中介效应检验［D］. 陕西师范大学，2012.
5　LEIST A K. Social media use of older adults: a mini-review［J］. Gerontology, 2013, 59（4）：378-384.

体的沟通黏性，以及代际亲密感。这会使老年人的精神世界产生一种满足感和成就感。最后，社交媒体的使用有助于减轻老年人的孤独感。有研究显示，使用在线社交网络更多的老年人孤独感更少。老年人可以通过参与社交媒体来获得心理补偿及精神支持。根据情感社会学的交换理论，社交媒体中的交互和分享行为具有情感互惠特征。例如，"朋友圈"中相互之间的点赞和评论符合礼物交换规则，能使交往双方获得积极的情感加持。

老年人晚年生存质量不仅依赖于物质方面的社会支持，还与精神方面的情感慰藉密切关联。情绪之于生存质量至关重要，而影响个体情绪的因素较为复杂，不仅包括客观环境、社会关系等，还包括个体的人格特质、认知水平、健康状况等。有研究表明，老年人使用社交媒体可能改善认知功能，提升生存质量。

二、跨越鸿沟：社交媒体的公平赋权

诸多研究者从"数字鸿沟 ABCD"理论切入，研究各群体在数字社会能否公平共享社会福利。该理论着眼于信息技术使用可能给个人发展带来的巨大影响，不仅关注人们在能否获得信息技术方面存在的差异，而且关注人们能否有效使用信息技术以促进个人发展、增进个体福祉。[1] 美国普林斯顿大学保罗·迪马哥（Paul Dimaggio）教授进一步引入"数字不平等"概念，即由不同人群接入和使用信息技术的差异决定的一系列不平等现象。[2]

在新媒体浪潮中，受到年龄、地位、职业等因素的影响，群体之间可能存在显著的数字鸿沟。比如，受到经济水平和文化程度的限制，有的老年人负担不起智能设备，或很难学会如何使用智能设备。那么，这部分老年人在社交网络时代就有被边缘化的风险。又如，文化程度高的子女更倾向于帮助年老的父母与网络社会产生连接。[3] 可见，家庭成员的数字文化反哺是老年人跨越数字鸿沟的重要途径。

在数字社会，研究者应关注老年群体可能遭遇的不平等困境。而要消除数字不平等，不仅需要物质资源的投入，还需要认知资源和社会资源的投入。也就是说，要改善老年人所遭遇的数字不平等，不仅要增加老年人互联网接入、

1 郝大海，王磊.地区差异还是社会结构性差异：我国居民数字鸿沟现象的多层次模型分析 [J].学术论坛，2014（12）：88-95.
2 闫慧.数字鸿沟研究的未来：境外数字不平等研究进展 [J].中国图书馆学报，2011（7）：87-93.
3 社交网络与赋能课题组.生活在此处：社交网络与赋能研究报告 [EB/OL].（2017-02-13）[2024-10-11].http://wenku.it168.com/d_001709767.shtml.

网络社交、数字技能学习的机会，还需要更新全社会的老龄观念，为老年人获得数字化生存的平等权利提供全面的社会支持。

第一，老年人需要获得社交媒体赋能，提升网络社交参与率和活跃度。这要求社交媒体服务商从老年人的真实需求出发，理解老年人的思维方式，提供老年人能够接受的服务，让老年人舒服地、愉快地使用社交媒体，积极参与社会活动，脱离被边缘化的危险境地。可以通过设计包容老龄群体的社交平台，在虚拟社区、网络直播平台、微信群、微信公众号上提供养生、医疗、消费、理财、交通、娱乐、养老等服务，引导老年人参与互联网经济活动、共享互联网红利。

第二，深化积极老龄化思想，为跨越数字鸿沟打开全新的视角。积极老龄化的核心主题是"自我、人际关系和社区贡献"，强调老人与他人、社会的积极互动。值得注意的是，积极老龄化是面向所有人的思想框架。每一个人都应在老龄化进程中充分发挥自己的潜能，按照自己的权利、需求、爱好、能力等参与社会活动。参与是积极老龄化的重要体现，而为老年人争取权利是养老事业的基础。在数字化生存境遇下，新媒体赋权指公民通过媒体获得各种资源、权威及能力。当前，社交媒体使得表达、行动等权力不再仅存于组织内部，其对个体和群体的赋权可能产生新的社会权力结构。因此，引导老年群体接纳社交媒体并积极参与网络社交，是实现增权的重要过程，也是实现积极老龄化的重要途径。

第三，从代际视角看，数字鸿沟也是一种代际鸿沟，文化反哺是跨越数字鸿沟的重要途径。[1] 在文化反哺过程中，年轻一代的指导态度比传授知识本身更重要。年轻人需要顾及老年人的"面子"和情感诉求，因为来自年轻人的不耐烦等消极情绪，可能会影响老年人继续学习的积极性。在此意义上，数字文化反哺不仅包含数字技能的代际传递与接纳，还涉及数字文化的代际理解与沟通。因此，文化反哺必须立足于老年人的真实生活体验，通过更新老年人的观念激发他们对数字参与权利的诉求，促使他们主动跨入信息社会，共享社会福利。

通过社交媒体对老年群体的赋能赋权，不仅能进一步增加老年人对社交媒体文化的真实体验、增强代与代之间的亲密关系和相互理解，还能帮助老年人在新媒体时代获得平等的话语权、社会参与权，提高老年人的获得感和幸福感，从而缓解老龄问题给家庭、社会带来的压力。通过提供代际反哺、媒介教

1　周晓虹. 文化反哺：变迁社会中的代际革命 [M]. 北京：商务印书馆，2015：340.

育、互联网养老服务等社会支持，帮助老年人理性地使用社交媒体参与环境监督、平等对话、民主参与、主动创新等新媒体实践，是互联网时代老龄工作的重点。

第四节　本土化反思：做立足国情和文化的研究

老年人的数字化生存研究体现出跨学科的特征，不同领域的研究者往往从不同视角切入。来自信息科学、传播学、心理学的研究主要聚焦于老年人使用社交媒体技术的功能及虚拟社交网络结构；来自社会学、老年学、管理学的研究主要关注老年人使用社交媒体对自身社会性发展和社会福祉获得的文化意义。本研究将从研究对象、研究情境和研究方法三个方面对老年人数字化生存研究进行本土化反思。

一、研究对象的文化根源性

从研究对象看，一方面，老年是根据年龄划分出来的群体概念，不同年龄段的老年人具有不同的特征。老年人的需求具有个体异质性，老年人面临的挑战也各不相同，在研究中应适当进行区分。另一方面，不同国家、不同社会地位的老年人在物质基础、精神观念、生活方式等方面存在客观差异，这些客观差异会影响研究成果的适用性。

我国20世纪50年代及之前出生的老年人经历了社会的激变。他们具有奉行集体主义、崇尚勤俭节约、鄙夷消费主义、消极对待新事物、不信任新技术等群体特征，在社会快速发展过程中可能遭遇较多的文化适应问题。同时，受到城镇化进程的影响，我国老年空巢现象日益凸显，固守"依赖孩子养老"观念的老人容易陷入晚年孤独，渴求精神赡养。虽说可以通过社交媒体为老年人提供养老服务，但如何去做，还亟待展开研究。

研究对象的复杂多样给研究带来了诸多挑战，这也提醒研究者唯有将研究问题根植于社会结构和文化土壤，才能有效发挥"社会学的想象力"，获得理论创新的可能性。

二、研究情境的中国本土性

从研究情境看，国内外的社交媒体生态系统存在差异。国外的社交媒体研究主要围绕脸书、推特等社交平台进行，我国流行的是QQ、微信、微博等具有本土特色的社交平台。这些平台以其易用性、综合性、生活性、开放性，不仅改变了年轻群体的生活方式，也正以包容的姿态拥抱着更多的老年群体。近年来，通过智能手机跃入移动互联网的老年网民互联网使用经验普遍不足，必然会遭遇诸多挑战及风险。老年人在社交媒体使用过程中的隐私保护、信息甄别、网络诈骗规避等问题，是本土研究的重点；为老年群体营造更安全的网络环境也成为政府、媒体、家庭和学界共同关注的焦点。

研究者应该在本国文化土壤中研究社交媒体对老龄化社会的价值和意义，不仅需要重视本国老年人的社交媒体使用需求和真实体验，还需要关切数字时代老年人的文化基因、身份建构和社会参与诉求。在国家层面，政府尤其要重视养老事业的媒介影响，加强顶层设计，明确引领老年人跨越数字鸿沟的国家责任，积极开展面向老年人的媒介素养教育。在家庭和社会层面，要推进代际文化反哺和群体互助，为老年人跨越"数字不平等"、公平共享社会福利提供社会支持，同时为"互联网+养老"事业的长效发展奠定基础。

三、研究方法的问题适切性

从研究方法看，研究者应该秉持科学、开放的态度，围绕研究问题选择合适的方法。比如，凯迪数据研究中心 2015 年发布的《中国网民网络媒介素养调查报告》提出"老年人媒介素养最高"。这一研究结果一经公布便吸引了公众的眼球。该研究采用"滚雪球"抽样方法，所选择的老年人实为会使用网络的老年"精英"，因此样本代表性不足，其结论的效度也相应减弱。

再如，大数据分析报告《生活在此处——社交网络与赋能研究报告》采用了质性研究方法，以期透过数据阐释意义。又如，丹尼尔·米勒团队采用数字人类学方法在多个国家和地区进行扎根式田野研究，同时实施了抽样调查。可见，唯有针对具体问题运用恰当的研究方法，才更有可能切中研究问题的本质。我们需要立足本土，厘清问题本身，选择合适的研究方法，并正视每一种方法的优势和局限。

总而言之，老年人的数字化生存研究具有时代性、文化性、整体性和社会性。我们需要发挥想象力，运用更综合的研究视角和研究方法，从"单学科视角"向"跨学科融合"深入，从"放眼世界"向"关切本土"推进。

本章在回溯国内外相关研究的基础上，解析了老年人数字化生存研究的三大核心主题：在个体层面，不仅关注到老年人对社交媒体接纳问题，还关注到涉及隐私心理的社交媒体悦纳问题；在群体层面，不仅关注到不同群体的社交媒体使用行为差异，还呼吁通过理解和尊重老年人的网络社交习惯提升老年人的网络归属感；在社会层面，不仅关注到利用社交媒体帮助老年人扩大社交，获得社会资本和情感赋能，还关注到社交媒体对不同群体的公平赋权能促使老年群体获得数字社会的平等生存权。

　　基于国际比较，我国老年人数字化生存研究应充分考虑研究对象的文化根源性、研究情境的中国本土性及研究方法的问题适切性。下一章，我们将立足国情，对我国老年群体的基本状况和生活世界（特别是晚年的媒介生活）进行透视，为开展有生命力的本土化研究奠定文化基础。

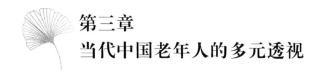

第三章
当代中国老年人的多元透视

我国在 20 世纪 50 年代出现生育高峰，一大批"生在新中国，长在红旗下"的人有共同的集体记忆和丰富的人生体验。本章在生命历程视角下讨论我国老年人的生活世界，透视社会变迁和家庭结构变化对老年群体性格和养老生活的影响，旨在理解大众媒介和社交媒体之于晚年休闲生活的意义。

第一节 不同的老年群体

本研究通过了解老年群体由于教育经历、健康状况、婚姻状况、职业背景等因素形成的个体差异，将老年群体视作多样化的异质性群体。学界在老年群体分类标准这一问题上存在争议。

第一，将年龄作为老年群体分类的依据。比如，我国素来有"三十而立、四十不惑、五十知天命、六十花甲、七十古来稀"的年龄分类说。此外，退休年龄也常被用来作为中年与老年的界限，如较多的研究者将 55 周岁作为老年群体的起始年龄。根据现代人生理、心理结构的变化，世界人口寿命的普遍延长，世界卫生组织提出了年龄划分的新标准：44 岁以下为青年人；45—59岁为中年人；60—74 岁为年轻老年人（the young old）；75—89 岁为老老年人（the old old）；90 岁以上为非常老的老年人（the very old）或长寿老年人（the longevous）。

第二，将经济收入、消费水平作为老年群体分类的依据。有学者认为，年龄因素或退休制度使得大多数老年人不再直接参与社会生产，变成消费人群，因此可将老年人的主要生活来源、住房状况、社会保障、职业背景等指标作为老年群体分类的标准。年龄、婚姻、居住地区和退休前职业对老年人的消费层次有显著影响，其中退休前职业的影响最大。[1] 也有学者认为，既然大多数老年人脱离了工作岗位，那么就无法直接以职业对其进行分类，因此通过经济指标进行分类存在一定的合理性。

第三，将身体健康状况、社会保障等生命历程的变动作为老年人口特有的分类标准。持该观点的学者认为，老年人所处类别处于动态变化中，具有一定的生命历程累积效应，其中身份地位、城乡户籍制度、性别等均起到重要作用。[2]

此外，刘庚常等研究者综合了国外经典社会理论和我国社会的实际状况，按照收入财富、身份地位、性别年龄、自理能力等多种指标，将老年人划分为老年知识分子、老年工人、老年农民、老年妇女、需要长期照料的老年人等。[3] 虽然该分类体系的类别边界不是很明晰，但一定程度上反映出经济发展进程中的养老状况，对我国养老模式的持续探索有借鉴意义。

值得注意的是，在研究老年群体分类时，研究者发现了代际资源的中介作用。代际资源指家庭两代人之间得以共享的经济、权力和声望等资源。[4] 子女的生活状况会影响老年人的经济收入，从而对老年人的生活状况产生影响。比如，社会地位高、经济状况好的子女可以为父母提供养老支持；经济状况不好的子女可能要"啃老"，导致老年人生活状况变差。

根据 2015 年第四次中国城乡老年人生活状况抽样调查数据，我国老年人口有如下特征。第一，年龄结构相对年轻。低龄（60—69 岁）老年人口占 56.1%，中龄（70—79 岁）老年人口占 30.0%，高龄（80 岁及以上）老年人口占 13.9%。第二，城镇化水平明显提高。城镇老年人口占 52.0%，农村老年人口占 48.0%。第三，受教育水平整体偏低，存在群际差异。2000 年，我国超过一半的老年人口没有上过学。2015 年，我国老年人口中未上过学的占 29.6%，小学文化程度的占 41.5%，初中和高中文化程度的占 25.8%，大专及以上文化程度的占 3.1%。由此可见，我国老年人口的受教育水平有了大幅度提升，但是老年群体内部的文化水平差异较大。随着教育的日益普及，更年轻的老年人受教育程度可能更高，对互联网、智能手机等新技术的接受水平也更高，因此更可能成为社交媒体的积极使用者。与中青年群体相比，老年群体的

1　梁宏. 广州市老年人口的消费状况分析 [J]. 南方人口，2009，24（2）：28-34.
2　成梅. 以生命历程范式浅析老年群体中的不平等现象 [J]. 人口研究，2004（3）：44-51.
3　刘庚常，彭彦，孙奎立. 我国老年人口社会分层初探 [J]. 西北人口，2008（1）：65-67，71.
4　蒲新微. 老年群体的层级结构与养老保障模式研究：以长春市为例 [D]. 吉林：吉林大学，2007：80.

整体文化程度仍然偏低。不同年龄群体间的文化程度差异也成为影响代际数字沟通的重要因素。

第二节　当代老年人的生活世界

一、生命历程视角下的老年生活

　　生命历程研究是社会学研究的重要领域，主要关注人如何活出一生。生命历程研究主要有两种范式：一是北美研究范式，由埃尔德（Glen H. Elder）教授倡导，倾向于从中观或微观层面关注特殊社会事件对生命历程造成的转折及后续影响，以量化研究为主；二是欧陆研究范式，以德国学者科利（Matin Kohli）教授提出的"生命历程的制度化"理论为主轴发展而来，重点关注宏观的社会制度与人生规划观念对生命历程的整体形塑。[1] 其中，北美研究范式对我国人口社会学研究产生了较大的影响。李强、包蕾萍、胡薇等学者集中研究了改革开放、计划生育、教育改革等特定事件对生命历程的影响，此外还有研究者探讨了农民工群体、留守儿童、老年贫困群体等特殊群体的生命历程问题。

　　人是在各种社会条件的综合影响下度过一生的。因此，相关研究不能仅停留在对老年特征的界定上，而应拓展到对老年人整个生活历史的研究。"老年"这一特殊的年龄阶段受到个体人生经验的形塑。[2] 生命历程视角弥补了量化、静态的研究在时间维度和个人能动性维度上的缺失。在一项回顾性研究中，胡薇认为，老年化的过程是一个随着生命历程的演进而不断累积分化的过程。[3]

　　成梅在用生命历程理论分析老年不平等现象时发现，老年不平等主要体现在老年群体内身份不平等、老年群体内性别不平等、老年群体与其他年龄群体不平等三大方面。[4] 徐静、徐永德关注贫困老人的生命发展轨迹，印证了老年

1　郑作彧，胡珊. 生命历程的制度化：欧陆生命历程研究的范式与方法 [J]. 社会学研究，2018，33（2）：214-241，246.

2　胡薇. 累积的异质性：生命历程视角下的老年人分化 [J]. 社会，2009，29（2）：112-130，225-226.

3　胡薇. 累积的异质性：生命历程视角下的老年人分化 [J]. 社会，2009，29（2）：112-130，225-226.

4　成梅. 以生命历程范式浅析老年群体中的不平等现象 [J]. 人口研究，2004（3）：44-51.

贫困人群的异质性，指出贫困老年人有着迥异的贫困形成与变动过程，并且即便已至晚年，他们的状况仍然按照各自的轨迹特征继续发生变动。[1]

郑作彧、胡珊在梳理我国生命历程研究史时发现，北美研究范式一度占据主流地位，虽然部分研究也涉及制度，但常态化的国家制度对生命历程的影响研究并未成为关键议题。[2] 这是因为国内学者忽视了中国社会的发展趋于稳定，国家在制度建设层面日趋成熟，各种国家制度正常态化为社会发展的结构性框架。此时，欧陆研究范式的作用有所凸显。例如，退休制度的常态化与现代老人观念的更新密切相关。科利认为，在现代社会，老到无力工作几乎是人人可及的阶段，而退休金主要来自个体在壮年期通过工作而缴纳的税金。由此，社会普遍接受了退休制度形塑的"领取退休金，安享晚年的老年世代"，从而使得老年阶段稳定地在现代社会中建立起来。

社会学家李强在 1999 年出版的《生命的历程》一书中对出生于 20 世纪 20—40 年代的人的共同经历进行了总结，认为 1949 年以来的重要事件，如"三反"、"五反"、三年困难时期、"文化大革命"、知识青年"上山下乡"、恢复高考、包产到户、允许个体经营和开办民营企业、改革开放，对他们的生活产生了巨大影响。[3] 出生于 20 世纪 40 年代末至 50 年代末的人，则被称为"共和国一代"。中华人民共和国艰难曲折、天翻地覆、成就辉煌的发展历史在他们身上留下许多印记，也留下许多回忆。在历史发展过程中，这一代人做出了重要贡献。有研究者用"最悲情的一代"来评价"50 后"，认为经历了诸多磨难的"50 后"，比后辈更多体味到生活的艰辛。[4] 在互联网上传播的有关"40 后""50 后"的多媒体作品，其根本表达往往在于"40 后""50 后"为国家做出牺牲，国家和后辈应该铭记他们的贡献，并在养老和福利上提供支持。

在养老生活方面，许多研究相对乐观地认为：由于第一代独生子女的父母还处于 60—70 岁的低龄老人阶段，受到中国社会文化的影响，他们中很多人不但在退休后选择与子女同住并承担起照顾孙辈的责任，还逐渐形成"独立养老"的观念。实际上，独生子女的老年父母的居住形式有多种，如一直与

1　徐静，徐永德. 生命历程理论视域下的老年贫困 [J]. 社会学研究，2009，24（6）：122-144，245.

2　郑作彧，胡珊. 生命历程的制度化：欧陆生命历程研究的范式与方法 [J]. 社会学研究，2018，33（2）：214-241，246.

3　成梅. 以生命历程范式浅析老年群体中的不平等现象 [J]. 人口研究，2004（3）：44-51.

4　余春晖."50 后"群体性人格的自然表达：评刘克邦散文 [J]. 创作与评论，2014（12）：65-67.

成年子女同住、单独居住、在某一个阶段与成年子女同住等。如今，独生子女家庭空巢现象比较普遍。城市第一代独生子女的父母，"同城空巢"比例占六成左右，"异地空巢"比例占一成左右。[1] 风笑天教授认为，处于低龄老年阶段的第一代独生子女的老年父母的养老保障问题日渐凸显，包括日常生活照料和精神慰藉方面的困难。尤其是对于"四二一"这种"双独家庭"的代际结构而言，独生子女父母的养老风险是值得防范的。[2]

对第一代独生子女老年父母相关研究进行回顾的意义在于，这一代老年人的养老保障问题不仅是微观层面的家庭大事，也是宏观社会变迁过程中产生的国家难题。人人都会变老，而退休后的生活将持续数十年，我们需要认真思考这段时期该如何有意义地度过。结合社会现实和相关研究，可以发现，中国老年父母往往会为子女的结婚、生育提供支持，包括出资购房、抚育孙辈等。有研究者认为，这是一种老年父母在积极主动地构建与成年子女的"协商式亲密关系"，从而使自己的晚年生活更有保障。[3] 对大众媒体广为批判的"啃老"现象，学界有另外的认识。刘汶蓉的研究表明，"啃老"是转型期家庭领域充满结构性张力和矛盾意向的集中体现。"啃老"家庭主要有两类：代际和合下的理性合作而产生的和谐型"啃老"家庭和情感捆绑下的理性冲突而形成的冲突型"啃老"家庭。从积极意义上看，社会转型强化了"亲子一体"的情感结构，让代际互助传统表现出强大的文化抗逆性。[4]

李晶从传统家庭伦理对个人思想观念和行为实践的塑造出发，认为时代背景形塑了老年人的思想观念、道德品格，主要表现为："在艰苦生活中锻炼出强大的承受苦难的耐力和韧性，因此在遭遇各种困难时能够保持平和的心境和乐观的态度；在艰苦生活中培养出感恩的美德，因此易于感知幸福，并对他人、社会和政府的帮助心怀感激。"[5]

笔者在调查过程中发现，当谈及"是否感到幸福"时，"40后""50后"更倾向于将现在的生活与过去的经历进行纵向比较，常常对现在越来越好的生

1　风笑天."空巢"养老？城市第一代独生子女父母的居住方式及其启示 [J]. 深圳大学学报（人文社会科学版），2020，37（4）：120-130.

2　风笑天. 一个时代与两代人的生命历程：中国独生子女研究 40 年（1980—2019）[J]. 人文杂志，2020（11）：22-36.

3　钟晓慧，何式凝. 协商式亲密关系：独生子女父母对家庭关系和孝道的期待 [J]. 开放时代，2014（1）：155-175.

4　刘汶蓉. 转型期的家庭代际情感与团结：基于上海两类"啃老"家庭的比较 [J]. 社会学研究，2016，31（4）：145-168，245.

5　李晶. 老年人的生活世界 [M]. 北京：商务印书馆，2019：278.

活感到满意，有"知足常乐"的人生态度。"40 后""50 年"是伴随着新中国成长起来的，他们往往对国家的发展满怀信心。对于个人而言，他们比较忍辱负重，同时对媒介信息缺乏一定的批判意识。

二、家庭结构变迁下的养老生活

（一）家庭结构的变化

根据 2010 年第六次全国人口普查数据，与 2000 年相比，三代或三代以上共同居住的扩展家庭中的老年人数量有所减少，单人家庭和单身夫妇核心家庭中的老年人比例急剧增加。这表明，老年人正在形成自己的小家庭，而不是与已婚子女生活在一起。"仅老年家庭"和"无代家庭"的增加，加剧了家庭的空巢问题。2010 年，空巢家庭的比例接近老年家庭的 40%。与 2000 年相比，独居老人的比例上升到 12%。同时，独居老年夫妇的比例也在增长。

随着人口老龄化的加剧，"仅老年家庭"受到社会的广泛关注。第六次全国人口普查数据显示，大约有 3000 万个 65 岁以上的"仅老年家庭"。由于养老金体系的覆盖范围和支持相对有限，退休的老人不得不依靠自己的积蓄或者家庭成员的帮助养老。在农村地区，很多老年人需要通过继续"工作"来维持生计。

有研究表明，从 1990 年到 2010 年，老年夫妻户的比例增长了 72.3%，成为增长最快的老年人居住模式。越来越多的老年人选择独立生活。一般来说，"独立居住模式"和"与子女同居模式"是最常见的老年人居住模式。

目前，80 岁以上老人的居住模式有一些独特的地方。与较年轻老年人相比，相当数量的较年长老年人健康状况不佳。如果没有孩子或伴侣的照顾，他们更有可能成为"被遗忘"的社会群体。独居老人增多是多种因素综合作用的结果：一是生活条件的改善使老年人能够独立生活；二是计划生育政策导致家庭规模缩小。与此同时，人口流动促使这些家庭的孩子离家学习或工作。老人独居存在的困境不再是个人或家庭的问题，而是迫切需要解决的社会政策问题。

不仅如此，一项来自安徽的调研表明，农村地区存在"老年人与孙辈"同住的"留守家庭"结构。虽然有研究指出了老年人"隔代教养"的种种弊端，但是从老年人生存的角度看，照顾孙辈在某种程度上保证了老年人与成年子女的亲密关系和财务安全。另外，便利的交通和现代通信方式可以帮助老人减轻负担和压力。这证明了家庭互动的重要性：一方面，外出务工的成年子女可能经常与老人保持联系，同时提供经济支持；另一方面，照顾孙辈可能有助于老年人找到生活的意义。

（二）家庭结构变化的后果

在现代社会，家庭制度发生了较大变化，具体表现为家庭规模变小、居住安排分散、父辈权威被挑战。空巢家庭、独居老人、纯老户（仅老年家庭）越来越多。这说明代际依赖越来越弱，老年人可能需要独立应对生存挑战。在价值观层面，集体意识减弱，个体意识增强，成年子女的生活与老人的生活相对独立。传统社会家庭关系中的"亲子关系"这一主轴，逐渐被"夫妻关系"替代。"成年子女的生活较少受到父母的干预，而老年人也被期望能够更加独立地生活"。[1]

基于家庭结构的变迁，我们需要进一步聚焦养老方式的变化。在世俗文化影响下，中国的人际关系注重公平交换，因此亲子关系也重视互惠互利，如"我养你小，你养我老"。改革开放以来，社会各方面快速变迁，社会流动性增强，家庭规模逐步变小，代际关系也趋于理性化，"父母在，不远游"的传统孝道文化受到冲击。"如何养老"成为一个严肃的社会问题，特别是20世纪80年代推行计划生育政策以来，子女数量的减少对传统的家庭养老模式形成不小的压力。事实上，很多城市独生子女父母对子女给自己养老的预期早已降低，更期望社会养老服务支持体系进一步健全。现实情况下，健康的低龄老人更可能实现独立养老，高龄老人养老以配偶照顾为主，高龄失能老人养老一般会有子女的参与。随着高龄老人的增多，低龄老人照顾高龄父母的现象也越来越普遍。

有学者建议，在社会保障和服务体系不健全的情况下，政府应进一步强化家庭的社会根基作用，充分发挥家庭在养老方面的社会功能。政府应从巩固家庭伦理、倡导家庭道德做起，在此基础上，制定更多家庭支持政策，如鼓励家庭成员共同或就近居住，对家庭照顾者提供必要的经济支持和社会服务等。[2]

家庭变迁过程中传统家庭责任的转移，不仅影响代际接触与互动方式，也导致传统家庭的亲密性和凝聚力减弱。网络上常有观点认为"50后"是这样一代人：对上孝顺父母、养老送终，对下尽力提供经济物质支持，同时不要求子女为他们养老。在这样的背景下，数字技术或社交媒体正成为当代老年人建构自我身份、重塑代际关系、践行独立养老的重要手段。

一方面，互联网或数字技术的使用可以为老年人带来诸多好处，如丰富日

1　李晶. 老年人的生活世界［M］. 北京：商务印书馆，2019：276.
2　李晶. 老年人的生活世界［M］. 北京：商务印书馆，2019：218.

常生活、加强社会关系和增强独立性。低成本又高质量的视频聊天能缓解亲友之间的空间距离感，增进彼此的亲密关系。有调查表明，子女出国的父母对情感的需求比物质支持需求高得多。身居两地的父母与子女可以通过数字通信技术维持"长距离亲密关系"。另一方面，在虚拟交往中，成年子女与老年父母在价值观、消费观等方面的差异进一步强化，可能产生代际冲突，导致亲密关系减弱。比如，"'朋友圈'屏蔽父母"的现象引起了网友热议。再比如，成年子女与老年父母异地居住，因此出现了"网购式尽孝"，即将"孝道"的践行转化为网络消费行为。以往需要身体力行的亲子沟通，被便捷的数字技术代劳，是否能够维系或增进代际亲密关系？这正成为当代家庭研究的新课题。

在数字社会，家庭结构变迁带来了多样的养老挑战。对家庭而言，数字技术或社交媒体对家庭亲密关系的维系既可能提供支持，也可能带来风险。

三、媒介社会的晚年休闲生活

（一）晚年生活质量的主导因素

老年医学专家穆迪（Harry Moody）说过："退休的问题不在于工作总是会更好，而是晚年的大量闲暇时间没有足够的结构来实现更大的社会目的或意义。"[1] 经过长期研究，学界已经确定健康与休闲之间存在关联。[2] 在 2017 年的一项调查中，"休闲"被老年人理解为：放松（84%的受访者），做使自己快乐的事情（83%），消磨空闲时间（53%），做与工作无关的事情（34%），什么也不做（20%）。[3]

怎样的晚年生活才是美好的晚年生活？晚年生活一般包括物质条件、身心健康、家庭关系和精神状态四个方面。在全面建设小康社会的过程中，我国各项社会保障制度逐步得到完善。老年人在基本生活得到保障后，会更加重视精神生活。

一方面，老年人的晚年生活依赖于家庭关系的和谐。家庭是老年人的主要生活场域。中国老年人非常重视家庭关系，包括代际关系和夫妻关系，期望"家庭和睦、子女有出息"。作为社会单元，家庭具有特殊性。这种特殊性源

1　MOODY H R, SASSER J R. Aging: concepts and controversies [M]. Thousand Oaks: Sage Publications, 2000:263-276.

2　PAYNE L, MOWEN A J, MONTORO-RODRIGUEZ J. The role of leisure style in maintaining the health of older adults with arthritis [J]. Journal of Leisure Research, 2006, 38(1):20-45.

3　LI Y, LUO B Z, HUANG C C, et al. Chinese seniors' leisure participation and constraints in five cities [J]. Asian Social Science, 2017, 13(11):24-33.

于家庭成员的结构及家庭成员之间彼此依赖、相互承诺的亲密关系。传统的中国家庭具有森严的"金字塔式"等级结构，近代中国社会发生的翻天覆地的变化对家庭结构也产生了巨大的冲击。阎云翔教授认为，第一代独生子女的出现使得家庭资源分配和结构发生了根本性变化：在代际关系结构中，祖辈、父辈和孙辈形成了"4—2—1"的倒立格局；基于"父权"和"孝文化"的传统家庭主义崩塌，"新家庭主义"出现。[1] 新家庭主义是一种"下行式家庭主义"（descending familism），即家庭生活的中心由祖辈转向孙辈，家庭资源集中到第三代。对某些家庭而言，"啃老"是代际协商的主动选择，有利于家庭团结和家庭利益。[2] 另一方面，适度的社会参与有益于老年人晚年生活质量的提升。根据个人意愿和能力，继续工作或从事生产经营活动、参加公益活动或志愿服务、继续学习、参加娱乐休闲活动等，能够使老年人保持一定的社会交往，有助于其建立积极的自我认同，保持健康的心态，感到人生有价值、生活有意义。[3]

我国学者普遍认为，精神状态是影响老年人生活质量的主导因素。第一，年轻时的兴趣爱好一般会延续到老年。有些老年人会在退休后充分尝试发展之前可能无法完成的兴趣和爱好，如唱歌、跳舞、朗诵、写诗、钓鱼、摄影、旅游等。从各地老年大学开设的课程也可以看出，老年人的兴趣爱好主要集中在娱乐休闲、陶冶性情等方面。第二，社会交往促进老年人保持积极的自我认同。[4] 老年人的交往圈子往往以熟人为主，较多地参与社区老年活动可能建立起新的同伴或朋友关系。值得注意的是，随着智能手机的普及，微信群成为老年人新的沟通交流空间，一些面向老年人的虚拟社区、微信公众号成为老年人获得时政信息、参与社会讨论、交流观点的重要场所。

相关研究表明，在人力资本方面，有配偶、年龄较大、身体健康，可提高老年人的休闲满意度；在家庭资本方面，良好的家庭关系和与家人生活是休闲满意度的重要前提；在社会资本方面，社区成员之间的信任是互惠的规范，构建基于弱关系的社交网络有益于老年人的心理健康。[5] 而且，鉴于代际数字鸿

1　王芊霓，黄羽婷. 阎云翔：中国家庭结构的新脚本是什么？［EB/OL］.（2019-07-23）［2024-10-11］.https://www.thepaper.cn/newsDetail_forward_3972438.
2　刘汶蓉. 转型期的家庭代际情感与团结：基于上海两类"啃老"家庭的比较［J］. 社会学研究，2016，31（4）：145-168，245.
3　党俊武，李晶. 中国老年人生活质量发展报告：2019［M］. 北京：社会科学文献出版社，2019：17.
4　党俊武，李晶. 中国老年人生活质量发展报告：2019［M］. 北京：社会科学文献出版社，2019：199.
5　HUANG C，YING L.Understanding leisure satisfaction of Chinese seniors：human capital，family capital，and community capital［J］.The Journal of Chinese Sociology，2019，6（1）：1-18.

沟的客观存在，老年人会在数字上与子孙或其他社会交往群体区隔开来。无论是从家庭资本还是从社会资本出发，我们都应帮助老年人更好地适应数字世界，提高老年人的休闲满意度。例如，启动以社区为基础的老年教育计划，教老年人如何使用数字设备和互联网。[1]

（二）媒介生活品质的主动追求

根据 2015 年第四次中国城乡老年人生活状况抽样调查数据，在休闲活动方面，88.9% 的老年人经常看电视或听广播，20.9% 的老年人经常读书或看报，20.7% 的老年人经常种花养草或养宠物，13.4% 的老年人经常参加棋牌活动。2000 年，老年人学电脑的比例为 0.3%。2015 年，经常上网的老年人占5%。随着受教育程度逐步提高，我国老年人的休闲生活层次有了较大提升；同时，随着互联网日益普及，越来越多的老年人学会了上网，网络为老年人的文化生活增添了现代元素。

根据中国互联网络信息中心发布的调查数据，我国老年网民的数量连创新高。不过，年龄、健康状况、认知水平、经济水平等因素也导致一些老年人成为"数字赤贫人员"。年轻老人使用互联网的可能性更大，他们可以通过互联网建立与外界的联系、获取信息、提高晚年生活质量。有研究表明，对互联网的使用显著提高了中国老年人的生活满意度，社区参与在此过程中起着积极的中介作用。[2]

当然，也有研究关注到老年重度网络用户及其潜在的问题。2018 年 8 月，新经济行业数据挖掘和分析机构艾媒咨询发布《2018 中国老年人"网瘾"热点监测报告》。数据显示，中国老年网民规模超 0.5 亿人。其中，8.7% 的老年网民日均上网时长超 4 小时。2020 年 10 月，"趣头条"联合澎湃新闻发布《2020 老年人互联网生活报告》。从"趣头条"的日均在线时长看，94.51% 老年用户在线时长低于 4 小时，少量老年用户在线时长超过 6 小时。这些数据启示我们，网瘾老人的出现与老年人精神需求的无序化满足有关。

步入老年期，衰老给人带来诸多负面影响，如身体老化，思维能力、判断能力下降。老年期的孤独感、失落感，让人需要心理抚慰、精神寄托。值得注意的是，当前旨在满足"老年人精神需求"的生意虽越来越多，但数字"银发市场"有待规范。从新闻报道中，我们可以观察到一些互联网"养生"骗局手段极其低劣，却能让老年人心甘情愿地掏钱。究其原因，主要还是老年人

1　杜鹏，汪斌. 互联网使用如何影响中国老年人生活满意度？[J]. 人口研究，2020，44（4）：3-17.
2　杜鹏，汪斌. 互联网使用如何影响中国老年人生活满意度？[J]. 人口研究，2020，44（4）：3-17.

从中获得了情感满足，哪怕听到的是谎言，买到的是假货。随着各种"神医宇宙""养生骗局"被曝光，在谴责骗子的同时，社会也应为老年人提供更多的支持，帮助老年人提高数字素养或媒介素养。

可见，媒介的嬗变带来经济文化活动、社会互动方式的改变，老年人的生活观念和媒介观念均受到一定程度的挑战。从报纸、电视、广播等大众媒体转向"去中心化"的社交媒体，老年人的媒介生活既有欢乐和惊喜，也面临各种潜在的风险。

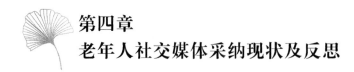

第四章
老年人社交媒体采纳现状及反思

随着上网门槛的降低，越来越多的老年人成为"数字移民"。在我国，很多老年人通过微信踏入数字世界。他们被大众媒体时代塑造的媒介使用习惯是否会影响他们对社交媒体的理解，使他们遭遇应用困境？本章将从增长规模、使用特征、身份建构、表达偏好、困境与风险等方面认识老年网民，同时思考如何引领老年网民参与网络文明建设。

第一节　巨大增量群体：我国老年群体的触网报告分析

一、中国网民的规模及年龄特征

美国学者罗杰斯（Everett M. Rogers）将创新使用者分为五类：革新者（innovators）、早期采用者（early adopters）、早期追随者（early majority）、晚期追随者（late majority）和落伍者（laggards）。根据中国互联网络信息中心发布的《中国互联网络发展状况统计报告》[1]，2010—2020年，中国网民规模从45730万人增长到90359万人（见图4-1）。

中国互联网络信息中心发布的第27次《中国互联网络发展状况统计报告》显示，2010年12月，10—19岁网民占27.3%，20—29岁网民占29.8%，30—39岁网民占23.4%，40—49岁网民占12.6%，50—59岁网民占3.9%，60岁以上网民占1.9%。可见，在互联网技术采纳过程中，老年群体的"落伍者"居多。

1　1997年11月，中国互联网络信息中心第一次发布中国互联网发展状况报告，自此，该机构定期对我国互联网络发展状况进行调查，每半年发布一次调查报告。

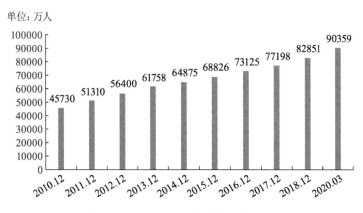

图 4-1　2010—2020 年中国网民规模

　　根据 2010 年第六次全国人口普查数据和 2010 年分年龄网民数据，可以发现，年龄越大，网民占该年龄段人口总数的比例越小（见表 4-1）。这表明在社交媒体兴起时，互联网用户呈现明显的年轻化特征。

表 4-1　2010 年分年龄网民数据

项目	10—19 岁	20—29 岁	30—39 岁	40—49 岁	50—59 岁	60 岁及以上
人口数量/万人	17479	22842	21516	23034	16006	18446
网民数量/万人	12484.29	13627.54	10700.82	5761.98	1783.47	868.87
网民占比	71.42%	59.66%	49.73%	25.02%	11.14%	4.71%

　　中国互联网络信息中心发布的第 45 次《中国互联网络发展状况统计报告》显示，截至 2020 年 3 月，10—19 岁网民占 19.3%，20—29 岁网民占 21.5%，30—39 岁网民占 20.8%，40—49 岁网民占 17.6%，50—59 岁网民占 10.2%，60 岁以上的网民占 6.7%。

　　根据国家统计局公布的人口数据，2019 年 12 月，我国总人口达 14.0005 亿人，60 岁以上人口达 2.5388 亿人。总人口中非网民规模约为 4.96 亿人。60 岁以上的非网民为 1.93 亿人，占 60 岁以上人口的 76.15%；0—59 岁人口的非网民为 3.03 亿人，占 0—59 岁人口的 26.44%，其中包括网民占比本就较少的 10 岁以下儿童。

　　由此可见，在以 "2.5 亿老年人被智能时代抛弃……" 等为标题的文章中，"2.5 亿老年人" 指我国老年人口总量，而不是老年群体中的非网民总量。当然，也有严谨的媒体采用了 "2 亿" 的说法，如微信公众号 "新老人" 发布《这个被骂为老不尊的人，暴露了 2 亿老人的不甘和挣扎！心寒……》。这些文章往往谈论未上网的老年人在数字化社会面临的挑战和困窘，呼吁社会对老年人宽容相待。

从网民规模看，2010—2020年，由于我国网民整体规模几乎翻了一番，不同年龄群体的网民绝对数量和占比均有增加，但老年群体的增量空间是最大的（见图4-2、图4-3）。

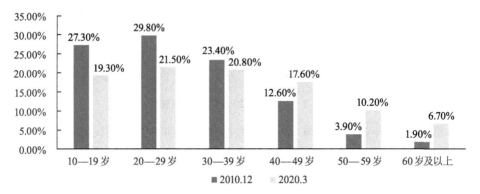

图4-2　2010年和2020年中国不同年龄网民占比

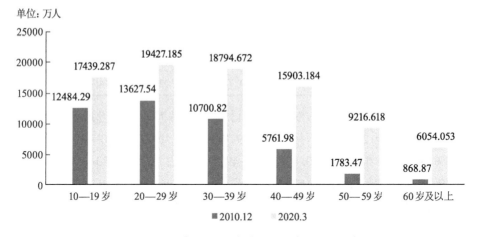

图4-3　2010年和2020年中国不同年龄网民规模

二、中国老年网民的增量趋势分析

可以通过对比中国互联网络信息中心发布的第39次《中国互联网络发展状况统计报告》（以下简称《CNNIC39报告》）、第45次《中国互联网络发展状况统计报告》（以下简称《CNNIC45报告》）、第46次《中国互联网络发展状况统计报告》（以下简称《CNNIC46报告》）、第47次《中国互联网络发展状况统计报告》（以下简称《CNNIC47 报告》），重点分析老年网民在中国网民规模扩张过程中的增长特点。

根据《CNNIC39 报告》，截至 2016 年 12 月，我国网民规模为 7.31 亿人，互联网普及率达 53.2%。手机网民规模为 6.95 亿人，占全体网民 95%。从年龄结构看，60 岁以上的网民占全体网民的 4%（约 2924 万人），约占中国老年人口（2.4 亿人）的 12.2%。

根据《CNNIC45 报告》，截至 2020 年 3 月，我国网民规模为 9.04 亿人，互联网普及率达 64.5%。手机网民规模为 8.97 亿人，占全体网民 99.3%。从年龄结构看，60 岁以上的网民占全体网民的 6.7%（约 6056.8 万人），约占中国老年人口（2.5 亿人）的 24.2%。

根据《CNNIC46 报告》，2020 年 3 月到 6 月，我国 60 岁以上网民的数量出现高速增长，从 6.7%（约 6056.8 万人）提升到 10.3%（约 9682 万人）。老年网民净增长 3625.2 万人，正好与 2020 年 3 月到 6 月总网民数量增量一致。这表明，新冠疫情促使政府更多地关注到数字弱势群体，意识到需要将更多的老年人纳入数字世界，帮助他们在特殊时期快速适应数字化生存。比如，购物、医疗等社会服务的数字化让老年人体验到数字时代的便捷。

随着数字经济的繁荣发展，我国数字治理体系不断完善。在制度层面，制定《中华人民共和国数据安全法》，为数字经济时代的法治建设奠定基础；在机制层面，加速形成围绕政府、平台、社会的多元协同治理体系；在服务层面，在线政务服务日趋成熟，初步形成一体化政务服务体系。[1]

根据《CNNIC47 报告》，截至 2020 年 12 月，我国网民规模达 9.89 亿人，其中 60 岁以上网民占 11.2%（约 1.1 亿人）。自 2020 年 3 月以来，老年网民增长约 5019 万，占这一时期总网民规模增量的 59%。这说明互联网进一步向高龄人群渗透。随着规模宏大、内容多元的数字社会的形成，对于个体而言，如果无法接入互联网，那很可能在出行、消费、就医、办事等生活场景中遭遇不便。

当然，从年龄结构看，60 岁及以上老年群体依然是非网民的主要群体，约占非网民总体的 46%。老人因不会数字支付而被银行或超市等拒收现金、老人因不会网络挂号或网络购票而遭遇窘境的新闻，在 2020 年也频频被报道，并引发舆论。这些现象进一步推动了国家政策的制定和公共事业服务部门的整改。由此

---

1 中国国信网. 从第 46 次《中国互联网络发展状况统计报告》看我国互联网发展趋势九大特点[EB/OL].（2020-10-04）[2024-10-11].http://www.cac.gov.cn/2020-10/04/c_1603374972250693.htm.

可见，生活在"网"外的庞大老年群体需要被社会"看见"、获得关切。

三、中国老年网民的发展：基于《CNNIC39 报告》与《CNNIC45 报告》的比较

《CNNIC39 报告》显示，上网技能缺失及文化水平限制是阻碍非网民上网的重要原因：因不懂电脑、网络而不上网的非网民占 54.5%；因不懂拼音而不上网的非网民占 24.2%；因不需要或没兴趣而不上网的非网民占 13.5%；因没有条件上网而不上网的非网民占 12.8%。因此，提升非网民的上网技能、降低上网成本、提升非网民对互联网的需求有助于促使非网民上网。

《CNNIC45 报告》显示，上网技能缺乏、文化水平限制和年纪大是阻碍非网民上网的主要原因。因此，方便与家人亲属沟通联系、提供免费上网培训指导、提供可以无障碍使用的上网设备有助于促使非网民上网。

2017—2020 年中国互联网用户发展趋势表明：第一，随着上网门槛降低，越来越多的老年人已然跃入互联网世界。第二，人与人之间的沟通和交往越来越依赖于互联网，老年人也不例外。第三，如果要更多人接纳互联网，需要研发能帮助用户克服年纪大、文化水平不高、身体有缺陷等困难的无障碍上网设备，如研究更加适合老年人使用的智能手机。第四，"不懂电脑/网络"依然是非网民不上网的首要理由，为非网民群体提供适当的培训与指导是全社会迫切的任务。在加快建设包容型数字社会的进程中，政府、社区、家庭都有责任"助老上网"，帮助老年群体公平共享数字红利。

总的来看，随着精准扶贫、脱贫攻坚工作的开展，经济层面的上网费用不再是非网民首要考虑的因素。"没有时间上网""不需要/不感兴趣"占比显著下降，"当地无法连入互联网"不再是"不上网"的理由，这说明数字技术对日常生活的渗透较快，人们对互联网有了基本的了解。"年龄太大"一直是影响非网民上网的重要因素。不过，相关报告显示，2020 年，互联网用户加快向中高年龄群体渗透。

第二节　成为数字用户：老年人社交媒体使用特征分析

一、"数字弃民"——老年人社交媒体接纳困境

老年人不使用互联网或社交媒体的原因包含客观和主观两方面。客观方

面，是老年人的身体条件、文化水平、经济承担能力、学习条件等一般无法达到接纳门槛。主观方面，是老年人缺乏学习兴趣、学习能力、学习动机、学习意愿等。

实际上，老年人无法接入互联网还包含主动因素和被动因素。一方面，面对新技术的冲击，一些老年人是抗拒的。赵磊在《技术恐惧的哲学研究》中指出，现代技术恐惧通常由技术风险、技术压力及技术的不确定性引发，表现为技术用户或普通公众对技术感到压力，对技术危害缺乏安全感和感到焦虑，并产生抵制新技术、破坏新技术或技术恐慌的心理与行为反应。[1] 另一方面，当智能手机、社交媒体等日益改变社会生态时，必然会使"守旧"群体产生困扰。对还没有接纳智能手机的人群，比如老年群体而言，没有手机就意味着不能像以前那样顺利办事。这会让老年人感到"不适应"或"不理解"，甚至出现抵抗行为。换个角度看，这可能也是过度依赖技术的后果。每一位老年人都来自代际传承的家庭。如果老年人不能得到公正的对待，家庭的意义无疑将旁落。

2020 年年初爆发的新冠疫情不仅激发了数字化社会的发展机遇，也暴露出弱势群体的数字化生存困境与挑战。人们的衣食住行、工作学习、娱乐休闲等方方面面都开始发生变化。对于老年人而言，数字化、智能化技术突然闯入了他们习以为常的生活。老年人可能因为不认识或不理解数字技术而手足无措，但他们的境遇却不一定为年轻群体所理解。例如，有媒体报道了老年人因无法扫码而不能乘坐公交车的事：老年人既没有智能手机，也不知道什么是"健康码"，"搞不懂没有智能手机扫码，为啥连日常公共交通工具都无法乘坐"。不得不说，智能技术不仅区隔了年轻群体与老年群体，还让数字弱势群体在日常生活中寸步难行。

为此，北京大学胡泳教授提出"数字弃民"这一概念，并将其定义为少数被数字化社会排斥在外的群体。在数字时代，当众多服务被缺省设置为"数字化"，非网络用户就面临被边缘化的风险。这会对一定人群的基本生活权利产生影响。

根据网络田野观察，我们可以发现一场全球化的公共卫生事件暴露出数字社会中的"老年歧视"问题。媒体报道了一个又一个令人心碎的老年生存故事。比如购物方面，不会用智能手机的居家老人无法轻易买到生活日用品，更不会点外卖、买生鲜；交通出行方面，有老年人不会网上打车，不会网络购

1　王平. 技术恐惧的拯救之道［N］. 中国社会科学报，2020-10-21（12）.

票；看病就医方面，有老年人不会网上挂号，不会扫码租轮椅，不会网络支付；银行服务方面，有老年人不会使用网络银行，无法及时取出养老金；继续教育方面，当教学方式从线下授课改为线上教学，一些老年人丧失了学习机会（有的老年人因不会使用社交媒体而无法参与线上学习群，有的老年人因不能适应线上依赖于多媒体材料展示的集体教学而产生挫败感）。

罗伯特·巴特勒（Robert Neil Butler）于 1969 年提出年龄歧视（ageism），认为人们会因年龄而对某个体或群体形成刻板印象（stereotype）和歧视（discriminate）。相关研究表明，老年人的年龄歧视不仅来自外部世界，还来自自身。老年人对老龄化的刻板印象，会对他们自身的感官功能产生很大的影响。例如，坚持认为听力丧失是衰老表现之一的老年人往往听力消退得更快。[1] 另外，来自社会的负面评价或消极刻板印象表达会影响老年人在问题解决情境中的行为表现。例如，感受到外部歧视的老年人会在记忆任务中表现得更差。

老年人在数字世界里面临的偏见（prejudice）被称为"数字年龄歧视"。较多研究表明，数字世界中存在明显的代际区隔，数字文化情境下自然而然地形成了一种群体印象：年轻人是数字老手（digitally adept），老年人是数字傻瓜（digital dunces）。当然，从年龄歧视角度看，老年人在数字世界中的弱势地位不仅源于外部塑造，也源于老年人自身对"老化"的刻板印象带来的消极心态。相比于其他群体，老年群体往往对于学习或适应新技术更不自信。

因此，在数字时代，老年人不能仅仅适应年轻社会的规则或一味地"取悦"年轻人，还需要改变自身对"老龄化"的认知，更积极地对待自己的衰老。另外，老年人对社交媒体的接纳需要一定的契机。无论年纪多大，人都渴望自尊、独立地生活。这是人的需求，也是人的权利。[2] 适老科技产品的本质应该是"知心"，用以帮助老年人自主、独立地享受生活，而且应该是老年人主动希望掌控这些科技产品。

二、"数字移民"——老年网民的社交媒体使用与满足分析

（一）社交媒体的使用与满足理论

卡茨（Katz）于 1974 年提出使用与满足理论，认为社交媒体的使用主要是为了满足人们自我表现和社会归属的需要。随着媒介技术的发展，使用与满

---

1 LEVY B R,SLADE M D,GILL T M.Hearing decline predicted by elders' stereotypes[J].Journals of Gerontology,2006,61(2):82-87.

2 陈虹霖，吴晓薇. 适老化科技的社会工作回应 [J]. 社会工作，2019（1）：99-108，112.

足理论在不同媒介情境下得到进一步扩展。社交媒体是基于互联网发展起来的，而较多的老年网民是通过智能手机接入移动互联网的，因此我们将借鉴互联网和手机的使用与满足理论来分析老年网民的社交媒体使用状况、困境及出路。

根据使用与满足理论，网络新媒体往往给人们带来三方面的满足。第一，网络媒体使用过程体验满足。人们通过媒介接触行为即可得到满足，往往与具体内容无关，比如"在线"本身带来的满足感。第二，内容满足。这是指网络媒体对教育、学习、研究等方面需求的满足。第三，社会性满足。这是指通过在线聊天、相互关注评论等媒介活动与朋友保持联系、增进友谊，或实现与他人互动并了解他人。[1]

智能手机的普及使人们在过程体验、内容咨询、社会交往、功利或娱乐等方面的需求得到广泛满足。对于一些人而言，在休闲时玩手机甚至成为打发时间的唯一活动。

（二）老年网民的社交媒体接纳状况

可以对比分析国内外两项均发布于2017年12月的大型调查报告：美国退休人员协会（AARP）发布的《2017年美国中老年人技术使用现状与态度调查报告》（以下简称《AARP报告》）；中国社会科学院国情调查与大数据研究中心联合腾讯互联网与社会研究中心开展的社交网络调查《生活在此处——社交网络与赋能研究报告》。

《AARP报告》的调查样本为1520名50岁以上的中老年人，揭示了以下情况。

（1）随着年龄的增加，美国中老年人在智能设备的采纳上存在差异。70岁以下的中老年人更可能拥有智能手机、笔记本电脑、平板电脑和智能穿戴设备（如智能手表、健身数据跟踪手环等）；70岁以上的老年人更可能拥有台式机（66%）和功能手机（34%）。

（2）美国50岁以上中老年群体在智能手机的使用上存在群际差异。在受访的1061位智能手机使用者中，88%的人用智能手机收发信息或电子邮件，77%的人用智能手机导航。其他较高出现的智能手机应用场景有：下载或购买新的应用程序；浏览网页；获取新闻信息；使用社交媒体。值得注意的是，72%的智能设备用户使用社交媒体；其中50—69岁群体中有75%的人至少在一种智能设备上使用社交媒体。此外，50—59岁群体比60岁以上群体更多使

1　刘海龙. 大众传播理论：范式与流派［M］. 北京：中国人民大学出版社，2008：284-288.

用智能手机进行银行或金融交易活动及观看网络视频；60—69 岁群体更喜欢在智能手机上进行医疗健康管理；70 岁以下人群普遍比 70 岁以上人群更善于采用智能手机获取健康养生信息、记录追踪自我的健康信息。

（3）50 岁以上群体在常用手机应用程序的类型上存在群际差异。根据 1177 位受访者的回答，其最常用的手机应用程序类型依次为电子邮件、网络浏览器、天气、社交媒体、拍照、地图导航、游戏、日历、银行或金融、新闻或期刊、购物、音乐、体育、健康管理、视频、阅读、信息等。

从年龄因素来看，越年轻的人群使用的智能手机应用程序类型越多。50—59 岁群体每周均会使用的应用程序有 7.1 个；60—69 岁群体每周均会使用的应用程序有 6.5 个；70 岁以上群体每周均会使用的应用程序有 5.4 个，低于全样本的平均值（6.5 个）。70 岁以上群体更多地使用智能手机获取天气信息，看新闻，玩游戏，阅读书籍。

（4）在网络信任和隐私观方面，大多数老年用户对社交媒体信任度低，但又缺乏隐私保护知识。82% 的受访者对个人线上隐私的保护没有信心，认为网络机构不能保证网络数据安全。同时，中老年群体对网络隐私策略知之甚少，特别是 70 岁以上人群更不知应该如何通过隐私保护手段来保护网络数据安全。

（5）在网络社交方面，老年用户更喜欢在社交媒体上进行沟通。91% 的中老年网络用户使用互联网技术与家庭成员或朋友保持联系。50 岁以上群体与家庭成员或朋友进行网络联系的方式主要有电子邮件、文字短信、社交网络、视频通话等。

《生活在此处——社交网络与赋能研究报告》基于线上和线下两个场景的调查数据将 60 岁以上人群定义为老年人，重点关切老年人是否采纳互联网或社交网络及其对生活机会与主观幸福感的影响。该研究揭示了互联网和社交网络能通过对老年人在工具性、情感和社会参与三个方面的赋能，推动当代老年群体生活样态或机会的重构。

该报告获得了来自 10 个城市的 4882 份有效数据，其中老年人的样本量达 3427 份。[1] 其主要研究结果如下：互联网或社交媒体为老年人获取信息资讯增加了选择；老年人可以通过社交媒体与子女进行沟通，社交媒体支持下的异步沟通交流既可以增进代际感情，又不会打扰子女工作；从网络消费情况来看，

1　社交网络与赋能课题组. 生活在此处：社交网络与赋能研究报告[EB/OL].（2017-02-13）[2024-10-11].http://wenku.it168.com/d_001709767.shtml.

老年人虽然能理解网络购物的便捷性，但是对网络消费中可能存在的欺骗陷阱普遍存有顾虑；老年人普遍认为可以通过社交网络获取新知识，包括增加生活常识、开拓人生视野、拓展兴趣爱好、丰富养生经验等。

对比以上两份有关老年群体互联网或社交网络使用状况的报告，可以看出两者之间的一些差异。

第一，《AARP 报告》将老年群体进行了进一步细分，并比较了 50—59 岁、60—69 岁、70 岁以上三个年龄段的人群接纳互联网的差异，发现年龄越小的老年人接纳更多智能设备、进行更多网络活动、下载更多手机应用程序的可能性越大。《生活在此处——社交网络与赋能研究报告》则将老年群体与青年、中年群体的网络活动相比较，认为老年群体通过接纳社交媒体获得了重构生活的机会，并且在不断适应数字世界。

在互联网、智能设备或社交媒体的接纳上，老年群体不仅与其他年龄群体存在差异，也可能因年龄、受教育水平、身心健康状况、经济收入水平等因素形成群内差异。

第二，《AARP 报告》侧重于网络隐私和信任问题的态度调查，发现老年群体对社交媒体、网络公司、金融机构的信任度不高，因此对网络内容生产、网络消费、网络金融活动的参与有限；《生活在此处——社交网络与赋能研究报告》反映出老年群体并非网络消费的积极参与者，主要原因在于老年群体对新技术的使用存在顾虑。个人主义价值观使西方老年人比较重视个人隐私的保护，也倾向于期望社交媒体能更好地保护用户的隐私。相比之下，中国老年人较多奉行集体主义，隐私观念并不是太强，在网络活动过程中常因不理解线上购物方式而不敢尝试。

社交媒体使用过程中的隐私保护问题应该得到进一步重视。这不仅关系到每一位网民的数据或信息安全，更是政府部门在营造清朗网络空间时必然要面对的问题，包括对社交平台上的媒体运营者的法律约束、全面治理。

第三，《AARP 报告》发现社交媒体在老年群体中的渗透率较高。老年群体主要通过社交媒体与家庭成员或朋友保持联系。《生活在此处——社交网络与赋能研究报告》认为，社交媒体为老年人提供了多元化应用服务，其对老年人的影响是全方位的：老年人不仅利用社交媒体进行"聊天"，还进行"资源共享"；不仅利用社交媒体获取信息咨询，还增长知识经验；不仅利用社交媒体进行家庭互动，还积极参与社会公共事务。

我国老年网民的社交媒体参与，不仅与老年人自身状况、传统观念有关，还与我国日新月异又独特多元的社交媒体环境有关。大型信息技术公司架构的社交、支付、购物、理财等应用服务围绕着每一个网民，在为用户提供精准服务的同时也形成了一套数字化生存法则，无形中规训着用户的思想与行为。无法获得数字身份的老年人会被无情地抛出数字世界；被纳入数字社会的老年人则艰难地适应着新的规则，理解着新的文化。

（三）社交媒体用户的圈层化分析

中国广为流行的社交平台是QQ（1999年上线）、微博（2009年上线）、微信（2011年上线）等。抖音、知乎、豆瓣、小红书、陌陌等平台也很受欢迎。一般而言，每一个平台都有属于自己的使用群体，这些群体因为年龄、兴趣等聚合在一起，并与其他群体产生网络区隔。与此同时，越发圈层化的平台也进一步标签化。例如，QQ适合年轻一代娱乐交往；微信是中老年人社交场；知乎和豆瓣是知识分子、文艺青年的交流区；哔哩哔哩（以下简称"B站"）吸引更年轻的二次元群体……

以全媒体发布平台微博为例，2018年微博月视频播放量10亿以上的内容领域包括电视剧、汽车、电影、时尚、情感、明星、萌宠、幽默、游戏、动漫、美妆、时尚、情感、美食、综艺、幽默、本地区域、美女帅哥、音乐、体育等。由此可以看出，微博用户在社交平台上更关注时尚娱乐、萌宠美食、游戏动漫等生活减压类内容。

2019年年初，微博发布《2018微博用户发展报告》。报告表明，微博月活跃用户为4.62亿，日活跃用户增至2亿。从用户的年龄特征看，40岁以上的微博用户占5%，30岁以下的用户占81%。2021年3月，微博发布《2020微博用户发展报告》。报告表明，在5.11亿微博月活用户中，"90后"和"00后"用户占比接近80%，而"60后"及更年长的用户群占1%。对微博热点关注的代际分析表明，"00后""90后"用户更关注影剧综及游戏领域的热点，体现出"泛娱乐"特征；更年长的微博用户则关注更广泛的社会热点，体现出"泛社会"特征。

微博平台的商业定位较为明确，旨在通过传播塑造年轻用户的生活方式和生活态度。可以说，60岁以上的网民较少活跃于微博这一"泛娱乐和泛生活领域的重要阵地"，是微博的"缺场者"。社交平台通过与用户不断"相互满足"，生成了一套相对独特的社交逻辑。社交平台还会对用户进行筛选，不符合其逻辑的用户会被淘汰。由此，为年轻一代用户提供"发声"平台，满足他们的需要，迎合他们的利益，维护他们的权利，便成为微博等年轻化社交平台的必然选择。

微信拥有更大规模且年龄更多元的用户。2019年1月，腾讯发布《2018

微信年度数据报告》。报告表明，微信月活跃用户为 10.82 亿，其中有 6300 万是 55 岁以上的用户。有意思的是，该报告还对不同年龄群体的微信使用偏好进行了提炼和概括。其中，55 岁以上的人群被称为"最慷慨的鼓励家"，因为他们早睡早起，日间线上娱乐丰富，包括刷"朋友圈"、阅读、购物，晚餐后习惯与子女视频通话。相比而言，"70 后"在闲暇时爱刷"朋友圈"；"80 后"关注国家大事；"90 后"喜欢娱乐八卦、生活情感类内容；"00 后"是夜猫子，爱买冷饮、甜品。值得深究的是，老年群体在微信上最爱关注的励志、文化、养生、健康类信息，质量如何？老年群体爱与子女视频聊天，但虚拟交流能否增进代际亲密感？

罗杰斯指出，技术的早期接纳者和晚期接纳者在社会经济特征、人格特征、沟通特征方面有重要差别。朱佳的研究表明，微博早期接纳者年龄为 15—28 岁，以男性为主，婚姻状况多为未婚。他们受教育程度较高，家庭经济条件较为优越，居住在城市中心区；上网时间较长，对与创新应用功能类似的产品使用频繁，发布和分享信息的频率偏高，积极参加各种线上线下活动。[1] 新社交媒体诞生后，最早"吃螃蟹者"往往是深谙数字逻辑的年轻用户。"90 后""00 后"等年轻一代是伴随着社交媒体的繁荣发展而成长起来的，素有"数字土著"之称。他们的虚拟社交行为一直受到关注。近年来，随着智能手机对日常生活的深度介入，越来越多的学者将互联网用户研究转向老年群体等数字弱势群体，并试图探索跨越数字鸿沟或数字代沟的有效方案。[2] 周裕琼的研究表明：深圳老年人微信采纳率高，使用时长和频率也较高，但主要集中于微信的社交功能。由此，周裕琼提出了"数字弱势群体崛起"的论断。[3]

人生阅历、兴趣爱好的代际差异，使得不同年龄群体之间不可避免地存在代沟。有研究者在对家庭三代的微信使用情况进行调查后发出感慨：同一个家庭，不同的微信。[4] 有意思的是，一些年轻人为了在数字空间回避长辈偏好的

---

1 朱佳. 基于互联网的创新扩散：微博客早期采纳者特征研究 [D]. 北京：北京大学，2010.

2 林枫. 老龄化背景下的中国家庭数字代沟研究 [D]. 深圳：深圳大学，2018；陈雅雪. 数字鸿沟视角下老年群体微信的采纳与使用研究：以深圳市 60 岁以上老年群体为例 [D]. 深圳：深圳大学，2017；李珂欣. 家庭中的数字代沟与反哺现象探究：基于对 90 后大学生家庭的微信使用访谈 [D]. 武汉：武汉大学，2018.

3 周裕琼. 数字弱势群体的崛起：老年人微信采纳与使用影响因素研究 [J]. 新闻与传播研究，2018, 25 (7): 66-86, 127-128.

4 林枫, 周裕琼, 李博. 同一个家庭不同的微信：大学生 VS 父母的数字代沟研究 [J]. 新闻大学，2017 (3): 99-106, 151.

微信平台，而选择 QQ 作为同辈群体社交圈；中老年人对新媒体技术的学习既依赖于年轻一代的数字文化反哺，也得益于同辈互动。[1] 在笔者的田野调查中，有"00 后"受访者表示："我爷爷会玩一些手机软件，我都不会用。我用手机玩 QQ、看小说，他喜欢做表情包、电子相册。"也有老年受访者表示："跟同龄人一起交流学习手机应用，更舒服，大家能相互理解。子女总是不耐烦。问儿子问题，他就把手机直接拿过去划拉一下，也不解释怎么弄。这就是'治标不治本'。"

可见，人们在社交媒体上的交流不但受到社交媒体运行机制的影响，而且受到社交媒体环境下圈层文化或代际文化动态流动的影响。我们需要警惕的是这种社交媒体用户圈层化带来的群体极化、代际区隔、社会疏离等方面的负面效应。

第三节　网络身份建构：老年人的网络标识与表达方式

一、网名：自我身份的重要标志

2012 年，一项关于上海科技助老服务中心开设的虚拟社区"老小孩"的研究表明，老年人并不喜欢频繁更换网名。他们会谨慎地为自己选择网名，把网名与自己的个人形象、声誉联系在一起。虽然网络是虚拟空间，但是老年人依然期望把"真实的展示和真诚的互动"作为网络行为准则或虚拟社区规范。[2]

首先，老年人比较在意用网名来链接虚拟世界与真实世界。很多老年人倾向于选择真实姓名作为微信名，以突出个人的真实身份；老年人的微信"朋友圈"以熟人为主，因此老人不怎么担心泄露隐私，反而倾向于采用真实姓名，让其他人更方便地在通讯录里找到自己。[3]

笔者在 2018—2019 年针对"老小孩"的田野调查中发现，老年网友的网名主要有以下类型：真实姓名、动物、自然景象、艺术意象等。老年人对网名

1　蒋俏蕾，刘入豪，邱乾. 技术赋权下老年人媒介生活的新特征：以老年人智能手机使用为例 [J]. 新闻与写作，2021（3）：5-13.

2　吴欢. 虚拟社区与老年网民的社会参与：对上海老年门户网站"老小孩"的研究 [J]. 新闻大学，2013（6）：105-117.

3　黄秋彤. 认同·转变·重塑：老年人在微信使用中的身份认同与建构 [D]. 重庆：西南大学，2019：18.

的选择持慎重态度，往往赋予其网名一定的含义。比如本研究的受访者申女士曾解释说，她的网名表明她的人生几度漂泊，虽然落户上海数十年，但是仍然对远在东北的故乡有深深的情结。

笔者在针对 JZS 线上助老学习群[1]的田野调查中也有类似的发现。21 位老年学员中，有 12 人使用了真实姓名，有 9 人采用了寓意积极的化名（如"开心""红花"）。这与同群大学生志愿者多使用无厘头、多元化、标新立异的网名形成鲜明对比。深谙社交媒体规则的大学生往往会在群内备注自己的真实姓名，以便与老年学员更好地沟通。

其次，老年人选定网名后不喜欢改变，会自觉将网名与自己的网络身份紧密联系在一起。老年人更倾向于认为，如果改变了网名，就会失去一些网友。这似乎源自"固定电话"带来的思维方式。老年人往往认为网名即固定的身份标识，改动后不便与他人联系。

相反，年轻人喜欢变化，会随一时的境遇或情绪改变自己的网络标识（如网名或头像）。值得探究的是，对网名的不同理解甚至可能成为家庭代际冲突的导火索。年轻人因频繁更换网名而被长辈斥责的案例时有发生。

二、头像：个人形象的重要表征

（一）作为形象表征的网络头像

网络头像不仅能展示个人形象或身份，还能供他人识别、联系，具有社会交往功能。

笔者对参与微信公众号文章《对不起，这 2.5 亿个老人，正在被抛弃……此文事关所有中老年！》评论的 99 位微信用户的头像进行了分析，发现微信老年用户常用 6 种图片做头像，包括不含自身形象的花鸟鱼、风景、民族风、卡通图片，以及含自身形象的个人户外照和个人大头照（见表 4-2）。

1　JZS 线上助老学习群，是北京"夕阳再晨"在 Y 市的大学生志愿团面向社区提供的"科技助老"服务。2020 年以前，该服务项目主要在各社区活动室进行。项目负责人表示，在 Y 市几十个社区开展助老服务，只有 JZS 社区居民委员会主任最支持，为此，在疫情期间无法线下助老的情况下，大学生志愿者开设了线上助老的微信群，每周六下午为老年朋友提供一次"智能手机的使用"线上教学服务。笔者从 2019 年开始关注该项目，对 JZS 老年学习小组的成员和大学生志愿者分别进行了焦点小组访谈，并详细记录了线上助老学习活动的实施。

表 4-2　99 位微信老年用户的头像类型

序号	类型	数量	内容
1	花鸟鱼	22 个	主要是各种鲜花，包括向日葵、玫瑰等
2	个人户外照	21 个	个人身处旅游景点的照片
3	风景	20 个	各种户外风景图片
4	个人大头照	13 个	自拍照或室内的半身照
5	民族风	11 个	带文字，如"福""和""梅""兰""竹""菊"等
6	卡通	5 个	生肖、老人
7	其他	7 个	室内随意拍、抽象图、无头像

　　其中，约三分之一的微信老年用户使用了本人的形象作为头像，包括自拍照或者以自己的清晰形象为主体的照片。其他微信老年用户则倾向于选择虚拟头像，主要有卡通图片或带有吉祥文字或美好寓意的图片。这体现出头像的印象管理功能。老年人更愿意通过网络头像呈现一种亲切的、幸福的、多彩的、积极或正能量的形象。

　　值得一提的是，本案例中有 6 位网友头像上带有五星红旗。这面五星红旗来自 2019 年中华人民共和国 70 周年庆典前夕微信发起的一场活动，名为"请给我一面国旗"。用户如果想为自己的头像加上一面五星红旗，需要对"领取国旗"的活动规则有一定的理解能力和操作能力。这说明，部分老年网民会通过积极参与"请给我一面国旗"活动体验到社交媒体上"仪式感"的传播，从而表达自己的爱国情感。

　　老年人信奉正能量，也认为自己有责任和义务向社会传递正能量。这种信仰不仅体现在头像的选择上，还反映在对后代，特别是对作为青少年的孙辈的头像的干预上。年轻用户占多数的微博上有与"父母让我换头像"相关的话题讨论，调侃了中老年父母对网络头像的严肃性或正能量特性的执念，也反映出代际网络理解的差异。例如，2020 年 3 月 6 日，微博"热搜榜"上的话题"如何回答亲戚让你换头像"（阅读量 1.5 亿，讨论量 1.9 万）引发了广泛讨论。年轻网友纷纷分享类似遭遇，进而形成共识：长辈往往希望后辈的网络头像不能太"丧"、不能让人看不懂。一位网友贴出与爷爷的对话截图，用爷爷能接受的一套"话术"赢得了爷爷的赞同。后辈灵活运用代际沟通中的传播适应策略，即用与沟通对象相似的话语方式调适互动行为，能避免正面的代际冲突和不愉快后果。

（二）通过头像进行识别的群体边界

在 JZS 线上助老学习群中，9 名老年学员采用个人照片作为头像，12 名老年学员采用花鸟鱼、风景作为头像。该群中的 10 名大学生志愿者出生于 2000 年左右，他们的头像多采用自己喜爱的动漫形象或明星照片，不以"真实的自己"示人。

我们可以通过头像识别出明显的群际边界，区分老年学员和大学生志愿者，同时能在不同群体内部发现某种一致性。比如，老年学员对外表达时往往追求同质化，期望与他人差不多，代表"自我"的符号明确且没有歧义，体现出一种倾向于集体主义的群体认同观。大学生志愿者的网络形象表现出个人主义的特点，但亦不乏内部一致性。他们的头像往往不那么直白，年龄感较强，体现出亚文化特征。在此意义上，我们似乎能通过头像轻松辨别或推断出网络用户的年龄。年轻人有时也有一种"老年人一样的网络互动方式"：他们往往用类似的头像、关心同样的话题、转发同类型的信息。

三、叙事：老年人的网络表达

（一）通俗文本叙事

笔者在田野调查时发现，老年人通过网络创作、传播的文本有鲜明的特点。他们往往偏爱书写韵律感强的诗文，喜欢使用排比、对偶等手法……这些文本包括打油诗、对联、段子等，既通俗易懂，又能体现作者一定的文化品位。

第一，打油诗。

打油诗是一种富于趣味性的俚俗诗体，一般用于对社会现象的调侃或批判，在格律方面要求不高。

花甲之年，手机一台，聊聊微信，抒抒情怀……

上有长辈，下有两代，很想旅游，家事难甩，也想潇洒，实属无奈，幸有微信，好似群寨，谈天聊地，喜出望外，早晨醒来，手机打开，同事好友，线上都在，你秀舞姿，他晒九寨，国事家事，还有海外，各种消息，网上转载，是真是假，自己量裁，乱说三七，别人不怪，调侃四六，喜笑颜开，甜言蜜语，你夸我抬，嘻嘻哈哈，预防痴呆……

——节选自 2019 年 10 月 29 日 J6 群中老年网友分享的《古稀颂》

从这篇打油诗可以看出，老年网民在花甲之后、古稀之年对手机的娴熟使用和由衷喜爱。

退休了，不干了，革命生涯到站了。解放了，轻松了，不用按点出工了。
养老了，休闲了，待着也能挣钱了。自由了，随便了，全凭自己心愿了。
地北了，天南了，大好河山都玩了。参观了，饱览了，艺术珍品开眼了。
小说了，诗歌了，古今名著看多了。电脑了，微信了，老夫与时俱进了。
上网了，刷屏了，生活缺它不灵了。购物了，旅行了，花钱不再心疼了。
高铁了，民航了，出国也挺平常了。体验了，开悟了，参透人生之路了。
不比了，不攀了，日子过得简单了。杂粮了，稀饭了，饮食讲究清淡了。
鞋帽了，服装了，只求舒适健康了。腰弯了，背驼了，量量身高又矮了。
骨软了，筋短了，遛弯走不多远了。膝僵了，腿疼了，不拄拐棍不行了。
耳背了，声大了，老来学会打岔了。头晕了，眼花了，瞧着老伴像妈了。
牙少了，胃小了，刚吃几口就饱了。烟戒了，酒减了，没喝二两上脸了。
尿频了，觉少了，喜欢清静怕吵了。过年了，团圆了，孩子一闹又烦了。
肩痛了，臂麻了，这手啥也别拿了。活少了，病多了，难受劲就甭说了。
这疼了，那痒了，自己忍着不嚷了。排队了，挂号了，整天忙着吃药了。
检查了，化验了，无可奈何住院了。养生了，保健了，想想还是被骗了。
理财了，炒股了，终于当上分母了。两虚了，三高了，当年豪气全消了。
夕阳了，傍晚了，青春一去不返了。不野了，不疯了，小伙变成老翁了。
不争了，不吵了，双手一握和好了。谁胜了，谁赢了，相逢一笑扯平了。
想开了，无怨了，只要活着就赚了。说白了，点破了，老友听着都乐了。

——节选自 2020 年 10 月 30 日 J6 群中老年网友分享的《三了歌》

这篇《三了歌》用幽默的口吻、通俗的话语道出了退休老人的身心变化、生活态度及生活方式，尤其体现出坦然面对衰老、"身老心不老"的积极情绪。"电脑了，微信了，老夫与时俱进了。上网了，刷屏了，生活缺它不灵了。"这两句表现出老年人勇于拥抱新技术、开创新生活的精彩风貌。

第二，对联。

对联是中国传统文化的代表，写对联是历代文人喜闻乐见的一种文字游戏。对联往往追求对仗工整，能显示创作者的文化功底、智慧巧思。有的对联创作者会围绕年长一代的时代记忆，巧妙组织文本，激发同龄人的情感共鸣。

第三，段子。

我国段子文化由来已久，可追溯到《诗经》里的"风"，即反映劳动人民生活的民间歌谣。根据《现代汉语词典》（第 7 版），"段子"有两层含义：一是指大鼓、相声、评书等曲艺中可以一次表演完的节目；二是指有特殊意味或内涵的一段话、一段短文等。民间性、诙谐和简短是段子最重要的三个特质，而按照题材的不同，段子被赋予了红、黄、灰、黑等不同色彩。[1] 人们通过创作、传播段子来反映社会现实，并反观"自我"的社会处境和生存状况。

网络时代又诞生了网络段子这一流行的通俗文化形式。从狭义上讲，网络段子是指以网络为载体，对社会现象或媒介事件等进行评论的纯文本形式的段子，有一定的娱乐功能。近年来，越来越多的学者以社交媒体平台上传播的段子为研究对象，发现趋于多元化的网络段子不仅能反映社会现实，表现情感诉求，甚至能影响青少年群体的价值观。

本研究发现，老年群体喜爱在微信群中转发、传播各种各样的网络段子，内容往往涉及国家事务、社会事件、公共卫生、退休生活等。

退休的人每天都要五个会，会走，会吃，会玩，会睡，会玩微信。

上班和退休的区别在于：上班，能挣钱才有饭吃；退休，能吃饭就能挣钱。

——2019 年 9 月 19 日 J6 群老年网友的一则分享

上述网络段子体现出退休老人对健康生活的期盼。

月亮在白莲花般的云朵里穿行，晚风吹来一阵阵快乐的歌声。我们坐在高高的谷堆旁边，听妈妈讲那过去的事情……

小时候，我们喜欢唱这首歌，唱着唱着，自己成了爸爸妈妈；唱着唱着，爸爸妈妈离开了我们；唱着唱着，我们自己老了……月亮还在，白莲花般的云朵还在，晚风还在。

可是，"他们"——我们的孩子，却不会坐在我们的身边，听我们讲过去的故事了……

"他们"每天很忙；"他们"对我们过去的事情不感兴趣；"他们"没有时间听我们讲过去的事情；"他们"要关心自己的饭碗；"他们"要关心自己的升迁；"他们"有自己的子女……

曾和"他们"说过：我们这代人早上四点起来排队买菜，用小凳子、破篮子去替人占位置。

"他们"问：怎么这么傻？为什么不去超市？超市里不是什么都有吗？

是啊，和"他们"说那时没有超市，什么都要票证，"他们"会感到那是

1　王焱. 灰段子的狂欢表征、意义及其限度：以巴赫金狂欢化诗学为视角 [J]. 文艺争鸣，2013(6)：115-118.

天方夜谭！"他们"不听。

于是，我们就讲给自己听。几个人，十几个人，当年的小伙伴，当年的同学，当年的同事，只不过不是坐在高高的谷堆旁边，而是坐在茶馆、坐在饭店、坐在"农家乐"……

讲着讲着，一杯又一杯的茶和酒灌了下去；讲着讲着，女人们掉下了眼泪；讲着讲着，老男人也抽泣了起来……听自己讲那过去的事情，想到自己的如花岁月，竟然就这样流逝了。

这些故事讲了又讲，有人说我们成了祥林嫂，也有人说我们很无聊。可是生活不就是由好多无聊的时候和无聊的事情组合起来的吗？

因此，只要大家愿意，就招呼几个老伙伴，我们坐在一起，听自己讲那过去的事情！

——2021 年 7 月 8 日 J6 群中老年网友的一则分享

上述网络段子用老年人的口吻诉说了家庭代际关系模式及互动方式的变迁，表达了老年人渴望与同龄人、后代进行交流，怀念已经逝去的岁月的情感。

(二) 数字媒体叙事

除了文字叙事公式，越来越多的老年人开始采纳图像、视频等视觉化、数字化叙事方式。微信、微博、快手、抖音等平台上广泛传播着各种以老年生活、老年情感等为核心主题的图文或短视频叙事文本。"50 后"在老年群体中往往具备更强的信息技术能力，从而成为数字媒体叙事的主要创作者。网络上有关"50 后"的数字作品很多，既有对"50 后"人生经历的回顾式叙事，也有对"50 后"个人风采的自我化叙述。

电子相册软件、短视频软件操作简便，视觉效果好，成为老年群体记录美好生活、分享个人体验的重要方式。比如，受访者周阿姨在自己的朋友生日时，会用有纪念意义的照片制作一个电子相册，表达生日祝福。老年大学诗歌班结课后，班里的技术能手会把大家的作品数字化。在创造和分享数字化叙事作品的过程中，老年人不仅能收获社会认同，还能提升主观幸福感。

一位热心的老年受访者给笔者转发过一则名为"我们这一辈"的短视频。该视频梳理了从 1950 年到 2016 年"50 后"所经历的重要历史事件，反映了"50 后"的生命历程、群体命运与国家发展的密切关系。虽然笔者的父辈也是"50 后"，在家庭聚会上常听到父辈畅谈他们在跌宕起伏的时代中的生活，但笔者并未完整地了解过伴随着共和国成长的这一代人到底经历过哪些重要历史事件。为了更好地理解《我们这一辈》的创作背景，笔者进行了网络检索，发现了诸多类似的数字作品。它们大多以王佑贵的同名歌曲为背景音乐，配以具有时代感的图片和文字。

我们这一辈/和共和国同年岁

有父母老小/有兄弟姐妹

我们这一辈/和共和国同年岁

上山练过腿/下乡练过背

我们这一辈/学会了忍耐/理解了后悔

酸甜苦辣酿的酒/不知喝了多少杯/嘿哟

我们这一辈/和共和国同年岁

熬尽了苦心/交足了学费

我们这一辈/真正地尝到了/做人的滋味

真正地尝到了/做人的滋味/人生无悔

从此类数字叙事中，我们也能感受到"共和国一代"的理想和现实。他们通过细数自己这代人在民族复兴过程中的牺牲和贡献，表达出不愿在晚年被时代"抛弃"，以及对"老有所养、老有所依"的期望，实际上也是对"青年社会"权力转移、老年地位下降的一种话语抗争。

四、表情包：老年人的交流工具

（一）社交媒体上的"中老年表情包"

从广义上讲，表情包指各种用于表达情感、情绪与态度的图形符号、图片或图文组合。在社交媒体视域中，表情包是一种与文字传播形态不同的多模态话语形式，正成为公共话语空间中的重要视觉修辞手段。一般而言，对表情包功能的理解有 4 个维度：作为补充与述情的工具、作为仪式与解构的狂欢、作为认同与区隔的象征、作为生产与消费的资源。作为文字传播的补充，表情包可以传达身体信息，表达传播者的情绪。网络空间内掀起的一场场"斗图"狂欢，更像是一场场仪式表演。网民通过表情包表达着喜、怒、哀、乐、丧等丰富而多元的情感，颠覆着传统语境，塑造着网络亚文化。

根据表情包的使用偏好，可以将不同的群体细化为具体的"文化共同体"，比如中老年人常用特征鲜明的"中老年表情包"。喻国明等学者认为，表情包不仅在公共场域和私人领域中灵活地构建了草根话语壁垒，还通过解构叙事赋予图片全新的话语意义和认知框架。[1] 当然，不同群体使用表情包的意图和程度不一样。表情包使用者的意识差异可能导致负面效果，如侵权、传播谣言等。

值得注意的是，不同的表情包使用习惯也成为身份认同、群际区分的重要特征。《2018 微信年度数据报告》显示，微信用户在使用"小黄脸"表情包时存在差异。对于不同年龄的用户群体而言，微信的"小黄脸"表情包传达的意义不同。微信表情包使用偏好似乎也能折射出不同年龄群体的人生态度。根据《2018 微信年度数据报告》，"00 后"微信用户最爱用的表情包是"捂脸" 🤦，"90 后"微信用户最爱用的表情包是"笑哭" 😂，"80 后"微信用户最爱用的表情包是"龇牙" 😁，"70 后"微信用户最爱用的表情包是"偷笑" 🤭，55 岁以上微信用户最爱用的表情包是"点赞" 👍。

老年群体为何在人际沟通过程中更愿意慷慨地传递积极情绪呢？在社会心理学家看来，年轻人和年长者在沟通中表达的情感基调往往不同。例如，年轻人更喜欢寻找消极词汇来表达生活的痛苦，年长者则倾向于积极面对人生。这似乎说明年龄的增长有助于人们学会控制情绪，用更加积极的态度对待人生。[2] 在此意义上，我们应该重视网络上老年用户群体的表达。老年人不仅喜欢励志、正能量的文字，也喜欢发表积极向上的表情包。他们分享的表情包，常带有"早上好""祝福你""开心快乐"等字样。

表情包是网络流行文化的产物，受到网络用户特征的影响。表情包的生产者和传播者主要是年轻网民，他们通过制作表情包来解构、拼贴流行文化，寻求群体认同。所谓"中老年表情包"，其主要生产者并非中老年群体。年轻网民和专业的媒体创造者会通过设计"中老年表情包"表达他们对中老年群体的性格特质、审美特征的理解。此类表情包一般色彩绚丽，以自然景物、传统文化等作为基本元素，再配以各种积极向上的问候语。这种传播实践不仅表达了一种"他者"认同，也内含一种"有意而为之"的代际分隔意图。

另外一种"中老年表情包"是指以"老年人"为图片内容的表情包。这种表情包往往与特定的语境相关联，表达了特定的含义。例如，在"地铁老爷爷看手机"表情包中，一位坐地铁的老爷爷眯着眼，皱着眉，用非常迷惑的表情看着手机。图片中的老爷爷可能是因年纪大、视力下降而不得不如此

1　喻国明，李彪，王斌. 表情包构建全新话语框架 [J]. 人民周刊，2018（4）：82-83.
2　彭尼贝克. 语言风格的秘密：语言如何透露人们的性格、情感和社交关系 [M]. 北京：机械工业出版社，2018：76.

"看手机"，却被网友诠释为老爷爷"看到了'辣眼睛'的东西"。因此，当"在手机上看到令人费解或反感的事物"时，网友就会抛出该表情包。此外，网友还发明了"地铁老头看手机.jpg"等表达方式，并发掘出一些类似的表情包，如老太太看手机、明星皱眉看手机。此类"中老年表情包"的流行，反映出网友的娱乐化心态。网友通过表情包相互理解、相互认同，从而建构独特的流行文化。

有研究者认为，年轻人制作并传播"中老年表情包"反映出的恰恰是代际区隔。"掌握网络话语权的年轻人一方面将中老年表情包纳入表情包的后现代解码体系中，一方面又通过文化霸权的形式将这与自身文化审美特征格格不入的文化样式筛选剔除，彰显群体性文化优越感，是对中老年表情包及该表情包使用群体的嘲讽、排斥与放逐。"[1] 然而，本研究通过采访发现，大学生并不强调与"中老年表情包"使用者之间的疏离感，而是普遍认为，代际距离是正常的社会文化现象。他们也会在长辈在场时特意发送"中老年表情包"，以迎合长辈的心意，获得长辈的积极评价。年轻一代的这种传播行为符合传播适应理论，即采取与互动对象相似的方式调适自身沟通行为，从而有效促进代际沟通。

（二）我"秀"故我在

2020年3月—2021年3月，在家庭群、社区（业主）群、线上助老学习群中，笔者采集到老年朋友早晨发送的问好类表情包100个，同时在微信表情包商店中收集到由不同创作者制作的"中老年表情包"8套。通过对群内老年朋友发送"早上好"表情包现象的观察和思考，笔者试图去解析老年人为什么喜欢通过表情包来表达问候。

1. 类型分析

老年朋友传播的表情包，其制作渠道有两种：一是由专业创作者制作的鲜明体现中老年偏好的表情包；二是老年朋友自制的表情包，采用的背景图往往是自己的摄影作品或绘画作品等。

根据内容的不同，袁媛将"中老年表情包"分为6个类型：动物类、风景类、静物类、卡通类、人物类、纯文字类。[2] 这与本研究样本的内容类型基本一致。笔者发现，老年朋友喜欢转发的"早上好"表情包，往往与优美的

1 黄钟军，潘路路. 从中老年表情包看网络空间的群体身份区隔 [J]. 现代传播（中国传媒大学学报），2018，40（4）：97-102.
2 袁媛，严宇桥. 表情包传播现象研究：以互动仪式链视域下的中老年表情包为样本 [J]. 新闻与写作，2020（1）：46-53.

风景、美好的人物、吉祥的事物等有关，体现出积极、健康、美好的情感（见图 4-4）。

图 4-4   "早上好"表情包示例

第一，文字元素分析。

在作为研究样本的 100 个问好类表情包中，仅含"早上好"或"早安"字样的表情包为 10%；90% 的表情包包含更多的文字祝福或温馨提醒。这些文字中，表达"健康快乐"祝福的最多，体现出老年朋友最重视身心健康。在不同的季节，表情包会提供不同的提醒，如"天冷添衣""天气炎热多喝水"等。除了表达祝福，这些文字还传达出老年朋友发问安表情包的原因，即与"牵挂的人"互动，珍惜在群内相聚的缘分。

初秋的祝福，是雨后的凉风，吹走燥热；初秋的祝福，是清晨的甘露，凉爽心脾；初秋的祝福，是清凉的细雨，带来快乐。早安，秋雨清凉！

早安，吉祥安康！每一天的问候，就像一份营养早餐。尽管我们各自忙碌，但情谊永记心间。

在寒冷中，寄一份温暖；在问候中，寄一份祝福！愿我们一起与健康快乐同行！心有阳光，一路芬芳！亲，早安吉祥！

早上好！说声早，道声好！心情愉悦没烦恼！健康快乐，早上好！万事顺心！

早晨~您好！四季平安！心想事成！万事如意！早安吉祥！

没有过多的语言，只有一个心愿。愿我们彼此都平安健康。早安！

相聚在群里，就是一种缘，大家早上好。

天地有爱，人间有情，相互牵挂，健康同行！早上好！愿我们一起与健康快乐同行！

早安！你好！自然的牵挂，就是真诚的祝福。因为在乎，从未忘记。心在，缘在。衷心祝福早上好！

——转录自研究样本中的"早上好"表情包

第二，色彩元素分析。

从本研究收集的"早上好"表情包看，画面中往往有美丽的景物、欢唱的小鸟、可爱的孩童等。这些图片色彩丰富，而且常配有字号较大的文字。从生理出发，老年人的视觉感受性和适应力明显下降，需要饱和度高的色彩来进行视觉唤醒，因此老年人更喜欢浏览高明度、高彩度的网页。[1]

何祎金从中老年人对表情包的应用出发，探讨老年人为何对五颜六色的表情包如此执着，"中老年表情包"又如何在美学上呈现出一种清奇的画风。他认为："晚年期的人们更多地面对老化和疾病，发送'早上好'表情包首先宣示的含义是'我很健康'。"在这种对生命和存在的宣示中，色彩斑斓的大自然和生机勃勃的花卉或许才是最好的主题。"早上好"表情包开启了新的一天，亦暗含生命的隐喻，即此时依然是一个盛开的时刻。[2]

2. 心理分析

为了了解老年人为什么喜欢发"早上好"表情包，笔者采访了一位老年亲友（72岁）。他告诉笔者："表情包不是我自己找的，也不是我做的，我没那个本事。这些都是我转发的。老年人觉少，每天一大早起来刷手机，都会收到以前的同事群发的表情包，然后我就顺手转到了家庭群里，向兄弟姐妹们打个招呼，报个到。"关于表情包的来源，他说："单位退休人员群里有两位刚退休的女同事，她们天天发。她们年轻，手机用得比较好，不但会找表情包，还会自己做表情包，然后分享给大家。"由此可见，对于老年人而言，"早上好"表情包的生产与传播蕴含着某种仪式感和存在感。

第一，仪式感。

老年人在社交媒体上发出饱含祝福的表情包，类似一场清晨唤醒的仪式。"50后""60后"往往对工厂、单位等集体组织有强烈的归属感；与工友、同事一起上班、一起下班、一起娱乐，是老年人重要的青春记忆。在网络时代，老年人能在退休后通过同学群、同事群、家庭群延续其对集体的归属感，并通

1　杨志. 针对老年人的文字、色彩及版式设计研究述评 [J]. 装饰, 2012 (5)：86-87.
2　崔一凡. 老年人的"网络焦虑" [J]. 中外文摘, 2018 (24)：6-7.

过某些网络仪式来实现群体认同、情感体验的共享。根据柯林斯（Randall Collins）的互动仪式链理论，仪式既能带来群体认同，又能帮助个体产生积极的情感能量。"互动仪式"是一个过程，其核心机制是参与者之间的相互关注和情感连接。

第二，存在感。

笔者发现，一些老年朋友在微信群中定期发布"早上好"表情包，群内鲜有成员与其互动。这是一个非常值得注意的现象。在这里，表情包的发送者似乎并不对他人的回应抱有期待，更倾向于表达自我的关切。通俗地讲，一些老年人会通过发表情包"刷"存在感。存在感是指社会主体感知到社会中他人的关注。处于人生暮年的老年人作为独立的个体，需要积极寻求"自我"，需要通过社会参与获得存在感。在社交媒体平台上，老年人可以通过在家庭群、同事群等空间进行分享、交流等引起他人的关注，从而获得存在感。对于老年人而言，发表情包不仅意味着跟群友打招呼，还表示"我来了，我很好"，传递出积极向上的互动情绪和强烈的交流欲望。

老年人在微信群里"秀"出自己原创的表情包，在一定程度上体现出自我认同。在 JZS 线上助老学习群中，笔者发现，老年朋友提出的学习需求包括"制作表情包"。这超出了大学生志愿者的预判。大学生并不热衷于制作表情包这种简单的网络作品，往往不具备相关技能或经验，甚至不太理解为什么要自己制作表情包。然而，在老年群体中，如果有人掌握了表情包或短视频的制作技术，是很值得骄傲的事情，会赢得羡慕和赞许。正如一位向大学生志愿者求教的老年朋友所言："我想学表情包制作，因为我一个朋友会做。我本来想跟她学的，但一来二去地没学成，就想着请大学生小老师教我。"

通过本研究收集的资料，可以看出，老年人制作的表情包往往以自己的摄影或绘画作品为背景，简单地配有"早上好"字样（见图4-5）。制作表情包在某种程度上是为了展现自己的生活趣味。在老年人聚集的网络社交群中，往往存在热衷于分享、交流的老年人。他们乐此不疲地在各种网络社交群中分享自己的所见、所得或生活趣事，群友的积极响应会进一步激发他们网络信息传播甚至作品创作的热情。

图 4-5 老年人自制的"早上好"表情包

第四节 通向网民之路：老年人的网络社交困境与风险

一、社交媒体的社会性解析

社会性主要有 4 种形式：信息、交流、协作和共享。在此意义上，所有形式的媒体都可以被视作具有社会性，因为它们能储存和传播知识，而这些知识源于社会并处于社会关系之中。[1] 那么，社交媒体的社会性是什么呢？用经典的社会理论来解释社交媒体，可以发现，互联网可以被定义为包含认知、交流、协作等社会过程的技术社会系统。[2]

从社会学理论出发，Web 1.0 可以被视作"人类认知系统"，Web 2.0 可以被视作"人类交流系统"，Web 3.0 可以被视作"人类协作系统"。从 Web 1.0 到 Web 3.0，社会性的 3 种形式彼此影响，每一层都为下一层提供了基础。有研究者比较了 2002 年和 2013 年流行的网站，发现排名前 20 的网站均有信息功能（纯粹提供信息的网站从 2002 年的 7 个减少到 2013 年的 4 个）。[3] 社交网站在一定程度上改变着互联网的技术结构。网络作为一种复杂的技术社会系统嵌入资本主义权力结构，以确保互联网资本积累的延续性。[4]

1 福克斯. 社交媒体批判导言 [M]. 北京：中国传媒大学出版社，2018：6.
2 福克斯. 社交媒体批判导言 [M]. 北京：中国传媒大学出版社，2018：44.
3 福克斯. 社交媒体批判导言 [M]. 北京：中国传媒大学出版社，2018：47.
4 福克斯. 社交媒体批判导言 [M]. 北京：中国传媒大学出版社，2018：48.

在此，我们可以引入"网民"一词的发明者霍本（Michael Hauben）的观点：狭义上，并非所有网络活动者都可以被称为网民，网民是那些对网络社会（或环境）具有强烈关怀意识，愿意与其他具有相同网络关怀意识的使用者一起共同合作，以集体努力的方式建构一个对大家都有好处的网络社会的网络使用者。在霍本看来，"真正的网民"应该具备主动性、协作性和责任感，以维护网络民主、构建美好网络社会为己任。由此，在网络社会研究中，"参与"和"权力"成为描述社交网络的两个重要概念（见图4-6）。世界卫生组织提出的"积极老龄化"理念，其核心就是"社会参与"和"权利争取"。随着数字世界的发展，现实社会和网络社会的界限越来越模糊，人们似乎同时在两个世界中生存。在网络社会能够被赋予怎样的权力、实现怎样的参与，决定着个体的生存质量。

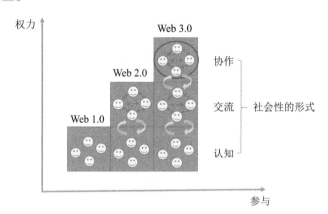

图4-6 网络社会性的三个维度和两个概念 1

亨利·詹金斯（Henry Jenkins）将参与式文化定义为"粉丝和其他消费者被邀请去积极地参与新内容的创造和循环"。在此基础上，有学者认为，参与式文化是一种基于Web 2.0等新媒体平台，以全体网民为主体，以积极主动地创作媒介文本、传播媒介内容、加强网络交往为主要形式的自由、平等、公开、包容、共享的新媒介文化样式。新媒体的参与者有年轻化、精英化的特征，因此参与式文化往往被视为一种以年轻人为主体的欣欣向荣的媒介文化，而这掩盖了新媒体技术背后的权力关系，特别是不同权力主体之间的博弈。在此意义上，网民在社交媒体上的参与程度和权力限度，必然形成网民之间的某

1　JENKINS H. Convergence culture：where old and new media collide［M］. New York：New York University Press，2008：331.

种差距，即社交媒体参与鸿沟。

新媒体技术应用受制于社会结构和资源分布。在 Web 2.0 时代，互联网发展成为全球公共参与空间。在参与式文化视角下，受众虽然拥有更多内容生产、参与互动的权力，但技术结构、商业结构、政治结构等仍然发挥着重要的影响。在社会结构中的位置及所掌握的社会资本似乎决定着人们采纳新媒体的几率及参与新媒体的程度。在数字鸿沟面前，这种结构性格局并未弱化，反而有强化的趋向。[1]

丹尼尔·米勒将社交媒体定义为一种可以支持"可扩展社会性"（scalable sociality）的技术，提出了较为乐观的观点，认为基于互联网的社交媒体赋予用户更大的自主控制权力。网民获得了选择哪些人为交往对象、决定向谁公开多少隐私信息的权力。这意味着，人们掌控社交媒体的不同方式可能呈现出不同的传播实践样态。不难发现，控制意识和控制能力的差异导致老年网民之间，及其与其他年龄阶段网民之间存在明显的社交媒体使用差异。

从以静态发布为主要特征的 Web 1.0 到以用户参与、分享为驱动的 Web 2.0，网民的媒介素养受到前所未有的挑战。网民在深度使用互联网的过程中重新理解着互联网世界，不仅要致力于让互联网技术提供更好的服务，还要努力不让自己沦为互联网技术的奴隶。在 Web 2.0 阶段，网民可以通过积极参与创造价值、实现自我，但也不可避免地因占据数据资源的多寡而被分类。随着人工智能、大数据分析、个性推送等技术的深度应用，网民如果无法理解互联网商业的新逻辑，就可能丧失自我，成为资本驱动下的一个"节点"。

基于人类协作的 Web 3.0 意味着人们可以借助网络系统平等地进行协商、生产、决策、治理等活动。然而，在社会现实中，并非所有人都能利用网络系统参与协作活动。人与人之间不仅存在物质水平、经济收入等硬件方面的差异，还存在个人能力、关系网络等软件方面的差异。因此，不同的社交媒体平台在参与生产、决策方面有一定的准入门槛。例如，致力于打造高质量的在线问答社区的知乎，在创建之初便设定了严格的作答门槛。网络系统因多样的互动才具备了多重的社交性。老年网民内部具有个体异质性，因此他们在不同社交维度上的网络行为亦有差异。

对于老年人而言，在网络认知、交流、协作维度上的参与程度，意味着他们能从社交媒体上获得怎样的赋权。

1　谢新洲，赵珞琳. 网络参与式文化研究进展综述［J］. 新闻与写作，2017（5）：27–33.

二、认知困境：同质化与媒介使用习惯

广义的认知指人们获得知识或应用知识的过程，狭义的认知指个体认识客观世界的信息加工活动。信息加工心理学将"认知过程"看作由信息的获得、编码、存储、提取和应用等组成的连续的、有程序的信息加工系统。认知图式是人们在认知过程中通过对同一类客体或活动的基本信息结构进行抽象概括而形成的框图。一般而言，认知图式会影响人们对新信息的编码、对旧信息的记忆、对缺失信息的推断等。

对于老年人而言，数十年的人生经历既形成了宝贵的经验财富，又形成了某种认识世界的固定图式。这些经验和图式可能有助于老年人认识世界，也可能成为老年人认识新事物的阻碍。新媒体文化会对老年人原有的认知经验形成一定的挑战，老年人在传统媒介时代形成的习惯也可能阻碍他们对新媒体技术的接纳、使用和创造。

在信息化时代，人们需要重建认识世界的基本能力。为此，有学者提出了"信息素养""数字素养"等概念。"信息素养"被公认为对信息社会的适应能力，不仅指向信息意识、知识和技能，还被更深入地界定为一个人在信息技能、独立学习和社会责任层面应具备的能力，即获取、评价、表达、创造信息的基本知识和技能，利用信息技术进行独立学习的能力，为建设信息民主化社会做出积极贡献的公民责任。与"信息素养"不同，"数字素养"最初被描述为对数字时代信息的使用与理解，强调数字技术作为"基本生活技能"的重要性。以色列学者约拉姆·艾希特-阿尔卡莱（Yoram Eshet-Alkalia）进一步提出了数字素养的理论框架，包括图片—图像素养、再创造素养、分支素养、信息素养和社会—情感素养五个维度。由此，"数字素养"被定义为人们在数字环境下利用信息技术手段，快速有效地发现信息、获取信息、评价信息、整合信息、交流信息的综合性技能与文化素养。

在现有的信息认知理论基础上，英国教育技术研究者苏伽特·米特拉（Sugata Mitra）提出数字时代的人离不开信息技能、信息理解能力和信息社会认知机制。实际上，笔者在研究过程中也发现老年网民在信息技能、信息理解能力、信息社会认知机制方面遭遇了不同程度的认知困境。

首先，信息技能涉及如何获取、选择、加工、利用、创造信息。互联网提供了多样化的信息获取渠道，网民在互联网环境中创造了丰富多元的数字文化。笔者通过调研发现，老年网民的网络认知活动主要为信息获取（如检索、阅读等），但网络信息获取渠道往往比较单一。有的老年网民是借助智能手机

跃入数字世界的，微信成为他们唯一的数字化信息沟通渠道。虽然微信作为多功能数字服务平台，可以为用户提供多样的信息服务，但如果只有微信这一渠道，显然存在诸多风险，如"回音室效应"。

笔者还发现，老年人喜欢用"今日头条"这样的新闻聚合客户端。此类应用广泛捕捉用户在平台上的阅读、互动行为，形成内容、用户、环境等因素构成的指标矩阵，从而对用户进行精准画像，"投其所好"地推送信息内容。以迎合用户的喜好为目标设计推荐算法，容易阻碍用户接触多样化内容。一位老年受访者说："儿子给我换了新手机，但我还是喜欢用旧手机看'今日头条'，因为两个手机上'今日头条'的内容不一样。旧手机上的内容更好。"这位老年网友对"今日头条"等平台的信息生产和推送方式了解不多，已陷入推荐算法带来的"信息茧房"，久而久之，习惯了"独一无二"的新闻界面。这会消解其对网络信息的批判能力，使其所接触的世界变得越来越小。

虽然依赖于大数据算法的推送可以让用户快速获取感兴趣的内容，但是由于网络信息生产者越发多元，网络信息生产流程越发自主，在利益的驱动下，一些夸大其词甚至低俗、虚假的信息也对用户造成了经济或精神上的损害。社会活动家伊莱·帕里泽（Eli Pariser）在《别让算法控制你》中提出社交平台、搜索引擎或新闻客户端广泛运用"过滤气泡"，即以大数据和算法推荐为底层架构技术，根据用户的网络使用行为生成用户画像，为用户呈现独一无二的界面体验。

实际上，"过滤气泡""回音室效应""信息茧房"，对社会公众而言有一定的危害。"过滤气泡"和"信息茧房"会让用户沉浸在自己偏好的信息世界中。相同或者相似的声音积聚起来，经过二次发酵，容易催生"回音室效应"，进而引起"群体极化"。笔者在访谈中发现，不少年轻人认为存在"一种老年人喜欢阅读或分享的信息"。受到互联网资本逻辑的影响，一些面向老年人的自媒体会为了流量，生产迎合用户喜好的特征鲜明、内容同质的信息，并鼓励老年用户去传播，进一步形成固化的老年群体信息传播偏好和行为特征。

其次，在信息理解能力方面，老年群体常有在传统大众媒体时代形成的媒介使用习惯，而对社交媒体的信息生产方式了解不够。比如，生于 20 世纪 50 年代的城市老年人，一般在 80 年代开始接触电视媒体。在老年人心目中，电视媒体是权威的象征。老年人认为，无论是中央电视台还是省台、地方台，都有专业的媒体人把关，它们生产、传播的都是真实的信息。因此，老年人在讨论时，往往有这样的口头禅——"电视上播了"。老年人倾向于认为报刊和电视是权威的、可信的。

值得注意的是，在社交媒体上，信息的生产组织发生了很大的变化。信息传播权不再仅被大众传媒机构掌握，还被个人、小型媒体机构甚至以算法技术为核心的软件公司掌握。因此，社交媒体上既存在以传统方式生产即时新闻、深度报道的媒介组织，也存在并不重视信息生产流程规范的自媒体组织，还存在信息聚合组织。例如，"今日头条"并不致力于新闻生产，而是通过技术聚合将个性化信息推送给目标用户。

年轻人在谈论一则新闻时可能会说"我在网上看到"，此时他们往往想表示："我只是在网上偶然看到了，我对这条信息的权威性、可靠性没有把握。"这体现了年轻群体被网络时代培养起来的怀疑精神，即"网络上的信息不一定是真实的"。在网络世界里遨游，我们不仅需要有怀疑精神，还需要具备主动求证的意识和能力，这是新媒介素养的重要部分。本研究发现，大多数老年受访者都不具备这样的新媒介素养。老年人往往带着对文字、图片、视频的信任感投入网络世界，对网络信息倾向于被动接受。

最后，在信息社会认知机制方面，老年人面临如下困境：数字文化中，什么是可以相信的？如何积极反思社交媒介逻辑，并建立合理的社交媒介观，形成有助于数字化生存的媒介信息判断和信任机制？

社交媒体上假新闻的传播涉及多方面的"参与者"。有研究者认为：第一是社交媒体生产者，他们在一定经济逻辑的作用下，有意或无意地传播假新闻；第二是利用媒体制造、传播假新闻并企图从中渔利之人；第三是假新闻的受众，他们不信任权威媒体，在转发信息时缺乏责任意识，扩大了假新闻的传播范围。[1]

如果想获得丰富、准确的信息，一般需要付出相应的成本，包括会计成本（accounting cost）和机会成本（opportunity cost）。也就是说，为了获取信息或者获得验证信息真伪的能力，人们不仅需要付出金钱，还需要付出时间。实际上，大多数新闻受众缺乏求证的意识、能力和意愿，不仅没有收集证据、验证观点的耐心，而且倾向于接受那些符合自己想法的信息，纵使陷入"信息茧房"也无心或无力逃脱。

笔者在田野调查中发现，网络经验不够丰富的老年网民会重复传播某些谣言。例如，每年高考前夕，我所加入的多个微信群中总会有老年朋友传播"×××的准考证丢在104路公交车上"的信息。7月中旬，当高校开始发布录

1　姚晓丹. 加强对假新闻传播的管控［N］. 中国社会科学报，2020-09-14（A2）.

取信息时，这条虚假信息又变为"×××的大学录取通知书被遗落在 104 路公交车上"。大部分老年网民传播网络谣言是出于善意。在相对封闭的微信"朋友圈"中，很多谣言被伪装成"关心""提醒"等，误导老年网民。重复传播某些谣言，这可能与老年网民记忆力下降、网络经验不足有关。虽然像"×××的准考证丢在 104 路公交车上"之类的谣言对社会的危害不大，但是此类谣言的群内传播会加强其他年龄群体对老年群体的刻板印象，而且某些传播虚假信息或谣言的老年网民会被大数据识别并画像为"易骗人群"，其遭遇网络诈骗的风险会增加。

为什么图文类或视频类网络信息更容易被传播？艾琳·纽曼（Eryn New-man）的研究表明，当不实新闻重复出现且配有图片时，其内容更容易被用户接受。媒体平台上的大量图片不仅会让人们对事实的判断产生偏差，还会扭曲用户的认知或记忆。虽然人们往往对自己辨别事实与虚构、真相与谎言的能力充满信心，然而获取事实与真相并不容易，媒体平台的信息泛滥更是增加了人们获取事实与真相的难度。

澳大利亚社会学教授罗伯特·阿克兰德（Robert Ackland）认为，社交媒体给予所有人发布信息的权利，在线信息的生产者和消费者之间的界限越来越模糊，而且社交媒体上的信息大多没有经过核查，使得信息消费变得越来越孤立。一些平台会向用户推荐个性化的内容，这些内容强化了用户的信息消费偏好，降低了用户接触新信息的可能性。

综上所述，社交媒体技术、社交媒体运营者和用户本身都有可能为社交媒体上虚假信息的传播负责。对于老年网民而言，首先要理解社交媒体信息生产逻辑，主动接触来自多元渠道的信息，积极反思自身的媒介使用习惯，自觉形成正确判断网络信息价值的认知机制，同时要提高自身的法律意识和道德准则，努力做负责任的数字公民。

三、交流困境：圈层化与群际区隔

老年人使用社交媒体的首要动机是与家人、朋友建立联系，维系熟人关系，从而获得社会资本，提升生活质量。相关分析表明，不同社交平台的目标群体会被"标签化"，同一社交媒体的用户也会表现出"圈层化"特征。以老年人最常用的微信为例，也存在"同一个家庭，不同的微信"现象。与其他年龄群体不一样，老年群体的网络社交以熟人社交为主，维系与熟人的关系是其主要网络交流目的。一旦强关系网络无法满足老年人的精神需求，老年人会寻求建立外部关系网络，如加入一些兴趣群、活动群、健康群。

（一）维系数字亲密关系的辩证法

传播学视野下的家庭研究超越了对单向的训导或养育功能的关注，更注重对家庭成员间双向沟通实践的探索。当前，社交媒体对家庭代际沟通的影响成为家庭传播的重要议题之一。

社会学者发现，在新媒介参与社会建构的过程中出现了代际断裂。[1] 更懂技术的年轻子女掌控更大的自主权或话语权，在建构数字家庭沟通模式过程中更具能动性[2]，成为家庭文化反哺的主要支持者[3]。老年长辈作为家庭中的数字弱势群体，成为需要被子代或孙辈文化反哺的对象。然而，数字文化反哺并不总能顺利进行。笔者在田野调查中发现，晚辈希望通过理性对话帮助媒介素养不高的老年长辈在信息洪流中明辨是非，老年长辈却自认为生活经验丰富，不想被晚辈"瞧不起"。虽然家庭场域中的年轻人在数字文化反哺中被寄予厚望，但是很多老年受访者表示，家里的儿孙靠不住，"没耐心"。他们更期望接受志愿者或教师的帮助，甚至愿意为此支付一定的学费。

人际关系是不明确的、持续流动的过程，关系辩证法凸显的是亲密关系中的冲突、挣扎和普遍存在的混乱。[4] 虽然代际冲突不可避免，但和谐的代际关系始终值得追求。从文化传承和沟通行动理论出发，在家庭和社会中为代际沟通创造平台和条件，是减少代际冲突的重要策略。[5] 例如，"'朋友圈'屏蔽父母"有时不一定是对父母的对抗，也可能是一种积极的冲突解决策略。遭遇代际冲突或困境时，晚辈不但更有能力进行数字区隔、扩大代际距离，还可能在数字语境下通过符号叙事进一步放大、公开家庭代际冲突，面向社群寻求身份认同。[6] 晚辈采用的数字区隔手段不仅包括剧本表演式的数字形象管理、分组可见的场景区隔，还包括在网络社群中对父母的观念、行为进行吐槽式曝光。相较于晚辈，作为"数字移民"的老年长辈往往缺乏相应的数字技能，甚至无法理解晚辈为何要在微信中对自己设置"免打扰"，从而可能受到较大

1　周晓虹. 文化反哺与媒介影响的代际差异 [J]. 江苏行政学院学报, 2016 (2): 63-70.
2　朱丽丽, 李灵琳. 基于能动性的数字亲密关系: 社交网络空间的亲子互动 [J]. 中国地质大学学报 (社会科学版), 2017, 17 (5): 95-104.
3　公文. 触发与补偿: 代际关系与老年人健康信息回避 [J]. 国际新闻界, 2018, 40 (9): 47-63.
4　格里芬. 初识传播学: 在信息社会里正确认知自我、他人与世界 [M]. 北京: 北京联合出版公司, 2016: 152-153.
5　尹新瑞, 吴帆. 文化传承与沟通行动理论: 和谐代际关系建构的理论视角与方略 [J]. 湖南社会科学, 2019 (5): 53-60.
6　朱丽丽, 李灵琳. 基于能动性的数字亲密关系: 社交网络空间的亲子互动 [J]. 中国地质大学学报 (社会科学版), 2017, 17 (5): 95-104.

的情感打击。

在现代家庭中,社交媒体不但可能成为家庭沟通的替代空间,还可能被用来逃避家庭交流、扩大代际距离;不但可能成为家庭代际冲突的导火索,还可能成为家庭代际冲突的宣泄场。以社交媒体为镜,我们可以看出家庭不同代的人在数字交往行为上存在差异。社交媒体为用户提供了数字区隔策略,这种区隔是否会影响家庭亲密关系?面对代际冲突,相比于不沟通,发起对话和交流更具建构性。因此,我们需要重新思考社交媒体赋予用户的"主动控制和选择交流对象和交流方式"的权力对家庭亲密关系维系的现实意义。长辈或晚辈主动发起的数字区隔行为,如果无法得到尊重和理解,必然会影响家庭亲密关系。这体现出家庭传播领域数字技术与人性的博弈。

(二)建立数字亲密关系的情感营销法

当前,以血缘为基础的家庭亲子互动模式的变化与家庭文化及家庭沟通模式的变化有关。在中国传统社会,长辈权威是不能被挑战的。随着现代化进程的推进,整个社会的代际文化逐步从前喻文化过渡到并喻文化和后喻文化。在此过程中,孝文化发生变化,父母的权威受到挑战。父母与子女之间不再仅有以孝道为中心的权威型模式,还存在平等互惠型模式,家庭沟通模式也由此发生变化。正如受访者 C 先生(41 岁)所言:"子女与父母对话难,难在社会变化太快,父母辈真的很难与时俱进。但是,传统的观念又要求子女与父母对话。父母期待他们的观点得到子女的认可,也就是希望子女顺从,然而,在很多事情上,子女懂的确实比父母多。子女有时候很难和父母理性探讨问题,其中总是掺杂很多道德、情感因素。"例如,在受骗购买保健品这样的事情上,老年人往往并不认为自己被骗,反而觉得子女的反对是另有所图。《解放日报》的记者就在报道中指出:"和发现孩子沉迷网络不一样,老人沉迷短视频,儿女们往往最初并不知晓也不关心,而是等到造成经济损失后才开始关注。我们不禁要问:这些子女到底是舍不得老人还是舍不得钱?"[1]

家庭结构和家庭观念的变迁导致家庭亲密关系的维系变得复杂。多代同堂的大家庭越来越少,空巢老人越来越多。当老人难以从家庭中获得情感满足时,商业领域就出现了一种面向"银发族"的情感劳动。这种以情感为营销手段的商业行为建立在消费主义模式下,销售人员通过打"情感牌"来贩卖商品。嘘寒问暖、有问必答是这类销售人员的重要手段,他们对老年人的话语或行为往往采用迎合模式。至于这些问候是否是某种模式化的"话术",是否

1　谢飞君. 老人沉迷"假靳东",该嘲讽吗[N]. 解放日报,2020-10-21(2).

"走心"，对老年人而言似乎并不重要。与传统商业"跑马圈地"的性质类似，互联网商业也会根据不同的消费需求将老年网民"圈"住。老年人普遍重视健康养生，渴望情感关怀，因此各种"养生群""关爱群"应运而生。管理员只需要每天给老年人发送表达关心的信息，为老年人答疑解惑，就可轻易俘获众多老年人的"心"。等待时机成熟，便可以顺利实现产品交易或服务交易。

值得注意的是，空巢老人数量庞大，而且他们普遍不想给子女添麻烦，因此，家庭代际交流变得越来越少，老年人的情感需求越来越无法得到满足。受到市场经济的引导，哪里有需求，哪里就有生意。但是，以老年人为兜售对象的互联网营销应该符合市场规律、法律法规、道德伦理，并真正让老年人获得利益和好处。利用"情感牌"进行非正当的销售，让老年人受到欺骗甚至蒙受财产损失，这样的行为应该受到法律的制裁。媒体、社会应该帮助老年人识别互联网骗局，家人的关怀、对老年个体的尊重、对老年人情感需求的满足及老年人对自我的积极发现是老年人适应数字时代的重要基础。

四、协作困境：边缘化与生存风险

《生活在此处——社交网络与赋能研究报告》指出，社交网络对老年人的赋能主要在工具性、情感和社会参与这三个方面。不过，老年人的社会参与程度尚浅。例如，大多数老年人仅通过社交媒体了解公共热点事件，较少进行表态、评论。老年人网络社会参与的边缘化除了与老年群体文化程度不高、经济条件有限、社会地位偏低有关，还与鼓励公众参与公共事务的资源和环境等结构性条件有待完善等有关。面对人口老龄化，全社会应努力更新老龄观念，让老年群体有意愿、有能力、有责任感地在数字世界展现自我、发声发言。

与互联网文化的主要创造者群体相比，老年网民普遍未达到对网络文化的深度使用、充分融入、积极创新。受到传统老龄观念的影响，老年群体在现实社会和虚拟社会中成为边缘人，被推离社会舞台的中心；随着"数字化"与"老龄化"的相遇，面对数字鸿沟，老年群体又成为社会帮扶和文化反哺的重点对象，而不是推动网络文化发展的主体。

首先，要成为"真正的网民"，老年人不仅要提升数字技能，还要提高社交媒体参与的主动性、协作性和责任感，以维护网络民主、构建美好网络社会为己任。全社会要建立一种更完善的观念，即老年群体能通过社交媒体参与数字化社会文化的建设，为争取合法权利、维护社会正义、共建美好网络社会做出贡献。

其次，帮助老年人实现"协作"维度的网络参与，不仅应体现在国家政策制定和导向上，还应发挥社交媒体的传播功能，遵循媒介伦理，克服"老年歧视"，塑造积极的老年形象，并赋予老年群体话语权。当前，无论是在微信、微博等社交平台还是抖音、快手等短视频平台，面向老年人的内容比例偏少，且老年用户被边缘化。这与不断扩展的"银发族"的规模及消费潜力相悖。进一步发现和挖掘老年群体的网络需求，可以促使老年群体平等参与网络社会建设和治理进程。当然，面向老年人的网络营销行为应遵循法律和道德伦理，要避免老年人沦为互联网资本"围猎"或恶意利用的对象。

最后，从社会变革来看，数字经济正全面融入社会建设全过程。在引导数字经济助力社会繁荣的同时，也要保障数字弱势群体公平共享数字红利的权益。以社交媒体为代表的新媒体日益塑造着人们的数字生存方式，鼓励着人们利用互联网发出自己的声音，建构新的关系，争取合法权利，成为有责任、有担当、有涵养的数字公民。这意味着，社交媒体使用者获得了更多的媒体赋权。老年网民应善用媒体赋权争取利益。

如果说社交媒体的社会性主要体现在认知、交流和协作三个递进的维度上，那么可以发现老年网民普遍在认知和交流两个维度上积极努力。大多数老年人退休后从社会向家庭回归，极少再参与协作式网络社交。随着社交媒体越发对社会产生制度化影响，如何让老年人在网络时代"老有所为"成为值得持续关注的课题。当然，根据数字社会治理的共享逻辑，要确保人人平等地参与网络文化，离不开多方共同努力。例如，政府应积极推进信息无障碍，加强网络空间治理，广泛开展媒介教育，构建老年友好型智慧社会。

综上，如果要规避被数字社会"抛下"的风险，老年人应主动建立数字公民意识，适应数字生活方式，通过积极的数字社会参与为数字文化、数字道德和数字文明的培育贡献力量。当然，在这个过程中，家庭和社会的积极引导至关重要。要鼓励老年人对抗原有的社会认知图式，如对老年群体的刻板印象、对衰老的消极认知及对涉及老年人的事件的极化思维倾向，引导老年人形成新的数字社会认知图式和晚年数字化生存观念，促使老年人为更美好的晚年生活积极努力。

中　篇

社交媒体逻辑下的老年人网络参与和身份认同

第五章
群际偏见生产：社交平台上的老年形象塑造

　　2010 年以前，传播学领域的老年人研究主要集中在老年人媒体形象分析。2009 年的一项研究表明，虽然我国老年人口在总人口中占比已超过 10%，但是涉及老年群体的报道在总的纸媒报道中占比不足 1.26%，而且相关形象主要涉及家庭生活这样的私人领域，与社会公共领域生活相关性较小。[1] 老年人的媒体形象多是被动的，对老年人的称谓等话语表征也多是情景化的、被刻意塑造的。由此可见，大众媒体对老年刻板印象的形成具有一定的影响。广播媒体、电视媒体上的老年形象也具有类似的边缘化、附属化特性。[2] 例如，有研究者关注到"中国大妈"媒介形象的嬗变："大妈"逐渐从传统的、富有爱心的女性群体称谓转为蛮横、霸道的负面形象代名词。[3]

　　2010—2015 年，随着老年网民数量的迅速增加，学界开始关注老年人与新媒体的交集，主要从功能和文化两个层面展开研究。

　　在功能层面，学者们主要关心老年网民的媒介接触动机、使用现状和使用困境等。陈月华[4]、丁卓菁[5] 等研究者较早关注到老年人的新媒介诉求与满足、使用行为与影响因素、角色认知与数字文化反哺、媒介素养教育等内容。司峥鸣和盖龙涛的研究表明，老年人接触网络媒体有助于提升生活品质，包括获得

1　汪露. 试论刻板印象与老年传播 [D]. 北京：中国人民大学，2009.

2　陈勃. 人口老龄化背景下大众传媒对老年形象的呈现 [J]. 甘肃社会科学，2006 (6)：247-249，227.

3　李林容，李茜茜."大妈"媒介形象的嬗变 (2007—2017)：以《人民日报》《南方都市报》和《中国妇女报》相关报道为例 [J]. 编辑之友，2018 (11)：62-68.

4　陈月华，兰云. 基于中国文化的老年群体媒介诉求分析 [J]. 现代传播 (中国传媒大学学报)，2010 (9)：16-20；陈月华，陈荟竹. 关于我国老年人媒介素养的若干思考：基于哈尔滨和上海两地的实证调查 [J]. 中国广播电视学刊，2011 (8)：60-61.

5　丁卓菁，沈勤. 城市老年群体的新媒体使用与角色认知 [J]. 当代传播，2013 (6)：102-104；丁卓菁. 新媒体环境下老年群体媒介素养教育探讨 [J]. 新闻大学，2012 (3)：116-121；吴信训，丁卓菁. 新媒体优化老年群体生活方式的前景探索：以上海城市老龄群体的新媒体使用情况调查为例 [J]. 新闻记者，2011 (3)：65-69.

社会尊重感、自我认同感、生活掌控感等。[1] 吴欢针对上海"老小孩"虚拟社区所做的研究表明，虚拟社区可以成为老年网民寻求社会参与的重要工具和活动平台。[2]

在文化层面，学者们将目光投向新媒体带来的数字鸿沟问题。有调查表明，在新媒体浪潮中，不同年龄群体之间存在显著的数字鸿沟。2014年，周裕琼用实证的方法研究了亲子两代之间存在的数字鸿沟问题。[3] 这表明老年人与新媒体的问题不仅是一个功能层面的技术接受问题，还是一个文化层面的再社会化问题。

随着智能手机向老年用户普及，微信等社交媒体向家庭、社会各生活场域渗透，围绕老年人的手机接纳与使用、老年人的微信接纳与使用、数字鸿沟与文化反哺、老年网红、在线老年教育等话题展开的研究日益增多。2020年以后，越来越多的研究指向"老年人的数字化生存"，思考加速的数字社会进程中老年人的数字融入问题、数字赋能问题及数字时代的生存权利问题。[4]。老年网民的增加能否使老年人的网络媒介形象得到客观呈现？融入新媒介生活是否有助于老年人发出自己的声音、找寻自我的意义、提升生存的质量？对社交媒体的使用能否增强老年人的主观幸福感、凝聚家庭亲密关系、扩充老年人的社会资本？这些正成为数字时代老龄社会的重要问题。

第一节　网络中的老年：社交媒体中"老年歧视"现象透视

一、数字世界中的"老年歧视"

沃尔特·李普曼（Walter Lippmann）在《舆论》中通过阐释"拟态环境"和"刻板印象"等重要概念开启了媒介研究的新方向。根据社会心理学相关研究，刻板印象可能是积极的，也可能是消极的；可能是准确的，也可能是不

1　司峥鸣，盖龙涛. 老年群体网络媒介的消费价值与生活品质 [J]. 当代传播，2012 (2)：54-57.
2　吴欢. 虚拟社区与老年网民的社会参与：对上海老年门户网站"老小孩"的研究 [J]. 新闻大学，2013 (6)：105-117.
3　周裕琼. 数字代沟与文化反哺：对家庭内"静悄悄的革命"的量化考察 [J]. 现代传播（中国传媒大学学报），2014，36 (2)：117-123.
4　笔者通过在中国知网数据库的检索，发现自2020年以来，《国际新闻界》《新闻与写作》《当代传播》《青年记者》《新闻与传播评论》《新闻界》等传播学核心期刊陆续刊发了与"老年传播"相关的论文。

准确的。[1] 准确的刻板印象被称为"差异敏感性",可以提升人们对多元世界的文化认知。不准确的刻板印象会导致偏见。偏见往往被用于维持人与人之间的差异,是社会关系研究的重要内容。作为一种负面态度,偏见容易引发歧视。群际偏见通常是指"我群"对"他群"形成较为笼统的且偏向负面的态度,其主要目的是通过夸大群际差异维护群内团结,巩固社会地位。

李普曼还通过"局内人"与"局外人"这两个概念说明人际或群际印象受媒介环境影响。媒体对信息的传播可能激起刻板印象威胁,让受到歧视的个体或群体面临生存风险。[2] 以老年群体的媒介形象为例,虽然在尊老爱幼的文化传统中,和善、慈爱等积极特质是社会个体对老年群体公共形象的期待,但有研究表明,老年形象呈现出边缘化、附属化特性。[3] 在广场舞研究中,学界就较多地关注广场舞引发的群际冲突及负面效应,如"广场舞扰民及其治理"[4]、"代际时间冲突"[5]、"广场舞的媒介污名与文化治理"[6] 等。戈夫曼认为,污名是权力者施加于某群体的一种暴力。优势群体会通过贴标签的方式放大弱势群体的某些负面特征,掩盖弱势群体的积极属性,使社会对弱势群体形成刻板印象。在新媒体时代,话语支配群体高举污名化这一武器,极易滋生话语霸权。污名化不仅会影响被污名者的社会认同,还会破坏正常的社交关系,从而导致群体间的偏见和交往行为的偏差。我们不能漠视网络时代的媒介权力逻辑对社会交往规范重构的框架意义。

近年来,随着全球老龄化进程的加速,有关"老年歧视"的研究有所深化。已有研究内容不仅包括年轻人对老年人的偏见,还包括老年人自身对衰老的偏见和思维定式。

"老年歧视"既有个人层面的意义,又有社会层面的价值。从消极影响来看,"老年歧视"强化了"衰老是一种消极的、令人丧失信心的过程"这一观念。虽然人人都不可避免地会变老,但是"老年歧视"加强了人们对衰老的焦虑和恐惧,弱化了"衰老是一种常态"这一观念的积极意义。

在社会层面,"老年歧视"的存在可能是被动的或隐蔽的。例如,电影院

1　迈尔斯. 社会心理学: 第 11 版 [M]. 北京: 人民邮电出版社, 2014: 305.

2　迈尔斯. 社会心理学: 第 11 版 [M]. 北京: 人民邮电出版社, 2014: 341.

3　陈勃. 人口老龄化背景下大众传媒对老年形象的呈现 [J]. 甘肃社会科学, 2006 (6): 247-249, 227.

4　梁勤超, 李源, 石振国. "广场舞扰民"的深层原因及其治理 [J]. 北京体育大学学报, 2016, 39 (1): 26-31, 111.

5　卢鑫欣. 广场舞冲突中的代际时间之争 [J]. 青年研究, 2019 (6): 80-90, 93.

6　刘辉. 文化治理的逻辑: 广场舞中的碰撞、文化链接与公共行动 [J]. 民族艺术, 2019 (6): 143-151.

常常被认为是年轻人消磨时间的场所。随着网络技术的发展，年轻人在手机上就可以完成优惠购票、选座等操作。不过，在年轻人看来理所当然的网络购票，可能会将大多数不熟悉互联网的老年群体"悄悄地"排除在外。因此，当数字鸿沟表现为代际鸿沟时，"老年歧视"可能进一步增强。

近年来，越来越多的学者开始关切数字世界的"老年歧视"。大多数老年人被认为难以适应新时代的生活方式，在数字世界无足轻重。2018年12月21日，微信发布WeChat7.0.0版本，"微信版本更新"登上当日微博"热搜榜"，网友"2001宝宝×"的评论"我比较替我爸妈担心，我可能又要重新教学了"被1万多名网友点赞。微信开屏画面变成了一朵花，这也被有的网友解读为"迎合老阿姨老伯伯"。年轻网民往往自认为数字经验超过年长一代，表现出一种占领网络场域的"主人"姿态。

毋庸置疑，年轻人是网络社交媒体的主力用户，而且虚拟世界的社交实践具有明显的圈层效应。年轻人在不同的社交媒体中形成"同辈群体"，通过熟悉的话语表征体系获得安全感。老年人不仅仅在网络社交媒体中被认为"缺乏网络经验和能力"，而且群体形象被污名化。如果说信息技术能力的缺乏是老年人接近数字世界、适应数字时代的个人因素，那么在数字世界中可能遭遇的网络暴力、污名化、"老年歧视"等，可能成为阻碍他们公平共享数字时代红利的社会因素。

如何消除"老年歧视"？有研究者认为，增加直接的代际接触可以促使年轻人对老年人产生积极的态度。有研究者认为，可以通过面向年轻群体开展有关"生命历程"或"老化知识"的课程或项目的教学活动预测他们对老年人的态度。还有研究者认为，可以通过让年轻人与老年人建立积极的关系来消除"老年歧视"，而这需要网络社交媒体平台的大力支持。

二、代际文化变迁的媒介化

20世纪70年代，人类学家玛格丽特·米德研究了代沟现象，认为代沟一侧的年长一代因不能适应现代科技文化成果而迷茫，另一侧的年轻一代不得不面对没有楷模和先例可援的世界。这预示着，"代际双方在激烈的空间争夺中各自孤立前行"[1]。如何消解代际冲突？米德认为，需要"让拥有丰富、超前知识的年轻一代"参与到人类的发展进程中来。[2]　随着互联网对日常生活的深

1　梁成帅.空间争夺与代际政治 [J].求是学刊，2011，38（2）：106-108.
2　米德.文化与承诺：一项有关代沟问题的研究 [M].石家庄：河北人民出版社，1987：4.

度介入，不同代的人开始激烈地争夺网络生存空间，代际矛盾从线下延伸到线上。米德设想的解决路径是单向的数字文化反哺，年轻人不仅承担着解决"数字不平等"问题的责任，也肩负着引导老年群体共享互联网红利的义务。在数字化进程中，老年人似乎扮演着被动接受者的角色。在新媒体浪潮中，老年人成了不折不扣的数字弱势群体。[1]

周裕琼在深圳完成的一项研究表明，老年人微信接纳率近六成，他们偏爱微信的人际交往的功能，较少通过微信进行消费购物等。有意思的是，老年女性比老年男性更能"悦纳"微信这样的新媒体。对科技的恐惧是老年人形成媒体偏见的主要缘由。数字文化反哺的主要场域在家庭，反哺不顺利的原因似乎可以归结于亲子两代对家庭权力的潜在争夺。老年人在数字文化反哺过程中可能遭遇家庭权威的丧失和亲密关系的挫败，从而产生新媒体接纳焦虑。比如，在周裕琼的调查中，就有一位老年人负气地表示："老了要什么微信，老了就没有威信了！"[2] 再如，笔者的研究团队欲采访一位老年人而遭到拒绝，理由是"现在的骗子太多，都是你们这样的小姑娘"。

新生代女性使用弱关系社交媒体获取政治新闻水平显著更高，老一代女性使用强关系社交媒体获取政治新闻水平显著更高。[3] 这似乎说明，不同年龄群体在选择社交媒体进行社会参与时存在显著差异。而且，年轻人在社交媒体的使用方面更加多元，他们会根据不同的传播目的有意识地选择合适的传播平台。例如，微博以发挥责任感为主要传播目的；微信以满足兴趣、凑热闹、进行社会交往为主要传播目的；知乎以了解他人看法、实现社会理性、获取更多信息、引起重视等为主要传播目的。[4]

媒体平台也有自身的思想生态。它们往往会被传播效益控制，倾向于维系潜在用户群的注意力，获得利益的最大化。[5] 因此，在网民群体年轻化的背景下，研究年轻人对老年人、老化及老龄化的态度和行为，不仅涉及社会私领域

1 周裕琼. 数字弱势群体的崛起：老年人微信采纳与使用影响因素研究 [J]. 新闻与传播研究，2018，25（7）：66-86，127-128.
2 周裕琼. 数字弱势群体的崛起：老年人微信采纳与使用影响因素研究 [J]. 新闻与传播研究，2018，25（7）：66-86，127-128.
3 薛可，余来辉，余明阳. 社交媒体政治新闻使用的性别和代际差异：基于中国网民调查的实证分析 [J]. 新闻记者，2018（7）：53-60.
4 李静，谢耘耕. 大学生在社会热点事件中的社交媒体传播行为研究：基于上海十所高校的实证调查分析 [J]. 新闻记者，2018（1）：90-96.
5 张志安，周嘉琳. 基于算法正当性的话语建构与传播权力重构研究 [J]. 现代传播（中国传媒大学学报），2019，41（1）：30-36，41.

的代际关系，也是对公领域的人类文化传承的深刻关切，有助于揭示高度媒介化的社会中不同群体鲜活的生存样态及其意义。

第二节　"他者"的话语建构：微博上年龄话题的类型分析

按照用户互动频繁度，社交媒体被分为弱关系社交媒体（如网络社区、微博）和强关系社交媒体（如微信"朋友圈"）。具有开放性和公共性的议题更容易在弱关系社交媒体上进行传播。[1]

《2017 微博用户发展报告》表明，截至 2017 年 9 月，微博月活跃用户有 3.76 亿，日活跃用户达到 1.65 亿。在月活跃用户中，30 岁以下年轻用户超过 80%。因此，依据微博的数据内容来研究年轻人在网络场域中对老年人的态度，是比较合适的。

基于绝对量级的内容库，微博搜索具有实时性、观点性、社交性和个性化等多重属性。微博平台鼓励用户生产、扩散内容，而"热搜"反映了某一时间段内的热门话题。微博"热搜榜"展示的即为微博用户实时搜索的热门话题，"热""新""爆""沸""荐"等标签显示出该话题在"热搜榜"上的停留时间和搜索频率。

近年来，微博上与年龄、代际关系相关的"热搜"时有出现，如"为躲雾霾，大妈们冲进酒店大堂跳广场舞""'朋友圈'该屏蔽父母吗""年纪轻轻想去养老""'95 后'的初老症状"等。除了公共资源争夺等公共话题，原本属于私人领域的亲子关系、个人隐私也被曝光和热议，昭示出与年龄相关的文化媒介化趋向。与老年人、父辈、生命历程等相关的话题在以年轻人为主的微博舆论场中得到广泛传播，这意味着什么？社交媒体是增进了代际理解，还是加大了代际鸿沟？此类话题传播对媒介时代的社会文化建构有什么影响，对年轻一代理解生命历程有什么启示？

为了深入了解微博用户对年龄话题的讨论，笔者持续关注微博"热搜榜"，采集了 2018 年 11 月至 2020 年 11 月在"热搜榜"上出现的与"老年人""代际关系""养老"等相关的话题（共 51 条），并根据主题分析法将这些话题分为三类：公共事件类、他者关注类、老龄问题类（见表 5-1）。

1　薛可，余来辉，余明阳. 社交媒体政治新闻使用的性别和代际差异：基于中国网民调查的实证分析 [J]. 新闻记者，2018（7）：53-60.

表 5-1 微博相关话题的分类

序号	类型	阐释	话题示例
1	公共事件类	与公共资源有关的代际分配，对"公平" "共享"的诉求	广场舞大妈争地盘
2	他者关注类	① 对年长"他者"群体的调侃，特别是对中老年人年代感十足的日常行为进行调侃 ② 家庭代际关系或代际差异类	① 中老年人微信名大赏 ② 父亲第一条"朋友圈"献给女儿
3	老龄问题类	老龄化社会的生存焦虑	日本孤独死现状

　　网民参与相关话题讨论的动机是什么？一项调查研究发现，微博用户的参与动机有自我提升、信息动机、休闲娱乐、社交动机、利他动机五类。[1] 也有学者认为，微信用户的传播行为主要是由亲缘利他和互惠利他心理驱动的，而在微博用户中，强制利他心理更加常见。[2] 从哲学的角度看，民主理论和治理理论都建立在个体参与协商的基础上，公共价值的达成并不在于利己，而是某种程度上的克己和利他。

　　可以看出，年轻化的微博用户的参与讨论更倾向于满足社交或利他的需求。他们可能会为争夺空间、交通等公共资源向老年群体发起"舆论战"，也会基于同龄人间的共识调侃年长一代，甚至会面对老龄化社会出现的问题产生"青春叹老"的年龄焦虑。

第三节　"闲话"老年人：新媒介逻辑下当代群际关系的构建

　　话语是社会行动的一种重要形式，社会关系则蕴藏在公共话语或私人话语之中。传统的话语分析（Discourse Analysis）遵循语言学的研究进路，更多关注文本的内容和结构；批评话语分析（Critical Discourse Analysis）试图把话语从文本中解放出来，进一步考察话语所暗含的意识形态和权力关系，以此来揭示社会关系中公开的或隐含的不平等。[3]

1　殷猛，李琪. 微博话题用户参与动机与态度研究 [J]. 情报杂志，2016，35（7）：101-106.

2　万莹. 利他理论视角下的社交媒体用户传播行为分析：以微博、微信用户为例 [J]. 新闻研究导刊，2017，8（17）：54-56.

3　毛浩然，徐赳赳，娄开阳. 话语研究的方法论和研究方法 [J]. 当代语言学，2018，20（2）：284-299.

在新闻传播学领域，研究者可以通过对新闻报道文本、音视频等进行话语分析，阐释社会现实建构、本土传播实践、跨文化传播等问题。越来越多的传播学者尝试采用批评话语分析探索媒介与社会的复杂关联，如新闻文本与群体身份建构的关系、全球化新闻语境与意识形态斗争的关系。[1]

赋权理论为本研究提供了理论视角，因为赋权不仅是从外部输入权力资源，更是一种社会交往、参与、表达与行动实践。[2] 通过获得赋权，个体或群体可能改变自身的不利处境，甚至可能改变社会权力结构。根据师曾志教授的研究，新媒体赋权包括自我赋权、群体赋权和组织赋权。在典型案例情境下，网络话语权支配群体如何行使媒介权力、塑造群际关系？批评话语分析有助于引导研究者通过分析网络日常话语来描绘网络时代的群际互动图景，并解释其背后的话语权力分配方式及群际关系构建过程。

在商业化的媒介环境中，服务于用户是媒介最重要的逻辑之一。[3] 社交媒体平台与用户相互"寻求"，彼此满足。例如，微博致力于为年轻用户营造共同的生活方式，增强年轻用户的在场感和黏度，而年轻用户试图通过微博寻求社群感和身份认同。社交媒体中的日常话语不仅是社会经验或事实的符号表征，更是主体身份、群体关系媒介化建构的印迹。人际关系的建构有赖于流动的对话与沟通。在其他年龄群体"缺场"时，年轻化的微博用户通过话语表达的群际关系是"理所当然"的社会现实吗？带着这样的怀疑，笔者选择了"广场舞大妈争地盘"这一微博互动话题，旨在探讨网络日常话语的特征与功能，及其在群际互动、关系建构、权力分配、媒介伦理等方面的意义。

一、热门话题"广场舞大妈争地盘"的文本分析

微博号"中国日报"于 2018 年 11 月 8 日发布"广场舞大妈争地盘"这一话题。数据采集截止日为 2019 年 4 月 30 日，基本数据见表 5-2。

表 5-2　微博话题"广场舞大妈争地盘"的基本数据

话题	"中国日报"的关注量	阅读量	转发量	评论量	原博点赞量
广场舞大妈争地盘	4131 万人	7247.1 万次	1664 次	4701 条	5974 个

1　李敬. 传播学领域的话语研究：批判性话语分析的内在分野 [J]. 国际新闻界，2014，36（7）：6-19.

2　黄月琴."弱者"与新媒介赋权研究：基于关系维度的述评 [J]. 新闻记者，2015（7）：28-35.

3　夏瓦. 文化与社会的媒介化 [M]. 上海：复旦大学出版社，2018：150.

首先，本研究采集了该话题的原始新闻数据，包括文本信息（101字）和短视频（1分19秒，片源：澎湃视频）的文字转录，用以分析新闻文本的生产与传播。

其次，本研究利用Python语言编写程序，采集原博文下的第一级原始评论数据共900条。第一步，通过对数据进行清洗（去除无效信息、空信息），得到有效数据782条。利用这782条原始数据（共14388字，平均18字/条），对网友评论的词性、词频、词义进行初步分析，获得微博网友对话题"广场舞大妈争地盘"的整体评价。第二步，对热门评论进行数据采样，采集文本100条（共2305字），然后对这些文本反映的态度、意义进行内容编码，获得评论的话语特征。第三步，根据点赞量排序，采集热门评论前10条，从点赞量出发分析其传播趋势。综合以上数据分析，本研究系统考察网络信息传播过程中媒体与网民的话语特征、功能及权力分配方式。

最后，本研究以"广场舞大妈"和"铲车"为关键词检索了微信公众号发布的热门文章（均发布于2018年11月9日），并选取其中阅读量最多的4篇文章及相关评论进行验证性分析（见表5-3）。

表5-3 微信文章样本的信息

序号	微信公众号	文章标题	阅读量/次	评论量/条
1	新闻早餐	大妈停车场跳广场舞，铲车铲走轿车腾地	10万+	6
2	微路况	惊呆！大妈"占领"停车场跳广场舞，用铲车铲走轿车腾地	2万	25
3	旗帜鲜明	中国人骨子里是欠管教的人群吗？	1.2万	35
4	齐鲁晚报	小伙办事回来找不到车，一打听被广场舞大妈用铲车铲走了！	7181	23

（一）新闻文本的有限表述

在对新闻采访视频进行文本转录后，可以厘清该视频的叙事逻辑：（1）车主许先生在事发现场叙述事情经过：他发现自己本来停在商场停车场上的汽车被人移走了，说"蒙了，怎么这儿很多人在跳舞，把我的车子挪到停车线外面了"；视频画面中出现广场上的一块告示牌，牌子上写着"晚7—9时在此跳舞，请勿泊车，谢谢配合"。（2）接受采访的目击者吴先生说"跳舞的人"用铲车把许先生的车移到广场边上，并表明此地没有专门的跳广场舞的场所。（3）许先生质疑告示牌的合法性。（4）媒体人在视频画面上打出"居民们希望尽快拥有专门活动场所，避免此类事情再次发生"，以此作为结束语。

在这条由"澎湃视频"发布的采访视频中，记者在现场采访了车主许先生、目击者吴先生。三者的话语角度、语体和风格如表5-4所示。值得注意的是，新闻事件中的"移车人"没有出场。说话人采用了"跳舞的人""老百姓""居民们"等表述，并未采用"广场舞大妈"这一表述。

表5-4　采访视频的话语构成要素

说话人	车主许先生	目击者吴先生	记者
话语角度	维护停车的合法权益	叙述事件经过	客观呈现事件
语体	质疑、投诉	描述、解释	询问、代言
风格	激烈的自我权益捍卫者	中立的知情人	中立的报道者

微博号"中国日报"在发布这条新闻时，添加了简单的文本信息：

【#广场舞大妈争地盘#，用铲车铲走轿车腾地】近日，江苏南通许先生发现停在一商场门前停车场内的车被挪走。附近居民表示是广场舞大妈为争"地盘"，不惜用铲车铲走小轿车，甚至在还在停车场地上贴了"请勿泊车"的告示。

该媒体在转发信息时采用了"广场舞大妈争地盘"这一话题标签。话题发布24小时，有7247.1万次阅读，1万条评论。

在该新闻事件中，相关者至少包括车主许先生、移车人、目击者、记者、政府管理者等，但是采访视频中既没有移车现场的还原，所提及的"移车人"也不在场。仅通过车主和目击者的话语形成的媒介"事实"，其客观性值得怀疑。"中国日报"在引用采访视频进一步报道该事件时，引入了"广场舞大妈"这一标签，激发了网民对"广场舞大妈""老年人"等群体的热烈讨论。

（二）网络闲话的多元意义

本研究综合运用了机器分析和人工编码分析技术，试图揭示网民评论话语的性质及意义。首先，通过对782条评论数据进行初步分析，发现近338条评论存在嘲笑、谩骂等情绪化话语。接着，借助中科院研发的NLPIR系统对100条热门评论文本进行情绪判断，发现带有负面情绪的话语文本占67%，其中表达"厌恶""讨厌"等含义的"恶"情绪占50%，其他负面表达包括"惧""哀""怒"等。

鉴于语义的情境性特征，机器分析结果存在一定的模糊性。因此，本研究对100条评论样本进行了人工语义编码分析。三位研究小组成员在阅读了所有评论样本后，初步制作了话语意义类目表，认为本语境的话语暗含"抱怨"

"感叹""嘲讽""激愤""害怕""辱骂""反击""理性"等，反映了网民的相应态度。接着，两名经过训练的编码员（均为"95后"传播学研究生）对100条评论各自独立地进行语义判断，初步分析一致率为84%。研究小组就不一致的类目进行协商，并阐释各自理由，增加了编码的信度，最终形成以下类目和编码示例表（见表5-5）。

表 5-5 100 条热门评论的语义编码及示例

类别	数量	热门评论示例
抱怨	14条	年轻人做什么都是应该的。上班累死累活，下班回家，要给出去玩了一天的老人、在游乐场玩了一天的小孩让座。不让，你就是坏人。 老人无理取闹你不能还口，还了你就是不尊老。"熊孩子"莫名其妙给你一巴掌，你不能说，不能抱怨，抱怨就是不爱幼。我就是想问，年轻人怎么着你们了？弱小者无敌
感叹	18条	跳舞大妈成了贬义词
嘲讽	20条	坏人变老了，老了就可以无理取闹了
激愤	10条	坏人无法无天了
害怕	10条	广场舞大妈真是可怕的存在
辱骂	12条	广场舞流氓
反击	8条	她们找铲车来弄你们车，你们就找洒水车，等她们跳舞时朝她们喷水
理性	8条	我觉得这个需要居委会、政府部门调解。老年人需要活动场所，年轻人也需要活动场所，如果没有有关部门介入，就很容易引发矛盾

由表5-5可见，热门评论中的消极评价占比较高。本研究进一步根据点赞量排序得出前10条热门评论，发现这10条评论的总点赞量为30 942次。其中，前3条热评的点赞量占72%，分别被编码为"辱骂""反击""抱怨"。本案例中，由彼此陌生的网民群体针对"广场舞大妈"发起的网络闲话在某种程度上反映了年轻化的微博网民对老年群体达成了某种消极评价共识，而这些共识与尊老敬老文化传统及和谐代际互动模式形成冲突。

二、网络闲话的风格特征与消费功能

在现代社会，话语是社会沟通的重要媒介。特定社会情境中的语言不仅传递了信息，还体现了社会标识。也就是说，语言及其风格蕴含着言说者的年龄、社会地位、人格、情绪、社会群体资格等方面的信息。[1]

（一）网络闲话的风格与传播特征

与线下熟人世界中的日常闲话不同，网络闲话往往蕴含独特的风格。

首先，网络闲话往往情绪化，并且情绪化话语会得到优先传播。本研究中，评论样本平均用字 18 个，大多数话语是对"广场舞大妈"的情绪化谴责，理性反思冲突产生原因及解决方法的话语很少。在 100 条热门评论中，"广场舞流氓"这条评论获得万余次点赞，被优先呈现在话题下方。

其次，网络闲话往往带有对"他人"或"他群"的道德评价，是评判式的。有研究表明，闲话的结构提供了支持表达消极评价言论的机会，限制反驳消极评价的机会；闲话中对消极评价的第一个言论反应会强烈地影响到后来的言论反应，促使参与者持续支持消极评价，达到"共识"。[2] 本研究中，讽刺、挖苦的话语蕴含着道德评价意图，如"为老不尊""倚老卖老"，显示出参与者对老年群体的某种"共识"。拿起话语武器的年轻网民通过积极参与并评说资源竞争公共事件来对抗"尊老"传统，反复强化"我们尊重的是德行，而不是年龄"的价值观，以获得道德评判的快感。

最后，网络闲话往往带有路人式特征，深刻反映出当代网民的社会交往心态。在城市化和信息化双重推进的过程中，"中国路人"成为学界关注的独特形象。在陌生人社会，人们会为了规避风险、寻求自我保护而形成"路人心态"。在本研究中，闲话式评论体现出部分网民的道德冷漠，如对老年人进行无情的嘲讽。在网络公共空间，过于直接的表达会弱化或消解人们对"友好"社交关系的追求。可见，弱关系社交网络容易导致网民滋生"路人心态"，虽然这种心态的积极意义在于"自我保护"，但其消极后果可能是道德冷漠的发展和社会信任感的沦丧。

（二）网络闲话的消费与传播功能

在网络闲话特征分析的基础上，可以结合案例数据进一步探索基于弱关系的网络闲话与线下闲话在功能上的差别，揭示网民在虚拟世界行使话语权时的媒介消费心理。

1. 表达沟通与舆论生产

语言的首要功能是表达沟通。在线下熟人世界，说闲话的人通过对"不

1　豪格，阿布拉姆斯.社会认同过程 [M].北京：中国人民大学出版社，2011：245.

2　薛亚利.村庄里的闲话：意义、功能和权力 [M].上海：上海书店出版社，2009：12.

在场"他人的评说来实现沟通,从而加强熟人间的信任感和凝聚力。[1] 在网络世界,网民围绕媒体发布的新闻进行讨论,其首要意义是以媒介为中心实现多方沟通。当参与者众多时,网络闲话可能演化为一种公共舆论,成为资源或权力竞争的有效武器。

舆论是一种评论,是短暂的、或多或少合乎逻辑的成串判断。[2] 与线下闲话类似,本研究中的大量闲话都体现出"对人不对事"、反复强化某种情绪化判断的倾向,认为广场舞大妈是扰民的、霸道的、无法无天的反面典型。虽然新闻信息并不完备,事情的真相并不明朗,但是数万年轻网民依然基于日常经验和媒介习惯生产出符合年轻群体利益的舆论,即"年轻人无辜,老年人有罪"。

微博舆论常蕴含一些情绪化的对抗式话语,而非沟通式话语。经由多数人的情绪式话语形成的舆论,并不一定反映了客观事实,而有可能仅仅是一次"他者消费"或"网络狂欢"。不难看出,作为一种媒介消费方式,网络闲话传播较为有利于情感动员,对理性沟通贡献不足。

借助媒介传播的话语实践中,需要沟通的相关者往往较多。本研究中,也有少量的评论涉及政府、警察、城管等,但并没有形成有效的会话。例如,有网友表示:"可惜的是那些大妈从来不会看微博""说这么多,跳舞的大妈也不逛微博"。从发布时间看,这些评论出现较迟,成为"群内狂欢"后有人经过冷静思考表达双向沟通愿望的佐证。微信公众号样本上经过后台筛选而呈现的评论则理性许多,甚至出现了老年网民的积极回应。

2. 游戏娱乐与道德评价

网络语言以吐槽、八卦等娱乐化闲话形式为表征,折射出特定时期的社会风尚,凸显了语言在信息传递之外的游戏功能。[3] 在网络世界,年轻人聚集在各自的圈子中,用流行的方式表达自我,创造数字文化。看视频时发弹幕、看微博时进行评论等网络互动行为,彰显出年轻人游戏化、娱乐化的生活态度。

在游戏娱乐动机的驱使下,网络话语常被赋予新的含义。某些网络用语在特定群体中虽能获得一致性的理解,但很容易引起"他群"的误解。例如,研究小组对"广场舞流氓"这条话语的意义判断存在分歧。从本意来看,"流氓"是对"无固定职业、无故寻衅滋事、素质较低的人"的称谓,带有辱骂

1 薛亚利. 村庄里的闲话:意义、功能和权力 [M]. 上海:上海书店出版社,2009:256.
2 塔尔德. 传播与社会影响 [M]. 北京:中国人民大学出版社,2005:232.
3 施春宏. 网络语言的语言价值和语言学价值 [J]. 语言文字应用,2010 (3):70-80.

意味；然而在特定情境下，"流氓"仅是一句调侃。研究小组中的一位"95后"研究者就坚持认为这条评论并不属于辱骂，仅仅是一种调侃。

由此，我们关注到网络世界游戏娱乐化话语表达的边界。虽然在现实世界中，小群体内传播的闲话具有独特的维护群体道德、惩罚违规个体的价值，但在网络世界，网民的话语自觉性、求证意识、责任意识偏弱，易在"群体狂欢"和"责任分散"心理的驱动下对"他群"进行批判式评价。同时，网络互联技术进一步拓展并加速了此类闲话中消极、情绪化意义的传播。群体闲话中蕴含的态度会形塑或强化对"他群"的道德评价。

网民在积极发表见解时常常忽视语言表达的理性化和文明化，陷入道德悖论，即用不道德的语言表达对抗另一种被他们视为不道德的行为。本研究中"不是老人变坏了，而是坏人变老了"这条高赞评论，就体现出年轻网民对老年人深深的误解。这样的暴力语言会击打和破坏年轻一代与年长一代的关系。

3. 群内团结与群际区分

话语中的人称代词能反映说话者的某种社会标识，暴露说话者的年龄、社会地位、群体资格等。可以看出，在争夺空间资源、时间资源的情境中，年轻网民会用"我们""年轻人"来表征自我的群体归属、促进群内团结，而用"他们""大妈""老人"等作为"他群"的称谓来进行群际区分。

在年龄和性别方面，网络闲话传播突出了"跳广场舞的大妈"的老年女性身份，该身份与"打篮球的小伙子""立誓不跳广场舞的年轻女性"等身份呼应。另外，刻板化不仅体现在人格特征方面，还体现在行为、态度、信仰、情感反应等方面。在本研究中，年轻网民群体也对"他群"的行为规范、文化水平、习惯等进行了刻板化归纳，如"这一代人文化水平低""退休早""有钱有闲""素质不高"等。

面对群际公共资源争夺，以年轻人为主的微博用户发起的网络闲话似乎是年轻人群内的自我沟通交流，并不以改变"他群"为目的，而是通过强化群际区分来确认群内特质性、增强群内凝聚力。在此意义上，网络闲话通过对抗传统（如尊老文化）和理性（如公平分配公共资源），成为"我群中心主义"的助推器，并对不同年龄群体进行了区分，而这可能导致群与群之间的进一步疏离。由此可见，发生在群内的网络闲话承担了塑造"他群"印象、建构新的群际互动模式的双重功能，影响着青年社会心态的形成。

三、主体、群体与组织的媒介权力博弈

相比于传统媒体，社交媒体以关系为核心，既实现了信息和情感双重内容

的生产和交换，又承担着人性发展、社会均衡、文化传承的重任。社交媒体不仅能重构社会互动空间、重塑社会关系，还能帮助个体建构身份、赋予个体权力。福柯认为，权力不易被发现地弥漫在一切人群关系中，个体及其身份特性是权力关系、权力策略对身体、运动、欲望、力量施展作用的产物。[1]

宏观的社会文化实践分析指将话语置于意识形态中，揭示话语对意识形态和霸权的维护、批评和重构。虽然新媒介实践使得参与者在话语、文化、社会资本甚至生存领域可能得到权力或能力的提升[2]，但新媒介对社会机制和社会关系的影响也弥散在网络话语中。因此，不同个体、群体在网络社交场域中获得的话语权力不仅可能与其利益的获得或剥夺直接相关，还可能与主体身份、群际关系及媒介责任等密切相关。

（一）主体身份与话语权力支配

一般而言，个体和群体都需要被"承认"为道德和社会的主体。[3] 媒介通过赋予被承认的个体或群体以发言权，为他们提供施展才能的空间，进一步强化其主体身份。在个体层面，新媒体使网民获得了在互联网环境下思考、表达、行动的权力，可称自我赋权。[4] 如果说熟人社会中的闲话传播以信任关系为基础，那么网络社会中的闲话传播以共同兴趣和话语自由为基础。互不相识的网民通过在网络空间围绕公共事件进行闲话式交谈，行使媒介赋予他的权力，标榜自己的主体身份，进而获得存在感和公平感。

新媒介是否总是自然地赋予所有个体平等的话语权力？事实上，本研究中的新闻媒介组织并没有无差别地赋予所有相关者"发言权"。例如，跳广场舞的人虽然是新闻焦点，但始终没有获得话语权。记者在新闻采访环节中没有让跳广场舞的人获得表达的机会；社交媒体上的媒介组织在发布新闻时，通过消费"广场舞大妈"这一媒介形象，来迎合期待道德批判"引爆点"的网民的心理。由此，未被赋权的老年群体集体缺席了这场传播，该事件也没有引发有效的解释、对话。年轻网民获得了支配性的传播权力，进行了网络闲话传播实践。在事件传播过程中，网民在意的似乎是自我身份的建构，而不是借助沟通达成问题的解决。

在社交媒体上，被赋权的网民如何在行使话语权力的过程中建构主体身份？本研究中，参与讨论的网民主要通过某种群体归属（如"有车一族""年

1　于海. 西方社会思想史 [M]. 3 版. 上海：复旦大学出版社，2016：402.
2　师曾志，胡泳，等. 新媒介赋权及意义互联网的兴起 [M]. 北京：社会科学文献出版社，2014：31.
3　库尔德利. 媒介、社会与世界：社会理论与数字媒介实践 [M]. 上海：复旦大学出版社，2016：210.
4　师曾志，胡泳，等. 新媒介赋权及意义互联网的兴起 [M]. 北京：社会科学文献出版社，2014：32.

轻一代"等）隐含着其在现实世界与跳广场舞的人直接或间接的关联。大部分网民的评论话语是群际对抗式的、解构式的，彰显着网络话语权支配群体的权力声张和自尊诉求。例如，有网民评论说："年轻人尊老爱幼，尊的是有素质的老人，爱的是有礼貌的孩子。面对流氓坏人，年纪不是忍让他们的借口。要据理力争，不要惯着他们。"

个体在网络公共领域吐槽，可满足自我的表达欲望；当很多人的自由表达形成某种群体共识时，会进一步固化群体身份认同。如果网络话语支配群体为了夸大群内的积极特质或者为了维护本群的利益，剥夺"他群"的话语权，那么会加剧群际不平等。可见，新媒体对自我的赋权具有两面性。个人意见的扩散力越强，话语霸权越易显现，从而越可能侵犯他人的合法权益。获得新媒体赋权的个体，应该对看似理所当然的现象或评说保持怀疑和警惕之心。

（二）群际距离与刻板印象塑造

信息的流通和四通八达的社交网络为新媒介的群体赋权提供了可能性。人们在虚拟空间根据年龄、兴趣等要素凝结成群体，通过争夺网络话语权力来强化"我群"的社会地位，建构利益相关者的身份。根据社会认同理论，社会比较是为了提升内群感知和自我价值。[1] "我群中心主义"就反映出人们更倾向于通过夸大群际差异性来提升群内相似性，获得认同感。用于表征代际差异性的概念"代沟"，即源于一种由经验差异、价值观差异等造成的不同年龄群体之间的距离感。群际距离的扩大会造成主体间印象感知"模糊"，形成刻板印象。本研究中，网络闲话主要指向老年群体，助推了"老年人"身份的他者化和"老年女性"身份的刻板化。

在社会现实和社会变迁的观照下，广场舞是中国初老龄群体特定的、暂时的亚文化现象。"50后"女性把在公共空间跳舞视为天经地义的行为，而且这种理所当然已逐渐被人们接受。[2] 然而，线下年轻人对广场舞文化的容忍和理解，似乎并没有在社交媒体上得到延续，年轻网民通过各种符号表征强化了年轻群体与老龄群体的差异。

第一，年轻网民对老年群体的称谓是多样的，包括"跳舞大妈""中国大妈""广场舞大妈""大爷大妈们""这批人""大妈们""中国老人""老前辈们""退休老人"。年轻网民通过对"大妈大爷们"的评说确立自我的主体

1　豪格，阿布拉姆斯. 社会认同过程 [M]. 北京：中国人民大学出版社，2011：30.
2　周怡. "大家在一起"：上海广场舞群体的"亚文化"实践：表意、拼贴与同构 [J]. 社会学研究，2018，33（5）：40-65，243.

性和权威性,如通过对"退休"的评说凸显"上班族"的主宰地位和"退休老人"的附属地位,通过网络"发泄"不满情绪。有网友认为:"广场舞大妈以保姆、工厂退休女工、自由职业者居多,脾气暴躁力气大,喜欢到各种展会拿赠品,活得自私自在,幸福指数较高。"

第二,年轻网民发起了对"这一代人"的评说,以唤起时代记忆,扩大代际差异。例如,"最近发现这一代人很魔性"这一评论获得 1292 个赞。还有评论用"这一代老人"做称谓,同与"霹雳舞"等有关的记忆联系起来进行意象化评说。由此可见,围绕"广场舞大妈争地盘"这个话题,年轻化的微博网民充分利用了话语权,表达了内部一致且情绪化的观点,通过对评说对象身份的他者化宣告了自我的中心地位,扩大了群际距离。

第三,"大妈"的女性身份被刻板化。当老年群体的广场舞亚文化与主流文化遭遇时,"对抗"比"吸纳"更吸引眼球。在网络上,"广场舞大妈"这一身份被泛化。本研究中,"广场舞大妈"已然不是一个具体的新闻形象,而是一个由媒体建构的、泛化的群体形象,主要指向爱跳广场舞的老年女性群体。根据女性主义的观点,唯有获得发言权,才能确认女性在社会中的主体地位。在这则新闻中,跳舞女性的发言权没有得到保护或落实。新闻媒体用"争"字激发群际冲突,年轻化的网民则用"坏""可怕的""惹不起的""厉害的""疯狂的""过分的""霸道的""倚老卖老"等词语对"跳广场舞的老年女性"进行负面评价。在互联网时代,"流量为王"的导向使媒体更多地围绕"广场舞大妈"抢场地等事件进行报道,以"标签化""妖魔化"的方式塑造着"老年女性"的刻板形象。

负面评价是偏见的标志[1],偏见的社会根源是不公平。"争地盘"本是不同群体对现实空间资源的争夺,当这种争斗发生在代与代之间时,年轻人会对老年人的积极形象和尊老文化传统产生怀疑。年轻人在数字世界中或许能通过舆论推动情况的改善、问题的解决,但其情绪化的表达也"以点概面"地传递了对老年人的负面信念。值得注意的是,基于负面评价形成的对某群体的偏见是较难消除的,而且极易代际传递。

(三)组织责任与媒介伦理规范

在微博生态中,网络闲话的触发点往往是形态多样的信息发布平台。例如,本研究的案例源自微博号"中国日报"。在组织层面,媒介融合进程中的大众媒介获得了极大的传播权力,同时肩负着关系传播、意义生产、秩序维

1　迈尔斯. 社会心理学: 第 11 版 [M]. 北京: 人民邮电出版社, 2014: 305.

护、制度建构的重要责任。在新媒体技术的支持下，理想的新媒体民主倾向于赋予每个参与者话语权，并努力为新闻事件相关者搭建公平对话的平台。可以从传播来源、技术框架、公平赋权三方面出发阐释媒介组织责任与传播伦理的关联意义。

第一，在信息生产与传播过程中，媒介组织可能成为信息偏见式生产与偏向化传播的根源。本研究中，原始的采访视频并没有明确跳舞者的"大妈"身份。微博号"中国日报"衍生出"广场舞大妈争地盘"这一推断式、便签化的话题，引导了其他媒体转载的方向。例如，微信公众号"微路况"以《惊呆！大妈"占领"停车场跳广场舞，用铲车铲走轿车腾地》为标题进行报道，通过明确的情绪和立场，将矛头指向"占领"停车场的"大妈"，把舆论引向群体间的竞争和对抗，强化了网络用户对"广场舞大妈"的消极印象。

第二，在信息互动与建构过程中，技术框架可能导致话语权分配的有意偏向。

一方面，虽然在微博技术框架下，信息发布者有控制评论的权力，但是在本研究中，微博评论一般基于特定技术自动排序，"最吸引眼球"的评论往往排在最前面。虽然在互联网时代，"眼球"即利益，但信息服务商仍然需要遵循信息伦理规范，对信息呈现履行控制权，从而维护健康的信息交流关系。

另一方面，微信公众号的评论由媒体方主动选择，媒体方能有效履行"把关人"职责。本研究中，微信公众号"新闻早餐"用《大妈停车场跳广场舞，铲车铲走轿车腾地》为标题简短介绍了该事件。在编辑筛选机制下，网友评论与编辑的回复形成了良性互动。

网友：这说明锻炼的场地是越来越少了。现在，好多商场和小区的周围都被改建成收费的停车场，老百姓活动的场地越来越少。这也是大妈们为了健康而不得已为之的，支持南通大妈的行为！（最好为她们跳广场舞设立一个时间段）

编辑：希望有关部门能设定时间设定地点，这样就不会让广场舞大妈的锻炼和其他人的工作生活有冲突了。

可以发现，微信公众号"新闻早餐"的编辑从后台筛选出比较理性的"就事论事"式评论，试图搭建多方对话。编辑有效地行使"把关人"职责，能将评论话语引向理性的、建构式的沟通。

第三，媒介组织擅自"代言"可能剥夺多元主体平等的"对话权力"，造成媒介不公。

从根本上讲，社会伦理与"善"有关。也就是说，伦理旨在满足人们的需求，如减少冲突、自由、信赖、合作、相互承认[1]，从而引导人们生活得更好。在媒介伦理框架下，媒介实践受到"善"的约束，即在媒介社会行事要符合社会伦理的需求，如准确、诚信、谨慎。在社会关系塑造层面，媒介伦理关注的是如何推动人们的"彼此承认"，塑造互相承认、受人尊敬的道德行为人。[2] 媒介使用者需要谨慎地进行自我表达或为他人代言，避免伤害群际关系。

本研究中，车主发出了声音，而冲突的另一方，即挪车者并没有获得话语权。新闻报道换由目击者来阐述事情经过，最终将矛头指向始终"缺席"的"广场舞大妈"。从媒介伦理出发，这样的新闻报道体现出媒介不公。然而，微博平台上几乎没有参与者意识到这种媒介不公，而是"默认"了这种表达的合理性。虽然社交媒体赋予每个人说话的权利，但是影响力大的大众传媒能让有些声音在互联网上获得足够的影响力。例如，放任维护本群体利益的网民情绪化地攻击老年群体，会强化年轻群体对老年群体的刻板印象，增加代际误解和代际偏见。媒介组织应尽量避免媒介不公。

一方面，在网络公共事件中，流量大的网络媒体是舆论形成的中心。媒体应充分意识到话语权的有效扩散规律，积极引入多方对话，发布多元观点，从而有效促进理性沟通。另一方面，从规范媒介伦理、维护媒介正义入手，组织传播是消除刻板印象之消极后果的重要途径。让年轻人通过大众媒介了解其他年轻人与老年人建立积极关系的事实，可以有效消除年轻人对老年人的歧视；借助社交媒体平台广泛地、有效地传播老年群体的积极形象及理性的代际对话，可以促进年轻群体对老年群体的重新认识。

本研究通过关注网络闲话这一日常沟通方式，探索网络公共场域中网民的日常社交语言对维系社会关系和维护社会规范的潜在意义。网络闲话有独特的表达风格，承载着表达沟通、舆论生产、游戏娱乐、道德评价、群内团结、群际区分等多元功能。"我群"针对"他群"发起的网络闲话，不仅能塑造"他群"的刻板印象，还能塑造新的群际关系模式。在本研究中，由于话语权分配的不均衡，媒体和网民达成了对"广场舞大妈"标签化的共谋。借由网络闲话构建的社交媒体传播不仅背离媒介正义，陷入媒介不公的伦理困境，还进一步生产和强化了对老年群体的偏见，对健康社会关系的建构产生了负面影

1　库尔德利. 媒介、社会与世界：社会理论与数字媒介实践［M］. 上海：复旦大学出版社，2016：189.
2　库尔德利. 媒介、社会与世界：社会理论与数字媒介实践［M］. 上海：复旦大学出版社，2016：200.

响。不过，如果想进一步批判不同网络群体间的话语不平等现象，揭示群际权力的博弈规律，需要关注更多代表性案例，根据不同的情境引入阶层、资本、文化等关键因素。

总而言之，学界不仅要对老年群体可能遭遇的数字不平等或偏见给予积极关注，还要思索数字不平等现象的应对之策。在进一步审视数字沟通环境中媒介逻辑、技术伦理、价值伦理、权力分配等问题的基础上，全社会要提升认知、共同努力并积极行动。

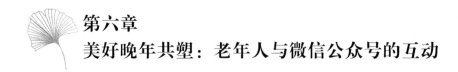

第六章
美好晚年共塑：老年人与微信公众号的互动

　　积极老龄化的三大支柱是社会参与、个人健康和社会保障。其中，社会参与旨在促进老年人的社会性发展，让老年人参与社会活动、融入社会并与社会和谐共存。随着社会的发展，老年人社会参与变得与老年人发展密切相关。老年人通过线上线下多种渠道进行社会参与，能提升生活质量，增强获得感。

　　根据中国互联网络信息中心发布的第 47 次《中国互联网络发展状况统计报告》，截至 2020 年 12 月，我国约有 1.1 亿老年网民，新媒体实践成为老年人参与数字社会的重要方式。近年来，有众多老年网民通过微信跃入移动互联网。微信承接了 60% 的老年用户超过一半的数据流量消费。这表明，老年人使用微信等社交媒体的动机已经不仅仅是人际沟通、维持关系，他们开始通过微信公众号、微信群、"朋友圈"等获取信息、监测社会、表达观点、谋求认同。

　　一般而言，微信公众号分为服务号、订阅号和企业号。微信公众号的运营服从于新媒体营销逻辑，需要深度挖掘用户的需求，通过内容生产和传播扩大用户规模，提升用户活跃度和留存率，从而实现转化、盈利。从微信公众号上获取有价值的内容，是用户的根本诉求。由此可见，媒体平台和用户之间是相互迎合、相互成就的。本章主要探索以下问题：拥有大量老年活跃用户的微信公众号生产了哪些内容，设计了哪些用户互动方式？微信公众号对老年用户的网络形象和媒体消费偏好的塑造有哪些影响？

第一节　老年用户与微信阅读的相关研究

　　老年用户与微信阅读的相关研究一般有两个视角：一是从个体出发，研究老年用户对微信公众号的采纳原因及影响因素、老年用户的微信阅读行为及偏好等；二是从微信公众号出发，研究媒介组织为老年用户提供的资源的类型及传播特征。

一、老年人的微信阅读研究

老年人对微信的认知比较单一，使用微信的动机也比较简单，主要是增加亲情、娱乐消遣。[1] 在微信阅读方面，虽然老年人不太擅长主动订阅微信公众号，却大多愿意阅读和传播微信群或"朋友圈"中的微信公众号文章。[2] 有关老年人数字阅读影响因素的研究发现，感知易用性对老年人接纳新闻类微信公众号、开展数字阅读呈正向影响。[3]

另外，微信老年用户研究集中在健康传播领域。研究者普遍认为，健康信息是老年人最关注的新媒体内容之一，微信是老年人搜寻、分享、交流健康信息的重要渠道。[4] 老年人在微信平台上广泛接触健康信息，热衷于对此类信息的点赞与转发。[5] 不过，老年人虽然喜欢关注健康养生类文章，但对在这方面比较权威的微信公众号的知晓率很低。[6] 有研究者指出，老年人对微信上的健康信息接收受到信息需求、信息可信度、自我效能、过往经历等因素的影响。[7]

以老年人为研究对象的微信用户研究目前并不多，并且大部分研究仅关注某些客观静态的方面，如采纳态度、阅读偏好、信息搜寻、资源类型等，较少有研究关注到老年用户在微信公众平台上的阅读、转发、评论等网络参与行为。另外，在研究方法上，问卷调查虽然可以使研究者获知老年人接纳微信公众号的意愿、态度及影响因素等，但无法呈现老年人如何参与微信公众号互动，无法说明老年人的阅读、转发、评论等行为对互联网传播实践及老年用户的网络形象建构可能产生怎样的影响。

1　窦昌盈. 老年人微信使用行为与态度研究 [D]. 南昌：江西师范大学，2019；任振华. 中国城市老年人微信使用与社会适应、生活满意度的关系研究 [D]. 厦门：厦门大学，2018.

2　周裕琼. 数字弱势群体的崛起：老年人微信采纳与使用影响因素研究 [J]. 新闻与传播研究，2018，25（7）：66-86，127-128.

3　乔亚奴. 老年人数字阅读行为及其接受研究 [D]. 上海：上海交通大学，2017.

4　赵栋祥，马费成，张奇萍. 老年人健康信息搜寻行为的现象学研究 [J]. 情报学报，2019，38（12）：1320-1328.

5　王迪. 微信健康传播的改进：基于老年人接触微信健康信息的调查 [D]. 沈阳：辽宁大学，2018.

6　冯婧. 微信在中老年健康教育中的运用及对策研究：以重庆主城区为例 [D]. 重庆：重庆医科大学，2018.

7　王文韬，刘雨时，虞小芳，等. 基于微信平台的中老年用户健康信息接受行为意愿扎根分析 [J]. 现代情报，2020，40（1）：69-78.

二、面向老年人的微信公众号的传播研究

每一个微信公众号都有其用户定位，其运营逻辑在于"用户至上，内容为王"，即内容生产要尽可能吸引用户，从而让流量产生商业价值。

有关微信公众号的研究以量化取向为主，研究者常通过分析静态样本数据探索文章的类型、特征及传播效果等。例如，李青青将阅读类微信公众号发布的文章分为 12 种，指出最受欢迎的（阅读量 10 万+）的是社会热点现象解读类、影视评论类、图书推荐类、"心灵鸡汤"类。[1] 吴翠萍分析了 12 个有代表性的面向老年人的微信公众号的 120 篇热点文章，将文章主题大致分为 6 类：微信手机使用方法、养老、健康养生、退休生活、临终和家庭关系及其他。[2] 姚劲松通过对 6 个高影响力的面向老年人的微信公众号的分析，将文章分为 17 类。其中，有关健康养生、生活方式/态度、戏曲影视、图文欣赏的文章占比较高。[3]

虽然社交媒体用户的主体性地位凸显，但学界关于微信公众号与用户的互动研究还不多。受到量化研究方法的限制，大部分研究通过分析微信公众号的信息传播数据来揭示用户持续使用微信公众号的影响因素，而且研究结论较为类似：微信公众号的信息质量是决定用户互动行为的主要因素[4]，微信公众号文章热度与其主题、推送时间、标题等有相关性[5]。此外，还有研究者借助互动仪式链理论，分析政务微信公众号与用户互动现状，探索传播改进策略。[6]

媒介和用户通过密切互动而相互迎合，相互成就。微信公众号的媒介传播秘诀是在运营过程中与核心用户群体共同探索出来的。近年来，越来越多面向老年人的微信公众号成为老年网民获取信息、交流思想、塑造自我、获得认同的平台。根据新媒介逻辑，面向老年人的微信公众号只有生产出符合用户需求的内容，才能获得持续发展的动力。同时，媒介也通过不断凝聚用户的关注点，引导着用户的思考方式与传播行为。

1　李青青. 阅读类微信公众号内容传播特征［J］. 中国出版，2018（16）：50-53.
2　吴翠萍. 老年微信公众平台订阅号的传播特征与社会功能：基于 12 家老年微信公众号的研究［J］. 中国出版，2018（11）：39-42.
3　姚劲松. 我国老年人微信阅读的内容供给现状与优化策略［J］. 西南民族大学学报（人文社科版），2020，41（4）：150-154.
4　宋维翔，贾佳. 微信公众号信息质量与用户互动行为关系研究［J］. 现代情报，2019，39（1）：78-85.
5　方婧，陆伟. 微信公众号信息传播热度的影响因素实证研究［J］. 情报杂志，2016，35（2）：157-162.
6　朱颖，丁洁. 互动仪式链视角下政务微信与用户的互动研究［J］. 新闻大学，2016（4）：75-86，152.

本研究关注的是面向老年用户的阅读类微信公众号，希望通过对高影响力的面向老年人的微信公众号的文章类型、用户互动等内容进行分析，了解此类微信公众号内容生产与用户参与的网络传播实践规律，进一步从社会互动的视角分析微信公众号如何塑造老年用户的晚年生活、老年用户如何回应媒介塑造的老年形象。

第二节　老年用户与高影响力微信公众号的互动分析

一、高影响力微信公众号案例分析

（一）基于"六个老有"发展目标的数据分析框架

根据"西瓜数据"，2020 年 5 月，微信公众号（文摘—行业类）排行榜中，面向老年人的前 4 个微信公众号分别为"老年网校""乐退族""退休群""新老人"，其基本信息见表 6-1。

本研究抽样选取了这 4 个微信公众号于 2020 年 6 月发布的文章。"老年网校""乐退族""退休群"每周更新一次（8 篇），每月更新 32 篇；"新老人"每天更新 8 篇左右，2020 年 6 月更新 248 篇。因为"新老人"的文章每日更新，所以本研究根据"西瓜数据"提供的 6 月热门文章排行数据，抽取"新老人"于 6 月 4 日、16 日、19 日、22 日发布的文章共 32 篇作为主题分析样本。

表 6-1　4 个面向老年人的微信公众号的基本信息

排名	公众号名称	预估活跃粉丝量/个	头条平均阅读量/次	头条平均点赞量/个	头条平均评论量/条	发文量/篇
4	老年网校	306.62 万	10 万+	2784	53	32
8	乐退族	284.06 万	7.7 万	1303	39	32
11	退休群	232.94 万	10 万+	6317	22	32
21	新老人	304.59 万	7.4 万	2764	22	248

2000 年，《中共中央、国务院关于加强老龄工作的决定》将"老有所养、老有所医、老有所教、老有所学、老有所为、老有所乐"规定为中国老龄事业的发展目标。根据"六个老有"，本研究将面向老年人的微信公众号的文章分为 7 类：养老生活；健康养生；时政新闻；继续学习；休闲娱乐；老年人力

资源；商业广告。具体的编码、文章类型及内涵阐释见表 6-2。研究小组中两名经过培训的编码员，对部分样本进行了独立编码，一致率达 98.4%，说明本分析工具具有较好的信度。本研究将根据此编码表对 4 个高影响力微信公众号发布的文章进行类型分析。

表 6-2　基于"六个老有"目标的文章类型编码表

编码	文章类型	内涵阐释
T1	养老生活	养老模式、家庭关系、老年故事等
T2	健康养生	身体健康类、心理健康类等
T3	时政新闻	国内外新闻、时政评论、养老政策等
T4	继续学习	知识经验、生活妙招、学习资源（如音乐、绘画、园艺）等
T5	休闲娱乐	音乐、诗歌、旅游、搞笑段子等
T6	老年人力资源	退休返聘、老年志愿服务、晚年社会责任等
T0	商业广告	保健类商品推介、学习类商品推介等

（二）面向老年人的微信公众号的发文类型及传播特征

1. 文章主题的类型分布

从调查样本可以看出，文摘类微信公众号与传统的文摘类媒体类似，有固定的发表周期，且文章主题和体量大致不变。利用表 6-2，我们发现研究样本基本不涉及老年人力资源类文章，具体见图 6-1。

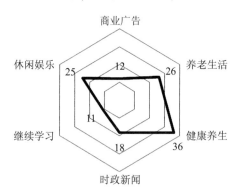

图 6-1　4 个高影响力微信公众号发布文章的类型

面向老年人的高影响力微信公众号的文章主要关注健康养生、养老生活、休闲娱乐，财政新闻。其中，"新老人"内容偏向于时政新闻，其他 3 个微信公众号内容偏向于健康养生、养老生活、休闲娱乐。

新媒体时代，媒介平台与用户往往在"迎合—接纳"的博弈中寻求平衡。从这 4 个高影响力微信公众号发布文章的类型，我们可以看出社交媒体为老年用户塑造的"拟态环境"。面向老年人的微信公众号在此类环境中提供着老年用户感兴趣的信息，试图抓住他们的注意力；老年用户在阅读、评论、转发时，也塑造着自己的网络形象，表达着自己的社会关切。从主题分析来看，面向老年人的微信公众号倾向于塑造这样的老年形象：在信息接受方面，他们喜欢健康养生、养老生活、休闲娱乐、时政新闻类内容；在生活方式方面，他们乐于分享老年人的喜怒哀乐、讨论养老模式、追踪养老政策。对照"六个老有"目标，微信公众号较为擅长传播"养、医、乐"方面的内容。

2. 热门话题的传播特征

本研究利用"西瓜数据"，于 2020 年 7 月 3 日采集了 2020 年 6 月的热门文章（每个微信公众号采集 10 条，共 40 条），借以分析面向老年人的微信公众号热门话题的传播特征。

由表 6-3 可见，每周更新的 3 个微信公众号，热门文章类型主要是健康养生、养老生活、休闲娱乐。这说明，老年用户较为关心的话题集中在健康养生、养老生活、休闲娱乐方面。"新老人"热门文章类型主要是时政新闻，这与该微信公众号的发文频率和偏好密切相关。

表 6-3　研究样本中热门文章的数据

序号	公众号	头条占比	平均阅读量/次	平均评论量/条	文章类型（篇数）
1	老年网校	40%	8.8 万	28.5	T1（3）、T2（3）、T5（4）
2	乐退族	30%	4.9 万	20.4	T2（5）、T1（4）、T5（1）
3	退休群	40%	9.1 万	13.9	T2（6）、T5（3）、T4（1）
4	新老人	80%	10 万+	19.5	T3（9）、T5（1）

热门话题的传播规律能预测微信公众号的选题方向，也塑造着老年用户的核心关切。具体来看，"老年网校"的热门文章相对均衡地分布在健康养生、养老生活、休闲娱乐这 3 个类型上，"乐退族"和"退休群"发布的健康养生类文章得到了更广泛的传播。

为什么这些文章会成为热门文章？通过分析样本数据，我们发现微信公众号打造的热门话题包含以下要素。

第一，适宜的发布周期与发布位置。对于每日更新的微信公众号而言，头条文章获得高关注度的可能性最大，如"新老人"的热门文章有 80% 占据头条位置。对于每周更新的微信公众号而言，文章位置对热门度的影响力下降，有些位于第七、第八条的文章传播度也很高，如"老年网校"10篇热门文章中有3篇位于第八条。

第二，吸引眼球的标题。文章标题要运用夸张的手法，以吸引用户点击、阅读。本研究样本中有约50%的文章标题包含"赶快收藏""必看""传疯了""不看就晚了"等蛊惑性、标签式表达，如《"越坏越长寿"！〈人民日报〉：摧毁你健康的，是人人信以为真的这十大"好习惯"》《2020版〈夏季养生指南〉！多少钱都买不到！传疯了！（收藏）》《可怕！新冠后遗症大量涌现！揭开了一个残忍真相……》。

第三，适老化的主题。例如，"老年网校"发布的《才华横溢的中国打油诗，逗人一笑，又引人深思》虽然位居第八条，但由于打油诗深受老年用户喜爱，因此该文传播度很高。再如，《建党99周年，一起缅怀伟人毛主席，一代伟人不应该被忘记！》《老译制片144部，16国电影经典，原汁原味配音，一代人的记忆！收藏！》等文章能够勾起老年网民的年代记忆，也获得了广泛的关注。

3. 热评话题的类型特征及互动表现

为了探究哪些类型的话题可以激发老年用户的讨论热情，本研究对样本中的"热评"文章（评论量≥20条）进行了统计，见表6-4。

表6-4 "热评"文章的数据

序号	公众号	热评文章量/篇	平均评论量/条	类型分布（比例）
1	老年网校	10	44	T3（40%）、T2（30%）、T5（20%）、T1（10%）
2	乐退族	6	42	T1（83.3%）、T2（16.7%）
3	退休群	3	42	T1（33.3%）、T3（33.3%）、T2（33.3%）
4	新老人	6	27	T3（83.3%）、T5（16.7%）

由表6-4可见，研究样本中用户热评的文章共25篇，主要集中在时政新闻（37.5%）、养老生活（29.17%）、健康养生（16.67%）和休闲娱乐（16.67%）方面。

本研究发现，养老生活类和时政新闻类文章最可能促使老年网民参与话题、发表观点。具体来看，养老生活中有关养老模式、家庭关系、老年故事的话题比较容易激发情感共鸣，如"退休群"发布的《送给老去的"50后"，辛苦付出的一代人!》获得了 60 条评论；时政新闻中的社会风气评论类话题也常被老年网民热烈讨论。另外，健康养生类文章中与老年心理健康相关的"心灵鸡汤"类话题更能激发老年人的讨论，如"乐退族"发布的《退休后，最好的活法，从学会"不合群"开始!》获得了 89 条评论。

一般而言，微信公众号的"评论"功能是有限制的。用户阅读完文章，可以通过留言评论、点赞等方式与作者和其他读者互动，但是并非所有评论都可以被展示。微信赋予了公众号运营者审核、精选用户评论的权力，旨在通过"把关人"的有效履职维护互动的纯净性。就本研究而言，样本中的评论是经过筛选的，能反映出公众号运营者与读者的互动。那么，面向老年人的微信公众号上的评论有哪些特征？这些评论所反映的观点是趋同的还是多元的？

以《退休后，最好的活法，从学会"不合群"开始!》为例。"乐退族"2020 年 6 月 17 日在头条位置发布该文（10 万+次阅读，89 条评论）。"退休群"2020 年 6 月 20 日在第四条的位置发布该文（5.4 万次阅读，9 条评论）。"老年网校"2020 年 6 月 30 日在第六条的位置发布该文（4.5 万次阅读，23 条评论）。"乐退族"的 89 条评论，平均每条用字 60 个；"退休群"的 9 条评论，平均每条用字 45 个；"老年网校"的 23 条评论，平均每条用字 32 个。

我们对采集的评论样本进行了态度分析，设定了"认同""中立""不认同"三种选项，以判断评论者对文章观点的认同度。根据统计结果，"乐退族"的 89 条评论中，49%表示认同，35%表示不认同。"退休群"的 9 条评论中，78%表示认同。"老年网校"的 23 条评论中，87%表示认同。这些评论体现出老年人观点的多元性、差异性。

根据老龄委于 2015 年开展的第四次中国城乡老年人生活状况抽样调查，2015 年，老年人口中初中以上文化水平的老年人口约占 28.9%。而截至 2020 年 3 月，60 岁以上的网民约占我国全体网民的 6.7%（约 6056.8 万），约占我国老年人口（2.5 亿）的 24.2%。[1] 借此可以推断，我国能顺利进行网络阅读并发表观点的老年网民，绝大多数是有一定文化水平的老年人。一项微信老年用户使用行为画像研究也提供了相关证据：老年网民个体差异性显著，学历越高，微信使用能力、交互强度、使用强度越高，微信互动表现越活跃。[2]

虽然老年网民参与网络互动存在一定的门槛，但其网络参与态度相对严

1　中国互联网络信息中心. 第 45 次《中国互联网络发展状况统计报告》[EB/OL].（2020-04-28）[2024-10-11].http://www.cac.gov.cn/2020-04/27/c_1589535470378587.htm.
2　李嘉兴, 王晰巍, 常颖, 等. 基于移动终端日志的微信老年用户使用行为画像研究 [J]. 图书情报工作, 2019,（22）：31-40.

肃，相比于一味迎合文章观点，他们更愿意结合自身经验发表多元观点。值得注意的是，与常发表简单化、情绪化、娱乐化网络闲话的微博用户相比，微信老年用户在参与微信话题讨论时较少使用情绪化话语，他们更愿结合自己的亲身经历，表达理智化或叙事化的观点。

二、微信公众号与老年用户的互动对策

（一）无龄感社会的老年人形象塑造

微信公众号成为意义生产的工具，能通过内容生产向特定人群推送新的生活方式，不断为特定人群"造梦"。[1] 本研究发现，面向老年人的微信公众号通过主题的刻意安排，塑造着新时代老年人的"应然"形象。媒体工作者在当前的社会制度框架下为老年人提供健康、养老、娱乐、时政等方面的话题，引导老年人重视身心健康、家庭关系、生活风尚，追求生命的终极意义，进一步塑造了逐渐边缘化、安于现状、回归家庭的闲适老年人形象。

可见，在新媒体环境中，老年人作为数字弱势群体，其网络形象往往是"被塑造"的，其诉求也是"被代言"的。但是，在高影响力微信公众号的用户互动中，我们也能发现老年人的身份抗争话语。有些老年人并不认为自己是弱势群体，他们不仅从历史贡献的角度出发为老年群体争取尊严、增进代际理解，还积极在社会制度改革方面建言献策。

日本老年学研究者袖井孝子指出，在老龄化背景下，应该建设一个灵活、有弹性的无龄感社会，营造一个不受年龄约束、自由挑战新事物的生活环境。[2] 无龄感社会首先反对"老年歧视"：老年人不是弱者，可以承担相应的社会责任。本研究注意到，网络媒体往往过于强调老年人是需要帮助、扶持的弱势群体，忽视了老年人也是人力资源，也能承担社会责任。

（二）共塑美好晚年生活的媒介责任

建设美好生活，一个民族、一个家庭、一个人都不能少。美好生活是包括物质充裕、精神富足、制度公正、社会和谐、环境宜居等要素在内的完整的生活系统；新时代美好生活的三重内涵包括：感性物质层面的"幸福"、社会制度层面的"公正"、精神超越层面的"崇高"。[3] 20 世纪 80 年代以来，我国对老年人养老保障、老年福利制度建设等工作的推进颇有成效，但对"精神赡

1　骆静雨.作为一种购买的生活方式：公众号的造梦之旅 [J].编辑之友，2018（3）：45-49.
2　袖井孝子.老年人是社会弱势群体吗："养老计划"的时代 [M].北京：世界知识出版社，2016：6.
3　于春玲，黄莎.新时代"美好生活"释义 [N].中国社会科学报，2020-09-08（A8）.

养"，无论是从社会支持还是家庭关切来说，都不太够。

从本质上讲，精神超越层面的"崇高"意指寻求存在意义，不断超越现在，成为更好的"自己"。人对世界的认知总是从自我出发的，步入晚年的老年人要"为自己而活"，首先是要实现自我的确认和社会的认同。以微信为代表的社交媒体不仅为老年网民提供了交流讨论、娱乐休闲、继续教育的机会，也为老年网民搭建了话语反抗、权利争取、风采展现、志愿服务的平台。媒介平台唯有全方位地挖掘老年人的精神需求，才能为老年人的自我实现提供有力支持，帮助老年人享受美好的晚年生活。

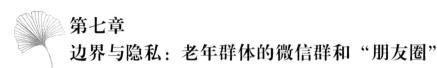

第七章
边界与隐私：老年群体的微信群和"朋友圈"

笔者在网络田野调查中收集到一则被老年朋友广泛传播的段子：

早上睁眼一醒觉/就有群友来问好/动画表情加文字/抢先到！

各种新闻和报道/比谁知道都要早/人生警句和说教/全来了！

绘画弹琴和拍照/交流各人所爱好/收藏理财加股票/真是妙！

天文地理历史晓/旅游美食淘宝潮/视频聊天你我瞧/乐陶陶！

东西南北风景照/图片精彩景观妙/俊男靓女摆泡斯/呱呱叫！

过去日子苦辛劳/如今甘来福不少/明天生活咋规划/全知晓！

刚想闭眼做眼操/健康医生又来到/养生营养保健操/一套套！

不管相隔路多遥/微信牵线搭个桥/多年未见的发小/相逢笑！

忽然流行抢红包/此刻群里极火爆/三分五分也是情/别嫌少！

同学聚会最热闹/微信一发全来到/聚餐录像述衷肠/拍个照！

快乐年华恨聚少/一颗童心我永葆/有群相伴往前行/真是好！[1]

从中不难发现，微信是老年人非常熟悉的社交媒体平台，微信群是老年人虚拟社交的主阵地。微信群可实现多人聊天交流，群友可以在微信群中发送文字、语音、图片、视频等。在各类微信群内，群友不仅能感受到平等互助的社会公德，还能体会到热闹互动带来的积极情感。如果说，在现代化进程中，人们对物质生活的追求曾经是"楼上楼下，电灯电话"，那么在数字化进程中，人们对精神生活的追求似乎演化为网络社交。

与年轻群体在多个网络社交平台游刃有余地"穿梭"不同，老年群体似乎对微信这一建立在熟人社交基础上的平台情有独钟。根据《2018年微信数据报告》，老年用户忠诚度、活跃度较高，且与其他年龄段用户的微信互动行为差异较大。甚至有年轻人调侃微信是"老年人的微信"，意指微信的功能较

---

1 摘自"乐退族"微信公众号2020年8月19日发布的《最精辟的微信群"三句半"，绝了！绝了！绝了！》。该文是"乐退族"8月热门文章的第六名。文章统计数据来自"西瓜数据"。

为适合生活经验丰富的老年人，而且很多老年人只玩微信。年轻人虽然大都有微信账号，但是他们还同时活跃在微博、QQ、豆瓣、知乎等平台上。

本章将结合焦点小组访谈和网络民族志，探讨老年人如何参与微信群和"朋友圈"，并从代际角度分析老年人在微信群［以家庭群和社区（业主）群为例］和"朋友圈"的互动中存在的问题。

第一节　清晰的群体边界：我的微信群，我如何参与？

2013 年以来，微信群的互动传播开始成为新闻传播学、教育技术学、管理学、社会学等领域的研究主题。研究者将微信群细分为家庭群、社区（业主）群、家长群、大学生群、村庄群、营销群、粉丝群、互助群等子领域，取得了较为丰硕的研究成果。本研究重点关注老年人在家庭群和社区（业主）群中的传播实践。

一、老年人与家庭群

随着数字化家庭被构建起来，家族成员进入一个个虚拟社群，形成新的亲属间的互动关系。南京大学的两篇硕士论文以家庭群为研究对象，研究视角较有代表性：一篇探讨家庭微信群之于改善或重塑亲属关系的重要意义[1]；另一篇探讨家庭群中的代际关系、隐私意识，发现为了迎合不同家庭群互动场景，年轻人往往在家庭群中采用不同的表演策略，并分析了这种自我呈现方式的利弊[2]。实际上，家庭群中存在两种权威，一是作为"天然权威"的老年人，二是作为"技术权威"的年轻人。年轻人可能试图通过技术手段消解老年人的权威压制，但是一旦老年人识破年轻人的"花招"，便会对年轻人的真诚态度或顺服行为产生怀疑。因此，数字时代"代际亲密关系构建"和"代际传播实践冲突及解决"，必然成为家庭群研究的重要出发点。

（一）同一个世界，同样的长辈

本研究采用自我民族志这一研究方法，长期观察 3 个家庭群中长辈的网络传播实践，探究家庭群对老年人的价值，反思家庭群代际互动中出现的新现象

1　衣旭峰. 亲属关系的重塑：基于微信家庭群的实证研究［D］. 南京：南京大学，2016.
2　范雪凯. 青年大学生在家庭微信群中的自我呈现：基于拟剧理论的分析［D］. 南京：南京大学，2019.

和新问题。笔者加入的 3 个家庭群，相关信息见表 7-1。

表 7-1　3 个家庭群的相关信息

编号	名称	成员简介	特点
Q1 群	谭大家	15 人，包括谭家 5 位直系兄弟姐妹（均为老年人，最大的 81 岁，最小的 68 岁），以及他们的部分成年子女	日常问候，每日互动
Q2 群	程氏家族	20 人，以程家中年堂兄弟姐妹为主，少量老年长辈	日常分享，偶尔互动
Q3 群	家和万事兴	14 人，以雷家青年兄弟姐妹为主，少量老年长辈	始于发红包，后长期沉寂

　　Q1 群中，老年兄妹之间的日常问候形成了某种常态化传播模式。老年人每日清晨在群内互相问好，傍晚吃完饭后在群内报到，通常是发送语音，如"我吃过晚饭了"。虽然在外人看来，群中老年人的网络传播行为可能很无聊，但这对谭家的老兄弟姐妹而言有着重要的意义。接受笔者采访的谭家三姐表示："我们兄弟姐妹都步入老年了，每天的问候表达着牵挂。要是哪天哪个没出来喊一声，我就会不放心，会去个电话问问情况。现在都习惯了，每天到群里报到，就是报个平安。要是出游几天，或者有什么事，都会提前在群里说一声，免得其他人担心。"

　　可见，家庭群为老年人建立了沟通桥梁。在线上表达对彼此的关心和牵挂，能为老年人带来亲密感，缓解老年人的孤独。老年人退休后，逐步退出社会舞台，与家人的互动变得尤为重要。微信群为分散各地的亲友提供了交流平台，助益于亲友间情感的维系。虽然老年人在家庭群里聊的都是日常琐事，但是此类互动对老年人保持存在感、意义感非常重要。较受推崇的居家养老模式是建立在家庭亲密关系的维系之上的，在此意义上，老年人在家庭群中接收或发送各种信息、彼此关心问候有助于关系的凝聚、情感的联结。

　　Q2 群以中年堂兄弟姐妹为主，日常互动以分享短视频和照片为主。群中的老年人则较少参与互动，偶尔会发送标题夸张的文章，或一段长文本（如出处不详的与健康养生有关的文字）。此类信息较少有晚辈回应。即便长辈发送了谣言，也不会有晚辈出来"辟谣"。可以看出，Q2 群中互动的主体是同辈群体。同龄人之间网络习惯相似，能够彼此理解；对于长辈的网络行为，晚辈往往用沉默表示尊重。

　　Q3 群以青年兄弟姐妹为主，建群之初正逢全民"抢红包"的热潮。通过

"抢红包"活动，群内的长辈积极参与家庭群。随着大家不再热衷于"抢红包"，该群日益沉寂。该群从建立到沉寂，体现出青年人的社交圈更大更多元，倾向于建立"向外扩展"的社交网络，而非刻意维系"向内凝聚"的家族圈。"抢红包"热潮促使年轻人建立家庭群，带着长辈"玩一玩"，为长辈科普新网络技能。一旦"抢红包"不再流行，年轻人与长辈的网络交集就退回"点对点的交流沟通"，从而使此类家庭群失去存在的意义。

实际上，家庭群中代际区隔明显，最常出现的是"老年人热聊，年轻人沉默"。年轻人如果要彼此沟通，会另外开小群。有年轻受访者直言："其实我很想退出有'七大姑八大姨'的家庭群。我在里面待着，真的只是为了在长辈面前保持'乖孩子'的形象。"

通过对 3 个家庭群的观察，笔者发现，家庭群中经常互动的是同辈群体，其他代际更可能成为"旁观者"——在场但保持沉默。虽然可能几代人同在一个微信群内，但群内互动的代际边界清晰可见。

（二）家庭群内的代际冲突及解决

为了弥补自我民族志的不足，笔者在微博平台上用"家庭群"作为关键字进行检索，发现了"家庭群辟谣被踢""父亲拍女儿赖床视频发家庭群里""全国统一的家庭群昵称""全国统一的家庭群名称"等阅读量超过 1 亿的话题。中国家庭群的名称较为类似，如"相亲相爱一家人""我爱我家""幸福一家人""家和万事兴"等。从热门话题下的网友评论可以看出，年轻化的微博网友往往以子代的身份对长辈在家庭群中的传播行为进行图文展示和公开评论，如吐槽长辈热衷于转发和分享各种夸大甚至虚假的信息。

老年人的一些网络传播行为让年轻人不解，体现出明显的代际差异。在网络文化反哺方面，年轻人针对老年人的"辟谣"行动似乎也并不顺利。2018年 11 月，"家庭群辟谣被踢"这一微博话题阅读量过亿，评论量 1.8 万。在年轻人看来，看到长辈发谣言，为保护长辈，应该及时辟谣，但这常常并不被长辈接受。在家庭文化背景下，传谣与辟谣反映的不仅是媒介素养的代际差异问题，还是与"面子"和"权威"有关的家庭代际沟通艺术问题。甚至有网友戏谑地总结出新的孝道观：不孝有三，家庭群辟谣为大。

为了缓和家庭群因辟谣而产生的紧张氛围，研究者往往向年轻人支招，寄期望于年轻人掌握更有效的文化反哺策略。微博号"新华视点"发布《老妈发"抗癌"帖，辟谣竟被踢出家庭群！网友：熟悉的操作》，深度剖析在家庭群中辟谣引发的家庭矛盾，不但指出老年人的心理需求及触网特点需要年轻人理解和尊重，还指出老年人正沦为传谣产业链的"打工人"，值得网络监管部门关注。

老年人喜欢传播的"关怀式谣言"往往涉及衣、食、住、行等与每个人息息相关的领域,打着"善意提醒"的幌子引人点击,欺骗性强;而且此类谣言基于熟人传播,迷惑性强。人们一旦相信,轻则形成错误观念,重则可能在用药、急救等方面酿成恶果。

微博号"黄石网警巡查执法"曾录制视频,向网友传授家庭群内正确辟谣的方法。第一,不能在群内直接怼。老年人社交圈小,家庭群是其社交的主要阵地。如果让晚辈怼得下不了台,老年人会觉得自己没了威信。因此,可以采取私聊的方式。第二,了解老年人的认知习惯。老年人对网络文章比较容易轻信,子女可以多转发一些权威的文章给老人看。第三,熟悉老人的痛点。老年人喜欢在家庭群里转发养生健康类文章,子女可以抢占权威知识的高地。老年人希望被关注和包容,子女应该对老年人多一些耐心和理解,即便是忠告,也要"有话好好说"。

二、老年人与社区(业主)群

社区(业主)群是数字时代社区治理的重要载体。居民通过加入虚拟社群获得业主身份认同,进行群体动员或话语抗争,参与社区治理。闵学勤等认为,在线协商更易实现信息对称,且更能保持便捷的时时互动,开启了基层微治理、微协商的旅程。[1] 2017 年以来,学界较多研究聚焦于社区(业主)群之于社区治理的影响,包括积极方面和消极方面。有研究者发现,社区居民以媒介为中介参与邻里互助、社区共建、趣缘连接、维权抗争等。微信群的使用扩大了邻里交往圈,创造了新型的邻里关系和交往文化。[2] 还有研究者指出,养老群体能通过微信群加强社区社会关系纽带、开展集体活动、参与公共事务、凝聚共同体意识,以实现社会关系的重构。[3]

社区(业主)群有利于业主集中讨论某些具体议题,强化业主参与社区事务的自治意识;但是,在社区(业主)群中协商公共事务,也可能带来影响讨论效率、降低业主参与治理的积极性、出现信任危机、影响邻里和谐等负

1　闵学勤,王友俊. 移动互联网时代的在线协商治理:以社区微信群为例 [J]. 江苏行政学院学报,2017 (5):103-108.

2　张丽平. 微信群使用与居民—社区关系的再造:一项基于 D 社区居民微信群使用的民族志考察 [J]. 湖北社会科学,2020 (6):161-168.

3　陈丁漫. 微信群与养老群体社会关系的重构:以成都市 S 区为个案的考察 [J]. 广西民族大学学报(哲学社会科学版),2020,42 (3):84-90.

面作用。[1] 因此，有研究者认为，作为现代化治理工具的社区（业主）群，对社区治理绩效有积极效用，但该效用存在一定的边界和局限性。[2]

本研究着重考察老年人对社区（业主）群的参与状况、遇到的问题及可能的问题解决策略。根据方便抽样原则，本研究选择笔者所处的业主群（以下称"Y群"）和社区网格群（以下称"J6群"）作为研究对象，分别从2018年7月和2019年5月起对这两个微信群进行持续观察，记录了一些老年人参与发言引起的争议，并尝试分析老年人依托微信群进行线上民主议事的现实困境与治理价值。

（一）案例1：Y群观察

Y小区始建于2000年，从建筑规格、地理位置及学区归属看，属于中高端小区。从容量来看，Y小区共800户，属于中小型小区。Y小区设有业主委员会（以下简称"业委会"），委托J物业公司进行日常管理。Y小区所属的社区党群服务中心设置在小区中心位置。笔者自2018年7月入住该小区，被物业邀请加入微信群。根据日常的观察，Y群的日常互动主要围绕设施报修、车位腾挪、环境清洁等展开，居民对小区公共事务的参与度并不高。笔者观察到Y群中引发居民热议的公共事件有两件：一是由业委会主导的"更换物业公司"事件，二是由业委会和物业主导的"铲除绿化，增加停车位"居民意见征询事件。

2018年11月，新物业入驻小区，业委会主任是一位70岁的退休老人。一些居民在群中发问，还说了一些针对业委会成员的情绪化的、带有攻击性的话。业委会主任不能忍受群内攻击，发表了一段陈情文字，并辞去了该职务。与此同时，一些老年居民为老主任抱不平，认为年轻居民在群内欺负退休后想接着为小区服务的老人，让老人寒心。从群内对话来看，这部分维护老主任的老年居民喜欢发送长文本，会严肃认真地表达观点，带着理性的沟通态度；另一些居民则更倾向于发表简短、情绪化的言论，更容易挑动大众情绪，激化邻里矛盾。

在"铲除绿化，增加停车位"事件上，居民意见体现出代际差异。老年居民对停车位的需求不如年轻居民大，因此多持反对态度。群内的讨论常常陷

1　房信子. 业主微信群在社区治理中的作用研究：以长沙市雨花区"华银园业主群"为例 [D]. 长沙：湖南大学，2018.
2　陈诚. 见微知著，立信于群：社区微信群对治理绩效的影响机制研究 [J]. 贵州师范大学学报（社会科学版），2020（6）：34-46.

入"各表各理"的僵局,从话语互动来看,数十人参与的"大混战"并不利于问题的解决。而且,大量未上网的老年居民被排除在公共事务线上协商之外。即便是在群内,老年居民中也是围观沉默者较多,积极参与讨论者较少。另外,视力下降、网络阅读速度慢、对线上快速"刷屏"的讨论模式适应性差、打字能力不佳,也打击了老年居民在社区(业主)群里表达观点的积极性。一位受访的老年居民告诉笔者:"一般群里讨论,我会逐字逐句地慢慢看。各种各样的观点也不知道是谁发的,总之乱七八糟,难以梳理清楚事情的来龙去脉。所以我从来不说话,一是打字慢,二是怕说错话。"

那么,社区(业主)群对全体业主、业主个人而言的意义是什么?谁掌控着群中的信息传播权力?群内成员是否有在群内自由发言、发表信息的权力?为了落实群内集体协商,是否应该制定某种规则,并对群内成员的话语传播行为进行约束?

Y群的群主作为业委会成员之一,制定了严格的群规,禁止群内成员在本群发布一切链接信息,违者一律移除。

本群旨在加强业主与业委会联络,深化业主之间联系,并且是业委会信息发布及意见收集的平台。进群业主需遵守以下规定:

1. 群员命名规则。"楼栋号-室号-称谓",如"18-408-宇"(不更改名称者,物业可不接受微信服务受理,需要至物业处反映)。

2. 群名称。除群主外,任何人不得随意更改。

3. 文明聊天。严禁谩骂、侮辱、人身攻击。

4. 群内禁止发送任何广告(软广告、硬广告)和链接。

5. 群内不信谣不传谣,所谓内部资料不发,涉黄、涉毒、涉恐等信息不发,境外新闻资讯在官方网站未发布前不发,军事资料与内部文件不发,涉及国家机密的文件不发。

6. 凡违反以上规定者,在警告一次后,第二次将直接移出本群。

请大家一起努力,让本群成为Y小区业主和谐交流的群。

对于上述规定,大多数人能够认同并自觉遵守,但是一些热心于信息分享的居民(主要是老年居民)表示不解,认为可以分享来自正规媒体的信息,群主"一刀切"的规定似乎不近人情。这便引发了部分居民对群主的不满,甚至发生了带有人身攻击性质的矛盾事件。新冠疫情初期,Y群成员的互动空前热烈。一些居民在群内传播各种信息,被群主警告并移除。某天,群主自身出现了失范行为,遭到群内成员的攻击。群主宣布卸任。自此,各种链接信息甚至广告陆续出现在 Y 群。由此可见，社区（业主）群结构松散，不但不容易聚焦观点，也不容易依规管理，而且很难出现被认可的意见领袖。社区（业主）群作为一种线上公共场域，在协商治理方面具有较明显的局限性。

（二）案例 2：J6 群观察[1]

J 社区在 Y 市老城区，常住人口超过 6000 人。该社区有大量房龄超过 30 年的小区，60 岁以上人口占比超过 25%。根据社区居民委员会主任的介绍，J 社区的高龄老人比较多，并且大多是社区网格员的重点帮扶对象。另外，J 社区地处 Y 市较好的"双学区"教学划片区，因此近年来通过购房流动进入社区的中青年越来越多。在社区治理方面，J 社区自 2019 年起为每个网格建立微信群，居民通过网格员的邀请加入网格微信群。笔者 2019 年 5 月由网格管理员邀请加入 J6 群，从 2019 年 5 月至 2021 年 3 月，对该群进行了网络田野考察。群内发生的核心传播事件映射出社区（业主）群从"无序"到"有序"的渐进发展历程，我们亦能从中管窥老年网民对社区（业主）群的理解、接纳和适应过程。

1. 第一阶段：群规制定前，少数人的传播场域

2019 年 5 月，笔者进入 J6 群，群成员共有 25 名。日常群内的互动不多，基本是社区里比较"赶时髦"的、能使用手机的老年人在群里转发各种各样的信息。年轻人从来没有发言过。网格长曾在群里发布社区策划的"儿童驿站"活动，呼吁大家参加，没有人回应。后来，笔者在采访社区居民委员会主任时了解到，社区内儿童周末一般都有各自的安排，"儿童驿站"这样的活动并不是很受欢迎。这与 J 社区的基本情况有关。很多家庭为了孩子的教育在 J 社区购房，周末常居住在其他社区。

据笔者 2019 年 5—8 月的记录，J6 群中的 25 人是基于地缘聚集在同一群内的，彼此间相熟的并不多。热衷于在群内发言、分享者基本上是老年人。他们分享的信息往往同质化，且具有较强的年龄特征，如关注健康养生、生活妙招、退休生活、戏曲舞蹈等。有一位老年朋友在 J 群最活跃。从分享时间节点看，她的日均屏幕时间是较长的。以 2019 年 8 月 2 日为例（见表 7-2），她共在群内分享了 15 条信息，包括文章、小程序、短视频等。

---

[1]　为保护个人隐私，本案例中所有网名均作模糊化处理。

表 7-2　2019 年 8 月 2 日群成员在 J6 群内分享的信息

发布者	类型	数量	标题	时间
敬畏	文章	2 篇	幽默微小说 修理布什脑袋的河南打工妹	8:00
	小程序	7 个	金猫侠说段子 家常烙饼 健康养生——手掌看病 一家四代 13 位军人 每天喝一碗，手指月牙回来了 洗衣机用 3 个月，脏过马桶 ×××再结婚，史上最浪漫婚礼	10:00 11:00 15:28 15:55 16:06 16:31
	短视频	6 个	祝老战友八一建军节快乐 生命只有一次，别活得太累 三位老爷爷反串歌曲（对口型） 讲五脏六腑和大脑 两个外国老头的杂技表演 中国阅兵式片段：紫荆花开 20 年	13:02 15:21 15:28 19:54 22:38
红芬	文章	1 篇	跳舞的人更快乐长寿	12:49
张老师	文章	1 篇	老了，有钱才有尊严！很残酷，很现实！中老年人应该警醒	13:07
	短视频	1 个	癌症的起因是塑料（谣言）	
邙城居士	文章	1 个	不到 10 秒，一家 16 口全没了	18:05
	文档	1 个	人社部 2019 年知青补偿政策　下乡工龄退休金规定（谣言）	20:38

经网格长确认，在 J6 群内分享信息的是比较固定的几位退休老人，并且他们只是每天单向地在群内分享各类信息，基本不和群友讨论互动。可见，老年人在社区（业主）群中分享各种网络信息时，似乎并不期待回应。他们往往将社区（业主）群这类网络公共场域类比于"黑板报""宣传栏"，将自己置于积极宣传者的地位。

另外，随着短视频的流行，老年人群内分享的信息类型也从纯文本、图片、公众号图文向短视频转变。据笔者对 J6 群的长期观察，老年群友分享的短视频大多"土味"十足。有些短视频封面艳俗，内容则是"心灵鸡汤"。

根据"趣头条"联合澎湃新闻发布的《2020 老年人互联网生活报告》，家庭伦理类短视频对老年人的传播渗透率高。60 岁以上的老年用户更喜欢有关正能量、社会秩序、家庭伦理的内容，含有"爱""奶奶""媳妇""老公""孕妇"等关键词的短视频往往能吸引他们。这在 J6 群中也可以得到印证。

2. 第二阶段：群规制定时，少数人的对立反抗

新冠疫情促使社区工作人员进一步加强网络社群建设。为了配合防疫工作，社区居民委员会主任和网格长会在群里不定期发布信息，提醒居民注意防护，或者要求居民配合登记各种居家抗疫信息。大量新群友的加入并没有阻断群内几位老年人分享信息的热情。此前，社区工作人员并未发布任何群内规范，大多数居民也对这类分享表示沉默。笔者猜测，群内其他人可能会进行"群内免打扰"等权限设置，这样既不用被打扰，又尊重了老年群友的分享习惯。

2020 年 3 月 3 日，随着群内成员的进一步增加，"庄"突然向几位喜欢在群内分享各种谣言类信息的老年人提出异议，并得到几位群友的附和。新群友的抗议会不会让这几位在群里很活跃的老年人有所顾忌？接下来的几天，据笔者观察，这几位老年人似乎并不在意他人的抗议，他们分享各类信息的频率并没有下降。

"庄"又连续在 3 月 4 日、5 日、6 日发出抗议，要求转发人不要转发这些"废信息""假新闻"。3 月 6 日，"庄"的抗议直接指向常发信息的 4 个人，说他们在群里转发这些不靠谱的信息，"太烦了"。随后，一位群友附和，说转发者空虚，发信息是精神寄托。

2020 年 3 月 6 日 21：18，网格长发了一条倡议信息，为 J6 群信息分享行为提出了以下规范：

各位居民朋友们，大家好！建立此群的目的是给大家提供一个政策咨询、答疑解惑、提供建议的平台。

为使此群更好地服务大家，希望大家不要发布小程序或者广告，占用大家资源，为大家带来不便。

然而，J6 群的冲突并未因网格长发布了群内规范而告终。2020 年 3 月 7 日，几位老年活跃群友依然在群内分享"早上好"表情包、公众号文章、短视频等信息。20:00，群内出现了如下对话：

13-301：当心账号被封禁！

朱×：这个群里不能乱发！要是被封禁，我们也受牵连！手机号就没有用了！手机绑着银行卡呢。我自己退群吧。

邢城居士：自有网警，哪一点违法了。

蓝天白云：这个是社区群，有什么事，群里发，大家都知道。不相干的最好不要发。这是我的个人意见，说的不对请大家谅解。

庄：对。

邢城居士：你是群主吗？群的宗旨是什么？这是群众组织。这个群好几年了，一直很正常。你要怕吵，可以拉黑对方，不能因你就改变几年的习惯。讲民主的交流群，看不顺，可以拉黑。我看不惯你，可以拉黑你，不再接收你的消息，但我无权封你的口。这是公共平台，不是个人群。

静待花开：这个群有106人，如果每个人每天都要在群里发四五条信息，那不烦死了。为了不干扰别人的正常工作、生活，还是少发为妙！

邢城居士：宣传党的政策、交流学习心得、维护正义之气都是平台功能。你怕烦，你就拉黑。

13-301：邢城居士，晚上好。这是公共平台不错，大家可以互相发发信息，聊聊天，没关系。但关于疫情的最好不发，容易被封禁。如果封禁，就不好玩了，微信连同工资都会被冻结。请多替大家想想。

邢城居士：大家服从你，还是你服从大家？别把自己当老大。

13-301：大家都是群友，没有谁是老大。如不是疫情，大家也不可能聚在一个群里。

邢城居士：处事要有政策，讲话要有根据。分享信息违反哪一条了？

13-301：没人说你违反哪个政策。大家手机里不是你一个群，但没有哪个群老发疫情类信息。

48-365：别吵了！

庄：扰民。

邢城居士：这不是个人群，这是有公益性的，也可以说是基层政府的宣传阵地，没有哪一个人有权取消别人的宣传权。不管有文化，没文化，只要不反党，不反公共道德，他都有发言权。这个群和墙上的黑板报没有区别。你怕烦你不看，你拉黑对方不就行了。这不是扰民，而是你封别人的嘴。你到网上才几天，这个网几年了，哪个像你？

13-301：如不是疫情，社区要大家进群，我肯定不进。

邢城居士：那是你个人的事。动动手指，拉黑别人，躲进小楼，过你自己的日子不是很好吗？互不影响，不要把自己凌驾于大家之上。入乡随俗，随不了，自己绕道走，别影响大家。晚安。有什么想法，我们还可以沟通。一个大家庭有事好商量，服从一个理。

3月7日的群内冲突主要发生于"13-301"和"邠城居士"两位群友之间，冲突点在于：个人是否应该在社区（业主）群此类公共平台上发布未经核实的、来历不明的信息。而且，"13-301"表达了一种担忧：个别群友传播不实信息导致全体群友被封禁。显然，"邠城居士"并不同意这种观点，他认为自己将微信群作为宣传阵地并没有错。可以发现，群友对微信群的理解存在差异，包括微信群的功能、微信群内传播行为规范、特定微信群内群友需达成的共识等。理解方面的差异带来了沟通上的不畅，群友间的协商并未取得效果。另外，网格长未能及时进行协调。

3月8日一大早，"邠城居士"发了一个"早上好"表情包，并配文："还是发出，祝女同胞节日快乐。"接着"邠城居士"又发出一段文字："朱×，向你普及一下，封群和手机停用是两码事。一个手机有好多群，封的是有问题的群，而不是手机号，不要混了。你看不惯谁你拉黑谁，不要不懂乱发言，吓人，吓自己。"

此时，网格长再次发出群规。

对于网格长制定的群规，"邠城居士"似乎并不认可，他说："没有发挥正常公共平台的作用，这是你们工作不到家，迎合个人，损害全体。我只能表示遗憾！"

接下来，网格长、"邠城居士"和其他群友有了如下交流：

网格长：建立此群的目的，一是及时传递上级文件精神，使居民能第一时间了解政策动态；二是方便居民咨询简单的生活政策问题，节省居民的时间。其实这也属于我们和居民之间的一个工作群。工作群不聊时政。如果要发表自己对时政的看法，可以去相关网站或者相关平台。

邠城居士：你把以前的群搞到哪里去了？你改了名，也改了性质，你把大众的改成了专用的。

社区居民委员会主任：不存在专用。建群的目的就是让大家能及时收到社区发布的信息。如果屏蔽了群消息，那这个群就没有意义了。

邠城居士：谁屏蔽了你的信息，你找谁，我为大家要权利。

网格长：当初建立这个群就是我刚才说的作用，其实就是一个上传下达和咨询解答的作用。我们也没有在群里发布和社区工作无关的内容。不是不让你发表看法，只是发表的地点不对。适当的场合说适当的话。

社区居民委员会主任：大家应该是想分享一些自己发现的比较好的视频或文章，但是建议在不影响其他人的情况下，尽量少发一点。退休的居民可能时间多一些，可以及时查看信息。一些还在上班的居民可能先前每条信息都会查看，但是每次看到的都是群友分享的视频或文章，于是就不怎么及时查看了。等到社区发布消息时，他们就很容易错过。还望大家相互理解。

网格长：说句通俗易懂的，社区建立这个群，管理者就是社区。社区作为管理者，必须要制定规则。就像一个公司，难道负责人制定的公司制度，员工可以随意更改？

邙城居士：你为什么不在接班时、改变群规时讲清？你把老的好的都改掉，你把你前任完全否定，你对老群里的人怎么交代？你好好想一想，你侵犯了多少人的权利。

网格长：老群主就在群里啊，你问他我有没有否定他，他的想法是不是我刚才说的。既然你代表大家，你可以把你代表的"大家"派几个出来，说一说工作群是否可以发这些视频。

邙城居士：大家目前不和你说，把不满放在心里。等到选举那一刻，谁的票多谁的票少，你自己好好想一想。这是基本的道理啊！

网格长：不是不让您发，也不是组织您发，只是应该换一个地方。网上有这种平台给您发，而不是在工作群发。选举是您应有的权利，没有人阻止您表达自己的看法。票多票少是由相关部门统计发布的，也不是我们能够左右的。做好自己就行了。

邙城居士：那请社区重建生活群。

网格长：社区没有生活群。如果您要一个聊天群，可以自行建立，社区不阻止。此群可以聊一些生活话题，只是不能发广告。

邙城居士：不和你打口仗了，秀才遇到兵，有理讲不清。

网格长：没有规矩不成方圆，这叫制定规矩。

邙城居士：这不叫规矩，这叫专权。

网格长：没有人侵犯你的权利，但是权利是在制度之内行使的。举个例子，如果出国旅游，就得遵守他国制度，国内的规定在别的国家不好使。

此次群内冲突大约持续了 100 分钟，主要发生在"邙城居士"和社区工作人员之间，冲突主题是"社区网格群的性质是工作群还是生活群，个人是否可以在社区网格群里随意发布各种信息"。

首先，社区网格群的功能是什么？从大多数居民的角度看，这是工作群，便于居民第一时间联系社区或者第一时间得到社区传达的信息。然而，部分退休老人把微信群当作社会参与的空间，喜欢在群里分享生活、分享信息（老年人有很多这样的群，如熟人群、家庭群、兴趣群）。根据长期的田野调查，笔者发现，老年人最喜欢分享的是"早上好"表情包、健康养生信息、时政花边新闻、娱乐幽默视频，其中不乏谣言类信息。他们或许是想通过转发满足表达欲，获得社会参与感。这说明，老年人是需要此类互动空间的。大部分老年人能区分工作群和熟人群，能控制自己的分享行为。但是有些老年人会疑惑：为什么群里的风气突然就变了？为什么突然有人嫌我烦，觉得我发的东西会导致微信群被封？不是有网警吗？其他人凭什么管我？是不是他们不懂得手机、微信的原理，瞎担心？

其次，虚拟公共空间内的自由和权利是绝对的还是相对的？很多人认为，在社区网格群这样的虚拟空间里，群友并不能随意转发信息。老年人爱转发各种信息的行为与群内其他人对社区网格群的期待不一致。他们会觉得这是一种打扰，认为老年人太自私了，从而忽略其中的善意。老年人认为，把自己看到的好文章分享给大家是出于公心，是对国家政策的宣传。如果在公共平台上，只能由社区工作人员发信息，就是"专权"或"专制"。这也说明 J6 群建群初期并未建立规范，或者群内规则模糊，使老年人混淆了不同的概念。对于老年人而言，日常习惯了的"生活分享群"突然变成"社区工作群"，不让宣传"先进思想"了，是较难理解和接受的。这进一步说明，老年人日常需要生活分享群，需要一个有"听众"的网络平台。正如网格长在接受笔者采访时所言："以前这个群人少，他发这些发惯了。现在开展网格工作，重新把这个群用起来，就是想把一些跟大家有关的政策发给大家。群里消息多了，居民有的时候都不知道哪些是我们发的。他比较倔强，已经上门沟通过了，但一时半会儿估计理解不了。"

最后，基于微信群的在线协商需要在细节上下功夫，应注意到居民在网络理解方面存在的代际差异。据笔者观察，在群内冲突初期，居民间的线上协商效果并不好。一些居民的表达太直接了，每句话都很有火药味，没有做到足够的尊重和礼貌。此时，网格长并未进行协调，而是直接发出群规。事实上，单纯的规范性文字并不能让一些老年居民真正理解其"所以然"，即网格群的真正功能及群友为何不该随意发布信息。在冲突后续阶段，网格长和社区居民委员会主任只是希望老年群友不要在群内随意分享信息，而没有提醒老年群友他们分享的东西可能有危害。社区工作人员认为老年居民的分享会妨碍社区发布重要信息，打扰其他居民，导致其他居民因"不堪其扰"而退群，影响网格化治理工作。

显然，群内冲突引发的"退群"现象违背了社区建网格群的初衷。网格长在受访时也抱怨:"因为这位老太爷在群里怼人,五六个居民都退群了。这些居民是社区好不容易动员进群的,而且群内没落实实名制,也不知道哪些人退群了。"可见,群内冲突增加了社区网格化管理工作的难度。社区工作人员只能进一步上门与居民协商、解释,期望增进彼此间的理解。因此,面对老年居民,年轻化的社区工作人员不能仅依赖于线上协商治理。对无法上网的老年居民和网络经验不丰富的老年居民,社区工作人员需要做更细致的引导工作。

3. 第三阶段:群规制定后,多数人的有序遵守

自 2020 年 3 月 8 日群内协商后,J6 群沉寂了几日,无人分享信息。从 3 月 11 日开始,几位老年群友又开始分享短视频,如《50 米的走廊,我足足走了 8 分钟:一位女护士的自述》《南方医科大的医生讲述如何戴口罩》等,无人回应。3 月 15 日,两位群友发布谣言,一则是"多喝水能消灭冠状病毒",另一则是"为庆祝三大通信运营商合并,转发一次该信息则微信账户获得 50 元"。接着,有群友上线辟谣,说:"不知哪一天的假新闻了。"这是为数不多的群友针对群内传播的虚假信息进行的主动辟谣,而不是直接粗暴地"怼"传播者。实际上,老年人在参与网络传播的过程中亦在不断提升媒介素养,只是需要网络经验丰富者提供指点和引领。对于老年人而言,指导者的态度及语言方式很重要。

自发布群规后,J6 群中社区工作人员的主动传播行为越来越多。网格长会在群内宣传防疫政策,通报疫情风险地区,并采集各种信息,也会为居民提供各种服务和支持。居民与社区工作人员的日常互动日益增加,其他群友发布的无关信息逐渐减少。2021 年 3 月,J6 群成员增加至 122 人。该群日益发挥出社区线上微治理平台的功能,不仅有效地架设了社区和居民间的沟通桥梁,还为退休人员推出了"公益摄影""老年人运用智能技术专项普及"等培训课程。

(三)老年居民线上参与社区治理的展望

社区(业主)群是一种松散的、灵活的社会关系网络。社区内人员众多,流动性强,因此社区(业主)群内大多人彼此并不相熟,仅仅因为居住在同一小区而相互关联。一方面,每位选择加入社区(业主)群的居民都心存"团结友邻,守望相助"的渴望和意愿,期望通过微信群结成互助、互惠的社会关系网络,扩展社会资本。另一方面,社区(业主)群为利益相关者提供了在线连接、抗争维权的平台。在社区(业主)群中引发舆情的公共事件往往是与每一位居民的利益都相关的,如物业管理、停车收费、公共设施维修等。这类对话往往存在于业主代表、业委会和物业公司之间,有时社区负责人

也会参与讨论。

从社会关系的角度看，社区居民之间互为陌生人，利用微信群结成互助网络有助于原子化的社区居民融入社区，更好地满足生活需要。相关研究还在个案中观察到老年群体使用社区（业主）群的特点：能使用社区（业主）群的基本上都是对新技术接受能力较强、性格较为外向的老年人，而且女性明显多于男性。[1] 值得注意的是，每一个社区除容纳人数较多的主群以外，往往还有基于共同的兴趣、需求、观念而凝成的衍生群。例如，Y 群在维护小区绿化的抗争事件中衍生出"Y 小区维权群"，后又因团购口罩、鸡蛋等生活用品衍生出若干小群。由于小区分三期建成，居住在第一期的居民也有自己独立的群。社区在网格化管理中被划分为若干网格，每个网格长又为居民建立了专门的微信群。

一些老年人可以通过微信群及时获得生活资讯，或者向网格员表达诉求，甚至实现邻里互助。但是对微信群这种年轻群体更适应的线上互动形式，老年群体未必都能顺利适应并有效参与。有老年受访者告诉笔者："加了太多的微信群，有太多信息。乱七八糟的，看起来很烦。有事我宁愿到物业办公室或社区当面询问工作人员。"

相对而言，老年人受限于自身的媒介素养，较难有效地参与线上协商活动，他们更习惯或更喜欢在线下联系、活动。因此，社区工作人员要积极成为老年人参与线上民主协商治理的领路人，为老年人的智能技术采纳和使用提供支持。另外，在引入新技术手段进行网格化管理时，社区工作人员应调研老年居民的需求和困难，用"绣花"的心思发挥微信群的作用，切实为老年居民解决问题。

第二节　更新的隐私观念：我的"朋友圈"，我能否做主？

《生活在此处——社交网络与赋能研究报告》指出，互联网社交提供了 4 种类型的赋能：工具性赋能、情感赋能、社会参与赋能和身份赋能。用户在能力和需求方面的差异，使得社交媒体对不同用户的赋能目标达成度不同。社交媒体建构着老年人的数字生活方式。越来越多的老年人通过微信的"聊天"

1　张丽平. 微信群使用与居民—社区关系的再造：一项基于 D 社区居民微信群使用的民族志考察 ［J］. 湖北社会科学，2020（6）：161-168.

"群聊""朋友圈""红包""公众号""视频号"等功能,获得了工具性赋能、情感赋能、社会参与赋能等。

本节主要运用个案研究方法,展现一位热衷于"朋友圈"分享的老年人的传播实践,并从代际差异的视角出发,分析老年人对微信"朋友圈"的理解及其使用习惯的形成原因。

一、我的"朋友圈",我做主:个案研究

上海的申女士年逾八旬,原是一名小学教师,退休后独自居住。2017年10月,笔者与申女士成为微信好友,开始持续关注她的微信"朋友圈",定期记录她发布在"朋友圈"的一些信息,并围绕一些关键事件与她进行多次访谈。

申女士的微信签名是"做个好公民,坚持信仰,真诚交友";微信头像是一张微笑着的自拍照;微信封面采用了一张户外出游的个人照片,照片中她披着围巾,斜挎着包,脸侧向前方,笑着向斜上方伸出左手,指向刻有"风顺"二字的石碑。

(一)老年人"朋友圈"的内容

申女士在微信"朋友圈"中转发的文章主要是关于"心灵鸡汤"、家庭关系、教育问题、国家利益的。她较少分享自己的日常生活,偶尔会发自己种的花和菜、志愿者上门服务、自己用毛笔抄写的网络语录等。

申女士在"朋友圈"中转发的信息往往来源复杂,有时可信度不高。随着网络经验的增长,她开始固定阅读并转发某些微信公众号的内容。比如,申女士2018年转发的微信公众号文章常常涉及平台违规内容。这些内容经微信用户举报后被删除,无法再查看。据笔者统计,她在2018年1月共发文34篇,其中24篇因涉嫌违规被删除。2019年1月,申女士在"朋友圈"分享文章75篇,其中7篇因涉嫌违规被删除。由此可见,在互联网使用过程中,申女士的网络信息辨别能力获得一定的提升。

从2019年开始,申女士会固定阅读一些影响力较高的微信公众号,而且更偏好文摘类公众号发布的"心灵鸡汤"类文章,如《物以类聚,人以群分(写得真好)》《人生最大的贵人,不是家人,不是爱人,也不是朋友,而是……》等。

基于3年的观察,本研究采集了申女士2020年7月的"朋友圈"分享,进行案例分析。

从时间维度看,申女士2020年7月每天都在"朋友圈"中转发各种文章,

而且时间比较早，其中有 11 天是在 6：00 前转发第一篇文章的。7 月 29 日，她于 4：14 开始转发文章。这可能与老年人的作息习惯有关。老年人日常活动比较少，睡得早醒得早。24 小时在线的网络世界为凌晨醒来无事可做的老年人提供了精神慰藉。自己的"朋友圈"相当于"自留地"，在"朋友圈"中"耕作"既能充实自我，又不会打扰他人。一位"70 后"受访者告诉笔者："凌晨很早，我妈妈就没觉了，于是就靠在床上刷手机，也不开灯。手机的光一直映照在她脸上。我很担心我妈妈玩手机玩得太多。"

从内容维度看，2020 年 7 月，申女士在"朋友圈"中共发布文章 153 篇，其中原创内容 1 篇，因违规被删除的文章 6 篇。从图 7-1 可以看出，申女士非常喜欢阅读并转发固定的微信公众号的内容。"×老师圣贤文化""环球文摘××"等微信公众号是她的重点网络阅读平台。一个月内，她转发"×老师圣贤文化"公众号文章 45 篇，转发"环球文摘××"公众号文章 21 篇。

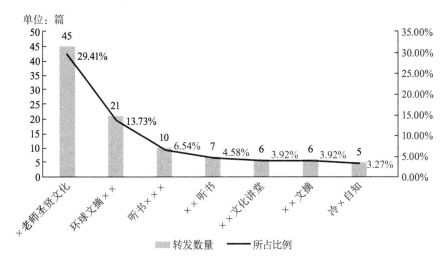

图 7-1 申女士 2020 年 7 月转发文章的主要来源

"西瓜数据"提供的数据显示，"×老师圣贤文化"每日 6：00 更新 7 条文章，"环球文章××"每日 12：30 左右更新 5 条文章。此类微信公众号主要发表通俗易懂的"心灵鸡汤"类文章，内容涉及家庭生活、人生哲理、情感故事、代际关系、亲密关系等。

从个案来看，申女士较为喜欢分享人生哲理类文章。她认为，"朋友圈"的功能是分享新知，传播正能量。在她看来，自己每日从文摘类微信公众号上阅读到的是新知，是真理，值得转发到"朋友圈"，让更多朋友学习。而且，她很愿意花时间去评论这些文章，表达自己的见解。如果有朋友点赞或评论，她也会及时回复，并表示感谢。

（二）老年人的微信阅读类型

根据样本分析，笔者发现申女士的"朋友圈"主要包括 4 类信息。

1."心灵鸡汤"和健康养生类信息

申女士从文摘类微信公众号主动阅读并转发了大量讲人生哲理的"心灵鸡汤"类文章。她一般非常认同所转发文章的观点，也就是说，老年人喜欢转发自己认同的信息。比如，2020 年 7 月 2 日，她在"朋友圈"中分享了 7 条信息，上午分享 4 条，下午分享 3 条。这 7 篇文章中，2 篇关于健康养生，2 篇关于家庭育儿，3 篇关于识人技巧、人生智慧（见表 7-3）。她的点评很有针对性，也很有自己的想法。可以看出，申女士作为一名退休教师，教书育人一辈子，关注点主要集中在家庭关系、教书育人、晚年健康等方面，并且带有强烈的正义感和使命感，期望通过"朋友圈"的信息分享传递更多正能量。由此可见，老年人虽然身处生命历程的暮年，但是积累了丰富的人生经验，在与新的时代、新的观念相遇的过程中，只要愿意学习、积极思考，就能继续为社会的进步贡献力量。

表 7-3　2020 年 7 月 2 日申女士"朋友圈"转发的文章及评论

序号	时间	文章标题	评论
1	5:31	人到中老年，营养比运动更重要（说得极好）	老年人营养要跟上
2	5:54	养出懂得感恩的孩子	能把父母当回事的孩子，在小时候不一定是讨人喜欢的孩子。气势汹汹的孩子，则往往是一直受父母宠爱的孩子。这样的话，是老年人的暮日叹息
3	6:15	高人总结的 20 条识人技巧，非常经典	人必须在较长时间的交往中才能得知该不该深交。 二十条识人技巧是很好的参考
4	7:54	悲痛！又有几名学生跳楼！致家长：请不要再以各种名义给孩子配手机了！	明知故犯，手机风潮对孩子带来危害，怎么办
5	13:55	过瘾！高人辛辣点评××	对这类吃里扒外的人是该批透批深
6	14:05	中医谈喝咖啡，不得不看！	我每天喝一杯咖啡为提精神，因为喝茶不适合我的胃。哈哈，还不知道咖啡有那么多好处。给朋友们介绍介绍

续表

序号	时间	文章标题	评论
7	14:20	饭局上坚决不能带十种人，掉身份！	不要和这种人吃饭，可以省些难堪的场面

2. 国家时政类信息

2018 年 11 月 30 日，笔者在采访申女士时询问她日常主要关注哪些方面的信息。她说："老了，更关心的是国家在各个领域的发展情况。老年人留恋刚懂事时人与人朴实无华的关系，关心教育领域的纯洁。我每天都要看传统文化方面的内容。自己读了有所提高，就希望大家也提高，所以会转发出去。"

从"朋友圈"转发的内容看，国家政策、政治人物、政治事件等也是申女士关心的内容。微信中流行的各种长段子，也是她日常喜欢转发给朋友的内容。例如，2018 年 12 月 26 日是毛泽东诞辰 125 周年纪念日，她通过微信给笔者分享了一则关于纪念毛泽东的长段子，并评论说："说得好，说得对！"

3. 谣言类信息

从学术研究和媒体报道来看，中老年人的"朋友圈"是传播谣言的重灾区，其中常有不明来源的健康养生类、猎奇类信息（见表 7-4）。通过对个案的持续观察，笔者发现，随着网络经验的积累，老年人会逐渐增强对谣言的判断能力，并减少谣言转发频率。而且，随着监管力度的加强、监督机制的完善，一些危言耸听的内容往往会很快被举报。

表 7-4　2020 年 7 月申女士"朋友圈"转发的谣言类信息例举

序号	转发时间	文章标题
1	7 月 3 日	中国十大最害人的俗话（每一句都听过）
2	7 月 3 日	明星的好日子将到头了！娱乐不再至死
3	7 月 5 日	专家忠告：老年痴呆竟和鸡蛋大有关系！吃鸡蛋时不要把……
4	7 月 6 日	今天，都在看这个吊树上的女人！谁认识？
5	7 月 11 日	村里挖田，挖出一个小孩，全村都轰动了！
6	7 月 20 日	压不住了，又上新闻了！这次更严重都……

4. 原创内容

申女士在 2020 年 7 月 7 日发布了 7 月唯一的原创内容，包含 9 张出游图片，并配有文字："我在郊区住了四年多还不知道有这么美的地方。今天刚交往的邻居带我去转了一圈。这里有夜市、花圃、大饭店、展览馆、农家乐……

听说周六日来的游客可多呢！今天走了好多路，天也不好，但我像发现了新大陆，心里很高兴，并不觉得累！第一张照的是月子中心。据说，好多生了孩子的上海人，都到这里来坐月子！虽不能与大上海比美，但这里能评上全国自然生态镇，也很不易！"

从原创内容可以看出，申女士对这次出游很满意，并掌握了较好的媒介技能，能通过"朋友圈"发布图片，分享自己的生活。申女士较少在"朋友圈"中发表原创内容的原因可能是独居老人社会活动少。采访中，申女士告诉笔者："退休的人有各种情况，孤独的人有很多。孤独寂寞是因为孩子不多，而且孩子常因工作繁忙而顾不上照顾父母。好在大家都有退休工资，并且都有微信。六十以上的老人活动力强，就以玩、游、聚找乐趣，但这也都是表面现象。苦不堪言的是老实巴交的老人和有困难的老人。他们闷在家里，谁看得见他们？女的比男的寻到的快乐多。像我们这些八十多的老人就想开了，知道开心点还能多活几年！就糊里糊涂、心平气和地享受现有条件，争取活着吧！"

（三）老年人"朋友圈"中的社交风险

从申女士的微信"朋友圈"可以看出，年纪的增长和晚年的实际居住情况，使她的生活圈子变得很小。上海社区在养老服务方面做得非常精细，有老年助餐服务、志愿者定期上门清洁服务等。申女士告诉笔者："一个人生活最麻烦的就是买菜做饭。现在社区每天 11 点把饭送上门，并且量很足，可以吃两顿。我只需要张罗一下早餐。我空余的时间很多，日常的任务就是打发时间。电视每天从早开到晚，就是为了让家里有声音，权当做个伴儿。"智能手机更是让她感叹："年老了，享受到了高科技的福。"在网络时代，人们虽然获得了在信息海洋里畅游、冲浪的机会，但是如果不想"溺水"，还需要积累甄别信息的经验，培养批判性思维。

媒体始终很关注"为什么老年人的'朋友圈'充斥着谣言"这个问题。2020 年重阳节，中国互联网联合辟谣平台转载《南国早报》的报道《老人"朋友圈"为何谣言多?》，呼吁人们关注深陷信息洪流难辨真假的老年群体。报道称，65 岁以上的老年人是转发假新闻的主力，他们分享的假新闻是 18—29 岁人群的近 7 倍。那么，网上伪养生文章和"心灵鸡汤"类文章，为何总能让老年人信以为真？

第一，对健康养生类信息，老年人往往"宁可信其有"。子女对此类信息虽然并不相信，但也认为无伤大雅，不想因为反对老人而伤害老人的感情。年轻子女往往本着"你高兴就好"的心态，放任老年人尝试社交平台上的各种养生"妙招"。

第二，老人热衷于传播"心灵鸡汤"类文章。老年人离开职场，回归家庭，最关心的是代际关系、养育后代等问题。"心灵鸡汤"类文章从情感角度出发，阐释"父慈子孝、兄友弟恭"的和睦景象，确实可以抚慰人心。但是，如果老年父母把自己喜欢的"心灵鸡汤"类文章频繁转发给子女，甚至逼迫子女写读后感，无疑会损害亲子关系。

第三，对某些自媒体推送的文章或视频，老人往往认为有图就是真的。老年人无法根据信息来源辨别信息的真假，更不知道如何核实信息。老年人作为谣言传播的节点，总是在某些时间段传播一些已被辟谣的消息。例如，2019年5月19日，申女士给笔者分享了"飞机洒农药除白蛾不要晾晒衣服"的消息。笔者搜集了辟谣证据，告诉她这是谣言，建议她主动辟谣。她说："本来以为分享是做好事，没想到做了坏事。"虽然说"谣言止于智者"，但很多老年人面对网络信息并不会主动怀疑，更不会主动辟谣。这不一定和老人的智慧有关，而是与其形成的媒介使用习惯有关。"50后""60后"广受广播、电视等大众媒体的影响，面对媒介信息普遍缺乏怀疑精神和批判能力。

第四，老年人并不理解短视频的剪辑制作套路。例如，申女士给笔者分享了一则山东威海出现海市蜃楼的短视频。笔者核查后发现，该视频是后期合成的，很多微信公众号已经辟谣。笔者把辟谣文章发给她，她说："哈哈，被骗了。不管它有什么目的，一笑而过！"申女士还给笔者转发过一些宣扬中西方文化和意识形态对立的演讲视频，如《今天，全美国都要禁播这个十几分钟的视频》。

第五，老年人不太了解微信好友的虚拟性。申女士有段时间每天大量转发一个自称某名人的账号发布的虚假信息，笔者提醒她不要传播这些谣言。法律规定，转发谣言阅读量超过500，需要承担法律责任。但是，她并不赞同笔者的观点，坚称自己会判断信息的真假，还反问笔者："你是高级知识分子，你当然不相信这样的名人会跟我这样的普通老人成为朋友。再说，谁会用名人的头像和名字来骗我一个老人？"笔者不免感慨，这样一位在网络世界浸淫十余年的老年人似乎依然对网络用户的虚拟呈现手段缺乏必要的认知。

老年人为何会相信隐藏在网络头像背后的假"明星"、假"公众人物"？这可能源于孤独感。一旦有人愿意定期推送信息给他，而且这些信息迎合了老年人的某些心理需求，这个人便可轻易赢得老年人的信任。例如，假"靳东"迎合了老年女性缓解孤独、接近喜爱的男明星的心理。还有一些骗子伪造身份，编造谎言，骗取老年人的金钱。一些老年人往往对骗子的故事深信不疑，期望帮助他渡过难关，拒绝听取子女或警察的劝告。[1]

　　一位老年受访者结合亲身经历向笔者讲述了小区的"净水器事件"。一些营销团队会面向小区的老年人组织领取小礼品、参观旅游的活动，最后鼓动老年人高价消费。一共13位老人参加了该活动，最终仅一对独居夫妻购买了净水器。这对夫妻平时乐于参加各种产品营销活动，家里已经装了3个价格不菲的净水器；其他与子女同住的老年人虽然订购了净水器，但均因子女反对退掉了。

　　老年人如果能够在家庭、社会中拥有丰富的社交圈子，就不易成为网络的"奴隶"或者网络诈骗的"猎物"，能更好地规避虚拟"朋友圈"中存在的各种风险。另外，相关部门应加强反网络诈骗宣传，揭露虚拟世界的人在身份、形象、声音、行动等标识上的作假行为，帮助老年人提升信息辨别能力。

二、对"朋友圈"理解的代际差异

（一）"朋友圈"中的自我呈现与印象管理

　　虽然微信在老年人中的渗透率非常高，但是有调查表明，老年人主要使用微信的聊天功能，很多老年人都没有开通或不会使用微信"朋友圈"。这与笔者的观察类似。JZS线上助老学习群有21名老年学员，其中19人开通了"朋友圈"，但11人的"朋友圈"没有任何内容，8人的"朋友圈"仅有非常少的内容。开通"朋友圈"的19人均未设置"朋友圈"隐私权限。

　　关于老年人微信"朋友圈"使用情况的研究并不多。一些有价值的研究成果散落在各类调查报告中，还有一些成果出现在与"老年人微信使用""家庭群""数字代际沟通"有关的文献中。

　　笔者以"老年朋友圈"为主题关键词在中国知网上进行检索，发现2017—2020年一些硕士论文以"使用微信的老年人"为研究对象，探讨了老年人如何利用微信进行沟通[2]、传播健康信息[3]、自我呈现[4]、理解表情符

1　2021年6月28日，微博出现"热搜"话题"大妈给骗子转账被阻怒怼民警"。据报道，江苏南京的一位退休阿姨在网上认识了一个伊拉克弟弟，家人得知情况后立即报警。警方在确定对方是骗子后，几次给阿姨做思想工作。阿姨虽然深陷其中，但最终还是选择相信警方。

2　薛昕宇. 南京老年群体微信沟通研究 [D]. 南京：南京师范大学，2017.

3　王迪. 微信健康传播的改进：基于老年人接触微信健康信息的调查 [D]. 沈阳：辽宁大学，2018.

4　贾贞. 老年人微信朋友圈的自我呈现及影响因素研究：以南昌市为例 [D]. 南昌：南昌大学，2020.

号[1]，以及老年人的微信使用与孤独感的关系[2]等。笔者以"老年微信"为主题关键词进行检索，发现来自新闻传播、社会学、情报学、政治学、医学、计算机科学等领域的研究者运用定量或质性方法展开了多维度、多元化的研究，成果较为丰富。

有研究者围绕"老年群体使用微信'朋友圈'的意愿与行为"进行研究，发现影响老年群体微信"朋友圈"使用行为的两个关键因素是使用意愿和数字文化反哺。在影响使用意愿的潜变量中，总效应最高的两个潜变量是子代社会经济地位和社群影响，而风险感知与使用意愿呈负效应。[3] 该研究揭示了老年群体开通"朋友圈"的主要促进因素是来自亲友、同学、同事等社会关系的群体压力。老年人自身亦有展示个性的主观需求，"朋友圈"恰能为其提供展示平台。不过，"朋友圈"的这种表演性也让一些老年人感到不适。

一项聚焦于"老年人微信'朋友圈'自我呈现"的研究发现，"积极理想"是老年人期望通过微信"朋友圈"呈现的主要媒介形象。[4] 与老年群体较为单一的媒介形象塑造倾向不同，年轻群体的"朋友圈"印象管理技能更加娴熟，其所呈现的虚拟自我也更加多面化或个性化。[5]

以"晒生活"为例，年轻群体通过在微信上"晒生活"，满足了记录生活、进行社会交往的心理需求，同时又采用"分组"等管理策略或"自我不出镜"的方式，实现了对个人隐私的保护。有研究者发现，微信"晒食"的年轻群体借助食物的可述说性，赋予"晒食"记录生活和分享生活的双重功能。[6] 还有研究者将具有大学文化程度的19—35岁的人作为微信"晒客"的核心群体，认为他们是借助私密通信工具在"朋友圈"进行参与、分享、体验和互动的社会交往主体。年轻群体通过在微信"朋友圈"内"晒生活"来维护人际关系，建构个人记忆和身份认知。值得注意的是，微信"晒客"的分享主要集中在日常生活、"心灵鸡汤"或娱乐领域，与公共生活相关的内容

1　杨飘绿. 老年群体对微信表情符号意义的建构与重构 [D]. 上海：上海师范大学，2020.

2　胡怡雯. 城市老年人微信使用与孤独感的关系研究：以九江市老年人为例 [D]. 湘潭：湘潭大学，2020.

3　李彪. 数字反哺与群体压力：老年群体微信朋友圈使用行为影响因素研究 [J]. 国际新闻界，2020，42（3）：32-48.

4　贾贞. 老年人微信朋友圈的自我呈现及影响因素研究：以南昌市为例 [D]. 南昌：南昌大学，2020.

5　王玲宁，兰娟. 青年群体微信朋友圈的自我呈现行为：一项基于虚拟民族志的研究 [J]. 暨南学报（哲学社会科学版），2017，39（12）：115-125，128.

6　李娜. 分享互动：青年群体微信"晒食"的探索性调查 [J]. 青年探索，2016（6）：21-26.

并不多。[1]

笔者在焦点小组访谈过程中询问了 JZS 线上助老学习群中的老年人对"朋友圈"的看法，发现大多数老年人对在"朋友圈"中分享自己的生活没有兴趣。

一位 72 岁的先生：我会看"朋友圈"，主要的朋友是同学，不过还是关注群内消息比较多。我也会看"夕阳再晨"大学生志愿者发的"朋友圈"，如学校生活、游玩。女同学发吃的比较多。我自己没有分享生活的想法和习惯，感觉没有什么可以发的。我们跟年轻人的兴趣不一样，感觉没什么可发的，也没有时间搞这些，没有把自己的事情分享给别人的意愿，对吃喝玩乐也不太感兴趣。

一位 65 岁的女士：看到别人"朋友圈"发得多，我会觉得烦，感觉被塞满了。虽然知道不占用自己的内存，但还是觉得难受。我不发自己的东西，一般都是转发一些我觉得重要的东西。

一位 70 岁的女士：我能看懂家人朋友在"朋友圈"里发的东西，但我自己不想发"朋友圈"，总觉得让别人看到不太好。

由此可见，"朋友圈"的社交展演功能对于老年人而言似乎并不重要。老年人在"朋友圈"中看到其他人分享自己的生活甚至会感到"不太好"，有时还会留言劝说"少发"。从笔者的网络田野观察看，老年人微信"朋友圈"的主要功能是"发布重要信息"，他们喜欢把自己阅读的各类文章转发到"朋友圈"。比如申女士，她每天在"朋友圈"转发和评论大量微信公众号文章，认为"朋友圈"是传播正能量的重要阵地。2020 年 5 月 6 日，申女士在"朋友圈"发表如下观点："'朋友圈'的价值在于发扬爱国精神，全面提高认识，其推动社会前进的作用很大。建议把有关个人生活的内容发在群里。"很显然，申女士认为，"朋友圈"的功能是分享新知，传播正能量，提高认知。可见，一些老年人对"朋友圈"功能的理解与年轻人存在差异，他们往往将"朋友圈"作为公共事务、好人好事、"心灵鸡汤"的"宣传栏"。

在"朋友圈"中"晒"生活点滴、"秀"兴趣爱好的年轻人对"朋友圈"的理解并不是"宣传栏"，他们更倾向于把"朋友圈"看作"私人领地"。"朋友圈"是一个受微信用户控制的社交空间，微信用户可以选择屏蔽（不

1　靖鸣，方芳，袁志红. 微信"晒客"行为及其自我认知研究 [J]. 武汉大学学报（人文科学版），2016，69（6）：115-124.

看）谁的"朋友圈"，可以选择提醒谁来看，可以选择把信息发给谁看，可以选择"朋友圈"信息三天可见、半年可见等，也可以选择关闭"朋友圈"。

人们对"朋友圈"的理解存在代际差异。对于作为"80后"的笔者而言，"朋友圈"是分享工作、育儿、休闲生活、日常心情等内容的地方。笔者会在"朋友圈"发表一些原创内容，与有共鸣的朋友交流，满足线上社交互动需求。但是，笔者的老年朋友曾建议笔者"不要老把孩子的点滴发表在公众空间，可以把孩子的成长过程用日记记录下来，细心观察，正确引导"。还有一位老年朋友评论说："'朋友圈'给你装满了！不重要的请少发点。"笔者也逐渐意识到，不必解释或争辩不同人对"朋友圈"的理解。主动权在我，我可以主动控制把"朋友圈"呈现给谁。

相对于老年人，网络经验丰富的年轻人更能掌握这样的控制权。比如，不想关注某人的"朋友圈"，年轻人可以从技术上主动"屏蔽"此人，保持礼貌和尊重；而老年人会直接建议"'朋友圈'该发什么内容"，干涉他人自由。正如丹尼尔·米勒所言，可控制性是网络社交平台最重要的特征。人人都获得了社交媒体的赋权，因此主动地实施隐私设置，可以避免对人际关系的损害。在焦点小组访谈中，一位老年朋友说出了自己的困扰："有两个同学天天在'朋友圈'发照片，发的内容都差不多，然后我就直接跟他们说了。结果，现在我们关系很僵。我想学会'屏蔽'技能。"

由此可见，老年群体与年轻群体在对"拟真"的赛博空间的理解上存在一定的差异。作为"数字移民"的老年人在从"真实社交"过渡到"虚拟社交"场景时较难适应交往的符号化、媒介化。在直接将真实世界中的交往礼仪应用到"虚拟社交"的过程中，老年人往往容易产生困惑，尤其是对年轻人的网络社交习惯感到不解，从而进一步产生代际隔阂。

（二）对老年人较少使用"朋友圈"的解析

有研究者对"朋友圈"的"流失使用者"进行了调查，发现"停用'朋友圈'"和"不发'朋友圈'"的社交媒体倦怠行为与语境消解、隐私边界弱化、进行防御性印象管理等有关。"人们对'朋友圈'的多样化使用（包括不使用）是技术驯化过程的现实映照，这一过程中产生的矛盾与张力使得人们通过实践、学习、与他人协商、制定新规则等方式来达到自我调整并重建平衡。"[1] 实际上，老年群体在新媒体环境中容易出现"新技术回避"心理，即

1　黄莹. 语境消解、隐私边界与"不联网的权利"：对朋友圈"流失的使用者"的质性研究［J］. 新闻界，2018（4）：72-79.

因在某次技术使用过程中遭遇窘境或蒙受损失而消极对待新技术，或者回避采纳新技术。[1]

微信"朋友圈"到底是私人空间，还是公共领域？不同的人对此有不同的理解。"朋友圈"功能丰富，其传播力与圈内"好友"的数量及关系特征有关。微信的用户调查报告显示，老年人对"朋友圈"的使用并不普遍，而且他们热衷于分享各种养生信息甚至谣言。据笔者观察，老年人在"朋友圈"中的传播实践具有个体异质性。有些老年人能很好地将"朋友圈"作为自我呈现或信息分享的社交空间，有些老年人因对"朋友圈"了解甚少而选择不开通"朋友圈"。老年人不开通、不发或少发"朋友圈"，既可能与"新技术回避"心理有关，也可能跟他们对"朋友圈"的理解有关。由于缺乏网络社交自我控制技能，老年人会因网络互动而产生心理压力，从而选择主动远离新技术。

首先，在网络互动情境下，老年人往往害怕说错话。一位老年朋友有次因"手滑"发错了一个表情包，内心极度不安，打电话给众多好友道歉。后来，她因害怕在网络上再说错话，索性关闭"朋友圈"。

其次，老年人的微信使用技术不够娴熟。有老年朋友告诉笔者，因为年纪大了，已经记不清"朋友圈"发文、点赞和评论的步骤了，加上有过受骗经历，就不想用"朋友圈"了。他还表示，如果学会"朋友圈"的屏蔽功能，最想屏蔽发广告的人。

最后，老年人觉得"朋友圈"互动会带来压力。一方面，看到朋友发的信息，会觉得不点赞的话不友好。例如，JZS 线上助老学习群中的一位老年朋友说："我自己不发'朋友圈'，但经常看到有人发旅游的照片。为了照顾年龄大的朋友或关系好的朋友，我会点赞。但如果他们发太多，我就不想点赞了。"另一方面，评论后朋友可能还要回复，担心给朋友添麻烦。一位老先生说："'朋友圈'只会点赞。考虑到人家需要回复，我一般就不评论了。"可见，老年人往往认为线上社交与线下社交应遵守共同的礼仪规范。

当然，老年人对"朋友圈"的使用意愿还受到社会关系网络的影响。子女的反哺或同龄圈的认同会促使老年人通过"朋友圈"进行分享。接受笔者访谈的 Z 女士是一名高校教师，她坦言："我母亲微信'朋友圈'里的信息完全没有营养，我会跟她说不要转发那些不靠谱的信息。现在好多了，她已经知道要选择权威公众号的文章转发到'朋友圈'。"

---

1 公文. 触发与补偿：代际关系与老年人健康信息回避 [J]. 国际新闻界，2018，40（9）：47-63.

（三）代际视角下的老年人"朋友圈"

1. 年轻人眼中老年人的"朋友圈"

自媒体文章《中老年人的微信朋友圈有多野?》[1] 指出，从中老年父母的"朋友圈"窥探他们的精神世界，会发现原来他们才是最会使用"朋友圈"的人。他们发布在"朋友圈"的信息不仅包括健康养生知识或奇闻轶事，还有对子女进行暗示的家庭教育格言，如《许多父母在不知不觉中培养着白眼狼》，以及可以调节情绪的"心灵鸡汤"，如《人，天地过客，一切随缘!》。当然，年轻人吐槽最多的是父母的"朋友圈"充斥着各种各样的谣言，而且辟谣往往对他们无效。

在年轻人眼中，老年人的"朋友圈"有几大典型特点：原创内容少，经常转发各种养生信息或"心灵鸡汤"，对待每一个点赞和评论都很认真。例如，微博网友"白桃乌龙多××加冰"发现："老年人在别人点赞评论后，会整体回复一句'谢谢大家关注'。其实根本没人关注，就随手点个赞，但他们还是可认真了。"

笔者通过观察发现，一些老年人认为"朋友圈"是"学习交流"的地方，每个人都要积极传递正能量，因此每天都会发若干条公众号文章，并加上评论。实际上，每个人的微信"朋友圈"都是一个边界明显的空间。大多数老年人的微信好友来自熟人圈，其"朋友圈"传播的范围是比较小的，传播力也有限。有一位老年朋友，每天例行在"朋友圈"里转发两条来自固定公众号的"新闻"（一是"×站长之家"的"三分钟新闻早餐"；二是"人民日报"的"来了，新闻早班车"）。她说："因为朋友们不会主动寻找并阅读公众号信息，所以我每天把这些信息转发到'朋友圈'供朋友们阅读。"此举让该老年朋友很有成就感。

当然，老年人的"朋友圈"确实是传播各种虚假信息的"重灾区"。一方面，老年人需要提高信息甄别能力和社会责任感，对看到的网络信息要主动积极地思考，而非盲目接受、随手转发。另一方面，社会职能部门、家庭成员需要重点向老年人普及网络传播的相关法规，帮助老年人规避传播谣言的风险。

老年人的"朋友圈"也常被年轻人戏谑成"老年人的日常分享空间"。也就是说，在年轻人眼中，微信"朋友圈"的性质是老年化的，内容基本上是中规中矩的、传递正能量的。年轻人往往活跃于微博、QQ等网络空间，喜欢

1　海阳. 中老年人的微信朋友圈有多野?［EB/OL］.（2018-12-31）［2024-10-11］.https://www.sohu.com/a/285767372_99994314.

与同龄人分享个性化的自我，有着相对独特的话语体系。正如微博网友"就
是朱××的小仙女啊"所言："我现在在'朋友圈'就像老年人似的发些风景
照，而微博、豆瓣是我碎碎念的吐槽地。我任意发表我的想法，不在乎任何人
的评价，反正我也从不回复别人的评论和私信。微博就像一座属于我个人的小
小岛屿，让作为普通人的我能肆无忌惮地在自己的领地上雀跃狂欢，抑或是痛
哭流涕，而不必担心旁人的眼光。"

2. "朋友圈"权限设置与代际亲密关系

在微信"朋友圈"的权限设置中，屏蔽有两种选择：一是不看他的"朋
友圈"，二是不让他看我的"朋友圈"。本研究相应地关注两类屏蔽现象：一
是"不看父母的'朋友圈'"，二是"不让父母看我的'朋友圈'"。笔者在
网络田野调查中发现，与"'朋友圈'屏蔽父母"相关的话题是微博"热搜
榜"上的"常客"。这一方面反映出微博网友对数字时代代际关系维系的关切
（见表 7-5），另一方面说明这类话题聚焦的是大多步入网络社交时代的家庭可
能遭遇的困境，能让微博网友普遍感到"有话要说"。

表 7-5 与"'朋友圈'屏蔽父母"相关的"热搜"话题示例

发布日期	"热搜"话题	传播数据
2018 年 12 月 12 日	"朋友圈"该屏蔽父母吗	阅读量 1.2 亿 讨论量 3.3 万
2019 年 8 月 19 日	当"朋友圈"没有屏蔽父母	阅读量 3.2 亿 讨论量 3.9 万
2019 年 10 月 16 日	为啥不看父母"朋友圈"	阅读量 4111.6 万 讨论量 3413
2020 年 8 月 20 日	"朋友圈"为什么要屏蔽父母	阅读量 5950.1 万 讨论量 3.4 万

成年子女屏蔽老年父母"朋友圈"的原因，大多是对老年父母转发的健
康养生、"心灵鸡汤"类内容不感兴趣，甚至觉得这是一种骚扰。受访者 Z 女
士告诉笔者："我屏蔽了我妈妈的'朋友圈'，觉得她发的内容没有营养，不
想看。但我的'朋友圈'是向她开放的，因为我希望她能看点有价值的东
西。"年轻人认为，不管是在微信群里还是在"朋友圈"里，长辈都很爱发
"心灵鸡汤"类文章、食品安全类文章和健康养生类文章。"跟他们讲了也没
用，就干脆屏蔽了他们的'朋友圈'。"

"子女不让父母看其'朋友圈'"现象有两种：一种是完全屏蔽，另一种

是采用分组策略，根据实际情况来确定是否屏蔽父母。笔者在整理微博"热搜"话题时发现，子女在"朋友圈"中屏蔽父母的理由主要有两个：一是认为父母关心太多或话不投机，给自己带来困扰；二是不想因自己在"朋友圈"中发布消极内容而让父母担心。年轻人网络经验丰富，往往更善于利用隐私控制策略，如"朋友分组""手动屏蔽"等，来尽量避免代际冲突。

以下是主动屏蔽父母的微博网友的典型观点：

不醒××：今年三十、娃三岁的我，动不动就被我妈语音轰炸，一发几十条动辄六十秒那种。经常是我在哄娃睡觉，手机在没完没了地嗡嗡。不是倒苦水就是教育我。屏蔽她快三年了。

Super梦××：我"朋友圈"也屏蔽我妈。要不然我一发"朋友圈"，我妈就把微信发过来了。又上哪儿嘚瑟去了？成天花钱！我已经长大成人了，能自己挣钱了，应该有自己支配金钱的权利了吧？我也是为了家庭和谐才选择屏蔽的。

以下是设置权限的微博网友的观点：

一-九-×-：我只敢发正能量内容给我妈看，但凡有点负能量，我都会屏蔽我妈我爸。

九××：千万别绑架。我发"朋友圈"有些屏蔽我女儿，有些屏蔽我父母，还有些屏蔽老师和其他家长。我觉得屏蔽真的是照顾他们的感受。我朋友一发喜欢某个明星之类的，她妈妈就说她不正经。还不如屏蔽了省事儿。分组屏蔽是真尊重，消息免打扰是有时候不方便让手机叮叮咚咚响个不停。

当然，也有网友随着年龄的增长或受到生命历程中一些核心事件（如外出求学、工作、成为父母）的影响，积极反思自己与父母的关系，改变与父母的沟通策略。

以下网友围绕亲身经历讲述了自己的改变：

莽×：以前我发"朋友圈"都不让我妈妈看见，觉得那是我的生活。后来我怕妈妈孤单，就对她开放了。打游戏时，我会收到妈妈给我发的很多养生处事的文章，很烦，就又把妈妈屏蔽了。后来想想，心里不舒服，就把免打扰取消了，每一条也都会点开看。也许你的世界真的很丰富，可是年龄越来越大的爸爸妈妈的世界里真的只有你呀。

小小姑娘××：之前我会把亲人全都屏蔽，现在对他们都开放。一个人在外面不容易，我渐渐明白了亲情才是最重要的东西。不管他们是啰嗦还是担心，对我"朋友圈"的内容是喜欢还是不喜欢，我都不再屏蔽他们了。我想让他们多知道我现在的生活，开始喜欢听他们讲那些我以前很烦的话。

苏木××酱：以前我总是直接屏蔽爸妈，后来上大学离家很远，慢慢发现原来父母真的是自己的依靠，从此不再屏蔽他们，反而总是发一些搞笑开心的动态，希望他们知道我过得很好，不想让他们太担心。我也开始学会关心父母，就像从前他们关心我那样。

实际上，在网络社交时代，不同年龄群体的"朋友圈"均得到了一定程度的扩展，但对不同个体而言，"朋友圈"的使用功能和目标是不同的。而且，随着现代社会的转型与发展，个人的独立性增强，家庭关系类型也逐步从"权威型"向"平等型""互惠型"转变。家庭和谐有赖于每一位家庭成员的努力，而彼此尊重和理解是代际和谐的关键。

以下网友就道出了本话题的本质，即先进的数字沟通工具只能为建立良好人际沟通提供支持，家庭亲密关系的建立在人心而不在器物。

咸鱼派不×：我爸妈是全世界最好的爸妈，我从来都不屏蔽他们，而且我觉得他们发的东西都好可爱，有时候把我逗得不行。

养生猪×××：这让我想到我爸妈也经常看我的"朋友圈"。我一般不会在"朋友圈"里发什么好难过啊好伤心啊之类的话，只记录一些有趣的事情。对一些他们不能接受的事情，我会选择屏蔽。我爱我爸妈。当然啦，每个人的境况不同，每个人都有自己的选择。

Twodogse××：我舍不得屏蔽爸妈，他们一直就是我的聊天置顶。

苗儿苗儿喵××：说实话，挺羡慕那种被爸妈整天发微信"骚扰"的人。我们家的家庭氛围特别严肃，彼此之间很缺乏沟通，好像大家都不善于表达。所以我的"朋友圈"从来没有屏蔽父母，相反地，还会故意发一些日常让他们看，让他们知道我的近况。虽然他们从来不评论点赞，但是我知道他们都看到了。

第八章
沉迷与救赎：老年人的数字身份认同之路

哲学家罗素曾提出"工作道德"理论，认为一个人如果只会工作，不会闲适生活，一旦离开工作，就会失去生活的重心，陷入孤独。乐观地看，数字时代的老年人似乎可以在社交媒体上开启"第二人生"。老年人可以通过咨询获取、虚拟交往等网络活动来充实晚年生活，对抗孤独。然而，家庭、媒体和学界也关注到，老年人过度使用社交媒体、在网络中迷失自我等现象逐年增多。本章将讨论老年人寻求自我数字身份过程中的"沉迷/迷失"，并试图剖析其原因，探索救赎之策。

第一节　网瘾老人：重度网络依赖的老年网民

一、网瘾老人的表现与问题

（一）老年网民的屏幕时间日益增加

当前，屏幕时间的控制问题主要发生在青少年教育中。学界普遍担忧，过多接触电子屏幕会对青少年的身体素质发展、大脑发育、人格形成等产生消极的影响。屏幕时间与青少年肥胖的关系已得到研究者的广泛重视和多方面的实证研究。[1] 屏幕暴露，尤其是触摸屏设备的使用，也会影响少年儿童的睡眠。

诸多研究者认为，基于屏幕的在线活动增加，会减少青少年面对面的社交活动，导致他们同理心下降。[2] 也有研究者注意到，数字世界中频繁出现的多任务处理情形会影响青少年的注意力，损害青少年的专注力，降低青少年的认

1　王乐，张业安，王磊. 近10年屏幕时间影响青少年体质健康的国外研究进展 [J]. 体育学刊，2016，23（2）：138-144.
2　熊雪芹，刘佳，石菌，等. 屏幕时间与亲子关系、学龄儿童社会能力及行为问题的关系研究 [J]. 中国妇幼保健，2019，34（4）：899-904.

知水平。[1] 正如胡泳教授所指出的，多任务处理者很难过滤掉不相关的信息。对日益依赖数字世界的青少年来说，信息已然变成转移注意力的东西，变成一种娱乐的形式，而不再是赋权的工具和解放的手段。有研究表明，社交媒体屏幕时间对 13—15 岁少年的自我伤害倾向、自尊水平等有影响。[2] 针对屏幕时间给青少年身心发展带来的负面影响，学界积极探索减少青少年屏幕时间的干预措施，如加强健康教育、培养健康生活方式及增加体育活动等。[3]

和青少年一样，成年人在不同设备上花费的总屏幕时间也在持续增加，而且不同屏幕设备的使用程度与成年人的健康习惯有关。其中，电视和智能手机的重度用户显示出最不健康的饮食习惯。[4]

老年人屏幕时间（包括电视屏幕、电脑屏幕、手机屏幕等）研究常与老年人的久坐行为相关。研究者当前较多关注的是老年人久坐可能带来的身体损害，如肥胖问题。[5] 另外，老年人屏幕时间研究往往与体育休闲活动相关。例如，老年人对身边生活休闲环境的感知会影响体育休闲活动和基于屏幕时间的久坐行为。政策制定者应重视提高个人对环境的感知，引导老年人采纳更加健康的生活方式。[6]

根据企鹅智酷发布的《2017 微信用户 & 生态研究报告》，微信重度用户被定义为"每天使用微信时长 4 小时以上、微信关系超过 200 人、与微信建立强黏性"的人。腾讯广告与腾讯新闻 ConTech 数据实验室联合发布的《大健康行业数据洞察报告 2019》表明，一半以上的老年网民手机使用时间超过 2 小时，而且老年群体逐步分化出一批互联网重度使用者，他们稳稳占据老年人互联网圈层的中心位置，不断在熟人圈层中推广自己的观点和喜好，表现出强大

1 WALSH J J, BARNES J D, TREMBLAY M S, et al. Associations between duration and type of electronic screen use and cognition in US children[J]. Computers in Human Behavior, 2020, 108:106-312.

2 BARTHORPE A, WINSTONE L, MARS B, et al. Is social media screen time really associated with poor adolescent mental health? a time use diary study[J]. Journal of Affective Disorders, 2020, 274:864-870.

3 展恩燕，张铭鑫，乔凤杰，等. 国外关于减少儿童青少年屏幕时间的措施及启示 [J]. 中国健康教育，2020，36（7）：635-638.

4 VIZCAINO M, BUMAN M, DESROCHES T, et al. From TVs to tablets: the relation between device-specific screen time and health-related behaviors and characteristics[J]. BMC Public Health, 2020, 20(1):1542-1548.

5 汪云，王志宏，张兵，等. 2015 年中国十五省老年居民屏幕静坐时间及与肥胖的关联 [J]. 环境与职业医学，2019，36（12）：1100-1105.

6 MING-CHUN H, LIN C Y, HUANG P H, et al. Cross-sectional associations of environmental perception with leisure-time physical activity and screen time among older adults[J]. Journal of Clinical Medicine, 2018, 7(3):56.

的社交影响力。在市场营销者眼中，具有强大网络社交影响力的老年网民是关键意见领袖（Key Opinion Leader，简称 KOL），可以有力地带动熟人圈层中的其他老年人进行各类产品消费。

单从网络使用时长看老年群体的网络体验，未免过于简单化。老年群体因不同的生命历程而显示出个体异质性，这也体现在网络使用上。不同地区、不同境遇的老年群体在网络上所呈现的形象差异较大，而且在网络上主动进行表达的老年群体虽然可能存在共性，但更多表现出异质性。在我国，微信是诸多老年人跃入移动互联网的重要途径。可以说，很多老年人遇到微信，才开启了网络人生；为了引领老年人加入互联网，很多年轻人将"学会使用微信"作为最优先的教学内容。老年人可以通过微信进行家庭沟通、社会交往、信息获取、网络购物、网络理财等。当然，子女也要关注老年父母的网络使用情况。

（二）老年人重度网络依赖带来的问题

艾媒咨询发布的《2018 中国老年人"网瘾"热点监测报告》关注"网龄"虽不长但日均上网时长并不短的老年网民，发现 8.7% 的老年网民日均上网时间超过 4 小时。艾媒咨询分析师认为，面对网络的逐步渗透，在满足好奇心等需求的推动下，老年人越来越喜欢上网，部分老年人更是形成对网络的重度依赖。"趣头条"联合澎湃新闻发布的《2020 老年人互联网生活报告》呼吁社会关注老年人的网络依赖可能引发的个人健康问题及社会隔离问题。

随着淘宝、微信、拼多多等简单易用的 App 的普及，老年网民的屏幕时间逐年增加。虽然老年人在屏幕使用时间上逼近年轻人，但是两者在使用内容上差异明显。有报道称，老年网民爱拼团，爱"剁手"，喜欢刷视频，并且会为网络游戏（打牌）充值。

老年人过度使用电子屏幕容易带来各种身心健康问题。艾媒咨询 2018 年的相关调查表明，老年人认为上网会带来身体健康（伤害颈椎、腰椎等）、人际交流（缺乏人际交流、不擅长口语表达等）、精神气色（情绪变动大等）、经济活动（遭遇网络诈骗等）、生活活动（轻信网络谣言、保健信息等）等方面的不良影响。

第一，老年人过度使用屏幕（包括智能手机、平板电脑等），可能打破作息习惯，导致失眠、免疫力下降。

例如，有老年人因玩手机而暂时性失明。在经过治疗，视力有所恢复后，老人仍然手机不离手。子女不得不带老人到心理诊所进行咨询。JZS 线上助老学习群的黄爷爷也在受访时表示："有一段时间我夜里头疼，会疼醒。在找原因时，我觉得可能是看手机看到 12 点，破坏了作息。后来，我晚上 9 点就关机，立即睡觉，头疼很快就好了。"

另外，老年人上网成瘾易引发颈椎疾病、腰椎疾病、视疲劳、心脑血管疾病等。

第二，老年人在屏幕使用过程中，可能因遭遇技术困境而坐立不安，感到焦虑。

近年来，学界开始关注老年人的网络焦虑问题，即老年人因不会使用互联网的某些功能而感到焦虑。[1] 崔一凡的调查发现，老年人在网络社会中缺乏安全感。老年人希望通过积极学习新技术融入网络社会，理解由青年人主导的网络文化。在日常生活中展示学会的技能，甚至沉迷于一些网络应用，亦是老年人宣示自己生命力的表现。

第三，老年人可能因遭遇隐私困境或陷入骗局而后悔抑郁，受到打击。中科院 2018 年发布的《中老年互联网生活研究报告》显示，25.9% 的老年人在被骗后选择向子女求助，0.6% 的老年人在被骗后选择报警。究其原因，无外乎自惭形秽，不愿承认自己几十年的人生经验被智能手机和互联网击得粉碎。

笔者曾在社区进行调研。社区居民委员会主任普遍反映，被骗后，大多数老人会忍气吞声，不会公布自己受骗的经历。很少有老人会寻求他人或法律的援助，甚至有老人会因独自生闷气而产生心理问题。

第四，子女担心父母遭遇网络欺骗，不但定期检查老年人的手机，还限制他们使用手机，从而引起家庭矛盾。在崔一凡的调查中，一位独居老人的儿子怕他被骗，不帮他给手机买流量、绑银行卡，还会时不时检查他的手机。有一次，老人愤怒地表示："你这属于侵权行为！"[2] 这种发生在家庭内部，子女因担忧而侵犯老年人隐私的现象，会严重威胁家庭亲密关系。

在笔者的采访中，一位 68 岁的老人称自己日均手机上网时间为 2 小时，她的女儿却说："假的，绝对超过 4 小时，夜里我经常发现她房间里有亮光。她斜靠在床上看手机，连大灯都不敢开，怕我说她。唉，要是老说她，会影响母女感情，但是又怕她这样伤身体。"《解放日报》的一则报道也谈到一个类似的案例：65 岁的郭大爷爱看短视频，最沉迷时，每天看 8 小时，能看到凌晨 1 点。他并不认为自己有网瘾，觉得就是在玩儿，跟看电视、读报纸没什么区别。郭大爷的儿子虽然看不上父亲每天刷的那些短视频，但认为看短视频是父亲的自由，只是比较担心父亲的作息和健康。"一天凌晨，我起夜上厕所，

1　崔一凡. 老年人的"网络焦虑"[J]. 中外文摘，2018（24）：6-7.
2　崔一凡. 老年人的"网络焦虑"[J]. 中外文摘，2018（24）：6-7.

看到父母房间里有光，以为灯忘了关，结果刚开门就看见父亲迅速把手机藏到枕头下面。那一瞬间，我觉得太魔幻了，像看到了学生时代偷偷躲在被子里看小说的自己。"

由此可见，媒体使用引发的代际矛盾正从"父代约束子代"转向"子代限制父代"。许多家庭中的成年子女都采取过一些防范老年父母手机成瘾的措施，如"不帮忙装软件""设置屏幕使用时间限制""安排线下休闲活动"等。当然，家家都有本难念的经，网瘾老人往往不甘心受到限制，更不愿意被子女"约束"。我们需要进一步探讨的是，拥有丰富认知经验和自制能力的老年人为何无法自如应对愈发复杂和智能的数字世界。

二、老年人网络成瘾的原因与对策

老年人的活动范围大多在家庭，因此家庭成员往往对老年人的网络成瘾看在眼里，急在心上。帮助父母戒网瘾、帮助老妻戒网瘾等文章陆续被发表。[1] 2020年10月22日，"老人们为何沉迷短视频"话题登上微博"热搜榜"。聚焦"老年人沉迷低质甚至劣质短视频"，微博用户积极讨论这种现象的成因，尝试从平台、社会、家庭等多个角度出发探索解决方案。

（一）社会隔离、老年孤独与数字参与

随着经济和社会的发展，传统的大家庭逐渐小型化，独居老人越来越多。老年人如果在退出工作岗位或退出子女家庭后不断减少与家庭成员、朋友或社会其他人员之间的联系，就可能出现社会隔离。社会隔离、孤独感均与老年人精神健康显著相关。[2] 孤独感是老年人易发的一种消极心理体验。由于亲密关系或人际交往活动无法达到期望水平，老年人会体验到不愉悦的感受。孤独感是影响老年人晚年健康和生活质量的要素之一，亦是社会各级老龄工作的重要关注点。有研究表明，年龄、性别、家庭收入和社会支持是老年人孤独感的预测因子。[3] 相对于个体因素，家庭因素及社会因素对老年人孤独感的影响更显著。[4] 这表明，降低老年人的孤独感、提升老年人的心理健康水平需要个体、

1 大鹏. 助岳母戒"网瘾" [J]. 新天地, 2018 (10): 52-53; 刘宏伟. 老爸老妈染"网瘾"拿着手机不撒手 [J]. 老同志之友 (上半月), 2017 (4): 46-47; 赵乾海. 我帮老妻戒网瘾 [J]. 长寿, 2017 (4): 60.

2 程新峰, 刘一笑, 葛延帅. 社会隔离、孤独感对老年精神健康的影响及作用机制研究 [J]. 人口与发展, 2020, 26 (1): 76-84, 96.

3 江虹, 徐晶晶, 王瑞, 等. 城市老年人的孤独感与社会支持的增龄性变化及影响因素 [J]. 山东大学学报 (医学版), 2017, 55 (9): 17-22.

4 梁辰. 老年人孤独感现状及影响因素研究 [D]. 济南: 山东大学, 2018.

家庭和社会共同努力。从传播的角度看，家人的陪伴和公共活动参与均可为老年人提供有效的人际沟通机会。从亲密关系或人际交往活动中获得愉悦体验，有助于老年人减少孤独感。随着互联网技术的发展，越来越多的老年人开始"上网"。"上网"会不会减少老年人的孤独感？

一项基于 2015 年中国健康与养老追踪调查（CHARLS）数据的研究表明，互联网的使用与老年人的孤独感呈显著负相关，即老年人的互联网使用能够带来个体孤独感的显著降低。[1] 一项基于 2013 年中国综合社会调查（CGSS）数据的研究表明，互联网使用对老年人的生理健康和心理健康的影响均为正向；互联网使用为老年人的社会交往、休闲娱乐和学习活动提供了便利；在个体异质性方面，互联网使用对无配偶、受教育程度高的老年人的身心健康有促进作用。[2]

值得注意的是，互联网在逐步向中高龄、低学历的群体扩散。截至 2015 年 12 月，60 岁以上的网民约有 2683 万，占全体网民的 3.9%。老年网民最主要的上网设备是便携易用的智能手机。越来越多受教育水平不高、经济条件相对有限的老年人开始通过智能手机跃入互联网，各类互联网应用进一步向老年群体渗透。根据中国互联网络信息中心第 47 次《中国互联网络发展状况统计报告》，从 2020 年 3 月到 2020 年 12 月，老年网民人口增长了约 5019 万。截至 2020 年 12 月，我国 60 岁以上网民数量达 1.1 亿。由此可见，老年人逐渐跨越了互联网的"接入沟"，接下来他们要面临第二道数字鸿沟，即"使用沟"。如何引导老年人健康合理地使用互联网，成为迫切需要解决的社会问题。

一项对九江市老年人的抽样调查发现，微信的使用强度与老年人的孤独感并不显著相关，但是过度依赖微信会对老年人的心理产生影响。老年人适度使用微信与人交流、扩大社会交往、表达自我，能够满足自身获取信息和与他人沟通交流的需求，有效减少孤独感；老年人沉迷于微信营造的虚拟空间，过度使用微信，不但无法减少孤独感，甚至会使孤独体验进一步加剧。[3] 因此，有研究者指出，网瘾老人的背后是孤独，陪伴和感恩才是帮助老年人戒除网瘾的良方。

1　宋士杰，宋小康，赵宇翔，等. 互联网使用对于老年人孤独感缓解的影响：基于 CHARLS 数据的实证研究［J］. 图书与情报，2019（1）：63-69.

2　汪连杰. 互联网使用对老年人身心健康的影响机制研究：基于 CGSS（2013）数据的实证分析［J］. 现代经济探讨，2018（4）：101-108.

3　胡怡雯. 城市老年人微信使用与孤独感的关系研究：以九江市老年人为例［D］. 湘潭：湘潭大学，2020.

艾媒咨询的分析师认为，老年人上网成瘾，归根结底是因为精神空虚，缺少陪伴。对于患上网瘾的老年人，子女应积极引导老年人正确看待和使用网络，更多关注和参与线下生活，或者帮助老年人培养新的兴趣；同时多与老年人进行情感交流，多抽时间陪伴老年人，让老年人在虚幻的世界之外找到精神寄托。

2020年，宋鹏伟发文呼吁关注网瘾老人。一方面，在短视频时代，拥有大量闲暇时间的老年人往往无法抵制一个个投其所好的短视频的诱惑。[1] 另一方面，相比于"触网"已久的年轻人，老年人对虚假信息缺乏辨别力。社交的缺乏、情感的落寞，加上健康焦虑，使得他们更容易被网络信息影响。互联网上一些搞笑、祝福的内容可以丰富老年人的生活，但一些虚假信息又会直接影响老年人的事实判断能力和选择行为。

当然，在网络时代，制止老年人"触网"并不现实，老年人网络成瘾已是全社会需要共同面对的问题。社会应尽可能为老年人的社交、健身和学习创造条件，让老年人有动力放下手机、走出家门，减少老年人沉迷网络的机会。此外，短视频平台也要加大虚假信息治理力度，为算法加入反成瘾因子，以更好地保护老年用户的利益。

（二）精神虚无、情感需求与数字依恋

2020年10月10日，江西电视台都市频道的《幸福配方》栏目播出的心理援助节目《六旬追星女子：我要嫁靳东，勇敢活一次》引起大众关注。节目中，61岁的黄女士痴迷于短视频平台上的"靳东"，不仅茶饭不思、努力减肥，还与丈夫分床，并打算跟"靳东"结婚。殊不知，短视频中的明星形象和声音是自媒体运营者利用相关技术合成的，目的是通过情感投资谋利。在大多数观众看来，这是不可思议的"感情骗局"，因为骗子的手段实在低劣。但是，为什么相当多的老年女性会相信虚拟的影像，对其投入真感情？

通过媒体的宣传，"中国大妈"以广场舞为场景，以黄金为载体，成功"出圈"。"中国大妈"的群体印象是实景的，也是物质的，然而她们的精神标签常常是空虚的、孤单的。善于钻营的骗子常拿捏住这一点，以嘘寒问暖的方式行骗。[2] 精神虚无和情感荒漠导致中老年女性更可能把追星当作大胆的精神颠覆，甚至甘心做"脑残粉"。通过一部智能手机连接到"名人"，与他们交流，能使一些中老年女性获得情感补偿。

1　宋鹏伟."网瘾老人"需要全社会正视与呵护 [N].嘉兴日报，2020-11-06（2）.
2　陶凤.假靳东的真粉丝 [N].北京商报，2020-10-16（2）.

　　可以发现，除了"靳东"，短视频平台上常被假扮的名人还有"刘涛""董卿"等。这些人的共同之处在于：在中老年群体间"圈粉"无数，有着极高的认知度和美誉度。网络虚拟世界中的老年"追星族"为何不愿醒来？一方面，这些老年人可能网络经验匮乏，信息素养低，判断能力弱，无法鉴别此类网络骗术。另一方面，老年人，尤其是老年女性，在漫长的岁月中牺牲了许多自由和权力。随着年岁增长，她们又逐渐被家庭和社会边缘化。她们的情感需求被漠视，人生仿佛被困在枷锁之中。消费主义通过假"靳东"唤起了她们迟暮的芳华，被骗的人会心甘情愿地为此买单。电脑合成的男声腔调生硬却用词柔软，"明星"直播间里的"情感互动"更是令人眷恋。她们义无反顾、勇往直前，甚至外界的质疑越凶猛，她们反而越感到受鼓舞。[1] 当然，无论对"假靳东"事件做出多少想象，我们都要正视老年人在互联网实践过程中对情感互动的渴求，并予以尊重，帮助他们维护自身的安全。

　　第一，老年人与其他年龄群体之间的数字鸿沟往往体现在"使用沟"上。面对纷繁复杂的互联网世界，网民需要有使用经验的积累和一定的反思能力。由于"触网"迟，大多数老年人的网络经验相对较少，无法甚至无力辨别网络信息的真假。对一些在年轻人看来制作得非常粗糙的合成视频，老年人很可能信以为真。老年人对信息的接受受到生理特点、文化水平、生活经历等因素的影响，他们在"触网"过程中更需要引领和帮助，如来自晚辈的数字文化反哺或同龄群体的互助。

　　第二，网络环境纷繁复杂，打着"关心关爱"幌子的各类骗局让老年人应接不暇。不法分子往往利用信息的不对称，冒用名人的头像、声音来实施诈骗。例如，"假靳东"通过对目标粉丝群体无微不至的关怀，将粉丝引入甜蜜关系的陷阱，从而使她们甘愿为维持这种"美好的关系"付出一切。从这类抖音号上诸多真情实感的留言可以看出，不少中老年女性渴望在网络上获得情感慰藉。根据相关报道，确实有一些老年人无法分辨网络信息的真假，容易上当受骗。

　　第三，在"假靳东"事件中，老年人的情感需求问题暴露在大众面前。社会普遍对老年人存在某些刻板印象，不重视其情感需求。面对老年"低头族"，媒体或研究者往往将板子打在子女身上，认为这些老年人是因为无法从家庭中获得陪伴，才转而利用智能手机来寻找情感寄托的。智能手机给老年人提供了各种疏解不良情绪、抒发积极情感的渠道。但不难发现，拥有了智能手

机的老年人依旧比较孤独，因为他们身边的人一般都没有太多时间和精力与他们交流。

"假靳东"事件提醒我们，应该正视中老年女性的内在需求，减轻传统社会附加在她们身上的道德伦理负担，鼓励她们首先要"为自己而活"，而不仅仅是扮演家庭或社会所需要的角色。

第四，一旦有媒体报道老年人陷入骗局，总有一种声音在问：微信、微博、抖音之类的社交媒体平台如此复杂，到底该不该让老年父母学习"上网"？实际上，如果因某些老年人遭遇网络困境而直接将整个老年群体阻拦在"网"外，那么，这不仅是一种简单化的社交媒体有罪论，还潜在地把老年群体弱者化了。

值得注意的是，社交媒体开始呈现勇于挑战的中老年人，促进了人们对老年人精神世界的理解。例如，2020 年 12 月，微博号"50 岁阿姨自驾游"发布文章《凡是过往皆为序章，凡是未来皆可期待——50 岁自驾游阿姨自述》，讲述了一位女性"一人一车一帐篷"寻找自由的故事。这篇文章受到微博网友的追捧，也折射出中国初老女性这一社会角色的共同特质和被忽视的精神需求。2021 年 5 月，微博号"新闻晨报"发布对"中国最高龄钢管舞者"戴大丽的采访。戴大丽不仅回应了网络上对老年钢管舞者的刻板印象，还传递出积极的老龄态度。

由此可见，在我国老龄国情教育和老年人形象塑造过程中，社交媒体应发挥积极的传播功能。从个体出发，老年人有权融入社交媒体，增强自身的媒介素养，充分利用社交媒体满足自我发展过程中的各种需求。老年群体可以与其他年龄群体一起对抗网络环境中的丑恶现象，为营造清朗的网络空间贡献力量。

（三）身份危机、社会认同与数字化身

现代社会中的老年人面临的身体风险、社会适应风险、权威衰退风险、关系疏离风险可能会危及老年人的自我认同，损害老年人的身心健康。有研究表明，老年人微信使用过程中自我认同的构建表现为：表达自我、反思自我、重塑自我、掌控自我。[1]

例如，在杜丹、陈霖的个案研究中，65 岁的赵先生是野游爱好者，常常在"朋友圈"中发布与好友一起游泳、漂流的照片，有意彰显出自身特

---

[1] 邱雯雯. 现代性视角下微信使用与老年人自我认同构建：以社区老年协会微信群为例 [J]. 闽南师范大学学报（哲学社会科学版），2019，33（4）：70-75.

征——已退休、野游活动组织者。赵先生通过健壮、快乐与富有生机活力的身体姿态及叙事展现了其操控数字技术塑造化身的能力。赵先生在微信"朋友圈"展现的鲜活"肢态"促进了自我和他人对"其人"的认同，虽然网络化身往往只是其真实形象的一个侧面。[1]

网络上自我形象的塑造与个体所掌握的数字技术、社会资本、文化资本相关。因此，网络上既会出现潇洒的老年"精英"形象，也会出现有市井气的"大爷大妈"形象。老年网民在社交网络上无论是晒旅游经历、摄影作品，还是发布运动信息，都是为了让网络交往与自我相勾连，彰显成就感。在某种程度上，老年群体中的某些微信重度用户只是想"找点事情做"。他们在现实生活中无法获得施展空间，就尝试在数字世界里建构一个化身，践行虚拟存在感，填补精神上的空虚。有些退休后也乐于社交的老年人，更是通过在微信中发布各种社会活动纪实图文来展现生活，从而寻求身份认同。

在虚拟世界中观看别人的精彩，是否可以缓解自己平凡生活中的孤独感？美国文化学者雪莉·特克尔（Sherry Turkle）在《群体性孤独》中指出：我们因忙碌而使用网络，但往往又因在网络上花费了过多时间而减少与现实生活中的人的联系。信息技术在带来沟通便利的同时，也可能使人与人之间的关系弱化。我们可能通过在网络上看别人幸福的生活获得片刻的欢愉，但是离开网络、回到现实，我们可能感受到更多的孤独。理性分析老年人网络成瘾的原因，并从家庭、社会等多方面为老年人提供精神支持，有助于老年人在数字社会实现积极的身份认同。

第二节　出圈老人：短视频文化下的老年网民

根据年龄分化理论，"什么样的年龄做什么样的事"。这意味着儿童、青少年、成人和老年人在社会化过程中所扮演的角色及行为表现应该具有群内一致性和群际差异性。那么，老年人应该是什么样的？年轻人眼里的老年人又是什么样的？笔者曾请大学生用 5 个关键词表达其对老年人的印象，发现"固执""保守""刻板""顽固"等词语出现概率较高。这表明，年轻人对老年人有相对一致的刻板印象。老年人如果期望打破社会刻板印象，展示真正的个

1　杜丹，陈霖. 自定义"化身"：社交媒体中的自我建构：以微信重度用户为考察对象 [J]. 江苏社会科学，2020（5）：1-10.

性和独特的魅力，无疑需要付出一定的努力。

如果人或物的知名度变高，逐渐从小圈子进入公众视野，这一现象会被生动化地称为"出圈"。周葆华教授将"出圈"视为社交与智能媒体时代重要的舆论特征之一。"出圈"立足于不同社会群体构成的"圈"，包括属性和影响两个层面，即"出圈"意味着事物在属性上超越了圈群所定义的固化特征，在影响上超越了原本的小圈群而在不同社会圈群间扩散或交互。[1] 本节关注作为数字弱势群体的老年人如何在不同的社交媒体平台上获得"出圈"的机会，进一步探讨老年人数字化生存的社交媒体逻辑。

一、互联网经济下老年网红的生产与争议

微博、微信等社交媒体平台上的老年人形象呈现出"他者"化特征，老年人的自我表达往往被削弱。然而，随着抖音、快手等短视频平台的流行，一些老年人开始勇敢挑战教条，对抗被弱者化的老年刻板印象，大力呈现并张扬老年人积极的生活态度和丰富的精神世界。值得警惕的是，收获大量粉丝的老年网红可能受到资本的驱动，出现"异化"现象。

网红，是"网络红人"的简称。《咬文嚼字》将"网红"选入2015年十大流行语，并将其阐释为"受到网民群体热捧而走红的人"。在互联网经济视域下，网红属于"消费型偶像"。网红借助互联网与受众互动，进而与受众形成某种亲密关系。也就是说，网红通过赢得网民喜爱、聚集人气而获得影响力。网红经济是让关注网红的粉丝群体进行消费的营销过程。网红虽然是UCG（User Generated Content，用户生产内容）的成功者，但仅靠个人创作很难获得粉丝的持续关注，网红经济的可持续发展需要依靠"个体独特魅力+团队策划+资本助力"。[2] 可见，资本的注入和形象的包装，是打造网红的重要因素。

网红的兴起与年轻人直接相关，网红群体也绝大多数是年轻人。因此，学界普遍认为，网红文化本质上是一种青年文化，网红经济的目标消费群体主要是能娴熟使用互联网的年轻群体。刘胜枝、李俞晨认为，网红文化具有交互性、草根化、功利性，体现了网生代受众展示自我的叛逆心态。[3] 随着互联网

1　周葆华. 出圈与折叠：2020年网络热点事件的舆论特征及对内容生产的意义 [J]. 新闻界，2021（3）：21-27.

2　胡泳，张月朦. 网红的兴起及走向 [J]. 新闻与写作，2017（1）：41-45.

3　刘胜枝，李俞晨. 网红之路漫漫：互联网内容创作者群体研究 [J]. 中国青年研究，2020（11）：11-19.

受众面的扩展，越来越多的老年人被卷入网红经济圈。一些老年人在年轻化的网红群体中突围成功，成为老年网红，如"末那大叔"。

在短视频平台抖音上，大部分老年网红是普通老人，其短视频生产方式主要是家庭小作坊模式：以家庭为主要拍摄场景，以家庭趣事为主要内容，技术支持主要来自子女或孙辈。在银发经济成为国家应对老龄化的政策指向时，互联网资本也开始注入老年市场。部分老年网红被商业公司注资，从家庭作坊生产模式转向 MCN（Multi-Channel Network，多频道网络）机构运营模式，这为打造"头部"老年网红提供了可能。和年轻网红一样，老年网红的使命也是聚集人气、促进消费。在以年轻用户为主的短视频平台，老年网红通过打造个性鲜明、心态年轻的老年人设来迎合受众。比如，"末那大叔"是一个懂生活的精致老人。年轻受众通过观看他的短视频，可能会联想起自己的亲人，或者对自己的年老生活产生美好的期待。也有一些老年网红体现出"反差萌"，通过扮演或模仿一些不符合年龄身份的角色来满足受众的娱乐需求。老年网红往往通过短视频传递一种年轻化的、积极向上的生活态度，这种正能量与年轻人的"丧"文化形成鲜明对比，在某种程度上安慰了承受着较重生活压力的年轻受众。有些年轻受众甚至将老年网红的评论区当作倾诉的"树洞"或者获得支持力量的场所。

如果说年轻网红积聚的大量人气来自深谙互联网文化的年轻群体，那么老年网红的运营往往旨在建立某种代际联系，即通过短视频塑造年轻人心目中值得敬爱的老年人形象。接下来，本研究会以抖音红人"鮀城大叔"和 B 站 UP 主（在弹幕视频网站上上传视频的创作者）"敏慈不老"为例，从经济逻辑出发，探讨短视频文化下老年人身份认同与互联网"财富密码"之间的博弈。

62 岁的郑大叔来自"鮀城"汕头，曾经是一名厨师。

2019 年 4 月中旬，退休后的"鮀城大叔"在抖音上开始了他的人生新计划：从今天开始，我要尝试 100 种年轻人爱吃的东西。从珍珠奶茶、鸡蛋仔，到炒酸奶、章鱼小丸子、汉堡包，大叔吃了不少年轻人喜欢的食物。他把购买这些食物的过程和品尝的感受拍成短视频发布到抖音上，获得了不少网友的喜爱。如今，"鮀城大叔"已经有了 87 万抖音粉丝。

网友们喜欢"鮀城大叔"的原因很多。在品尝美食的过程中，大叔会把年轻人爱吃的东西和传统食物进行对比，也会提出一些戳中网友笑点的问题，如炒酸奶"是用花生油炒还是用猪油炒"，毛巾卷蛋糕"是不是用毛巾卷的"，鸡蛋仔"是放鸡蛋还是鸡仔"。

大叔还十分暖心，吃到了好吃的东西，总要打包一些回家让老婆也尝尝。不少网友都说，"鮀城大叔"很可爱，他看问题的方式让大家也想到了自己家里的爷爷奶奶，让人觉得很亲切。[1]

"鮀城大叔"的走红看起来很偶然。他只是退休了，想找点事情做，刚学会玩抖音，于是便拿着自拍杆拍摄自己尝试年轻人喜欢的食物的过程。大叔说着一口汕头方言，寻找并探索新事物的过程真实可感。短视频中的"鮀城大叔"和蔼可亲，他努力去理解年轻人的世界，主动适应着这个社会，没有倚老卖老、固执守旧。当然，大叔的短视频也带着老年一代独有的价值观。例如，有一次，大叔准备去试一下年轻人喜欢的咖啡馆。进门问了价格后，他扭头就走，直呼"算了算了，太贵了"。另外，大叔每次尝试完食物，会打包一份带给"老太婆"，这份亲情也感动到网友。

在互联网时代，作品一旦产生热度，就会吸引商家的注意。"鮀城大叔"在后来的视频中接受商家邀请，也就与最初拿着自拍杆在街上寻找年轻人喜欢的食物进行尝试的景象有了差别。"鮀城大叔"从一位"自我的叙事者"，变成了短视频里的"表演者"，这也引来了不同的意见。老年网红如何在商业洪流中保持自我的身份认同，是值得进一步探索的话题。

89岁的广州老人江敏慈是B站最高龄的UP主之一。2020年4月，她在B站发布第一条视频。截至2020年8月3日，她的账号"敏慈不老"已有29.7万粉丝，单个视频最高播放量超456万。有人说，她伴随共和国的历史一路走来，视频讲述的故事真切动人。

"我85年前抗日战争逃难的故事""1949年我读的师范学校是什么样的""1941年儿童节我被抢了一元钱"……江敏慈的视频，讲述的都是自己过往的人生经历，网友们听得津津有味。有网友评论说，这简直是"历史课重现"。

对自己的视频受到网友喜爱这件事，江敏慈很开心。

她说："通过自己的故事让年轻人对过去的社会、对国家的建设有所了解，能对社会起点作用，我很欣慰。""虽然和很多网友都没见过面，但经过视频互动，我觉得跟他们已经有感情了。有个小女孩说'很想有你这样的奶奶'，我都被感动了。""有一天，我在路上买菜，突然来了几个小女孩，说

1　李辛文. 62岁"鮀城大叔"拍抖音：要吃100种年轻人爱吃的东西[EB/OL].(2019-06-12)[2024-10-11].http://zjnews.china.com.cn/yuanchuan/2019-06-12/177284.html.

'奶奶，我们是你的粉丝'。我就觉得，我跟她们有心灵上的沟通。"[1]

江敏慈不仅在 B 站上受到热捧，还被众多主流媒体称赞。《人民日报》发表评论说："老年人主动拥抱新生活，和年轻人多交流，不仅是给自己找了件事做、增加了生活乐趣，而且有助于实现自我价值，重获意义感。年轻人热追奶奶的视频，不仅仅是敬老，而且有助于提升认知，学习经验智慧。"江敏慈结合自己的人生经历讲述的历史故事激发了年轻人的爱国情怀，老年人在新时代上老年大学、学习新事物的积极态度也激励着年轻一代珍惜当下，好好学习。从代际交流、文化延续出发，老年人与年轻人在同一平台上友好互动是一件好事。

当然，也有人怀疑打造老年网红是"财富密码"。这些突然闯入年轻人领地的老年人，动机单纯吗？在知乎"如何评价 90 岁 UP 主'敏慈不老'"的提问下，网友的观点就出现了分歧。老年 UP 主是利益驱动下的产物吗？他们的故事真实可信吗？这些问题被网友反复讨论，表明年轻人对老年网红或老年人设的态度并不一致。

短视频平台上的老年素人，一开始往往出于记录、分享晚年生活的目的展现真实的自我。这不仅可以满足自我价值实现的需要，还可以通过网络互动获得他人的关注，增强存在感。而在互联网资本运作过程中，网红往往是资本逐利、迎合用户的"工具人"，一旦其数字劳动被"异化"，就很难凸显自身的主体性。值得反思的是，落入资本链条中的老年网红，在塑造和维持某种形象的过程中必然需要让渡一些自我权利，甚至沦为某种"老年人设"的展演者。当老年人不仅是自娱自乐地分享生活点滴，而是通过商品代言获利，甚至通过讲故事来"变现"时，深受影响的就不只是老年人融入互联网的初心，还包括模式化的老年人物设定和行为套路。

二、短视频文化下老年主体性的寻求与迷失

大众文化是指适合普通人群的水平和需要，易于被社会大众接受的文化样式。随着现代电子媒介的发展，越来越多大众喜闻乐见的文艺形式得到传播，如流行音乐、电视剧、短视频。在现代性视角下，一般认为，大众文化带有对精英文化的反叛，在审美趣味上具有民间性和独立性。根据巴赫金的"狂欢化"理论，源自民间的诙谐文化表达了大众对平等、参与的向往。

---

1 佚名. 89 岁 up 主火了！奶奶独家讲述：为啥走上"网红"之路？[EB/OL].(2020-08-14)[2024-
10-11].https://baijiahao.baidu.com/s?id=1674927350012279201.

　　网络技术的发展让越来越多的民众参与到新文化建设的过程中来。从客观上看，不同阶层和年龄的群体似乎通过参与社交媒体得到了平等的权利。正如彭兰所言，各类网络视频应用的流行，带来了一场全民参与的"新文化运动"。[1] 视频化的生活，成为一种新的生活方式；在移动时代，各类智能设备使影像记录和创作权向普通人下放，工具的易用性和传播平台的社交化使视频的生产和传播进一步日常化。影像生产不再专属于专业创作者，也成为普通人表达自我、记录生活的重要方式。不同的短视频平台的自我定位往往体现在其宣传语中，比如抖音鼓励用户"记录美好生活"，快手倡导用户"拥抱每一种生活"。无论如何，短视频平台都为个体提供了展示自我甚至改变生活方式的机会，有助于为个体普通的日子增添一抹亮色。当然，创作门槛的降低也使短视频平台出现大量低劣、粗俗的内容。

　　土味文化，一般被认为是伴随着网络视频的流行而出现的一种网络文化，具有庸俗、搞笑、无聊等特点。土味视频往往迎合了网络用户猎奇、寻乐的心理。有研究者认为，在短视频平台的算法过滤和精准推送机制下，以奇特或奇葩等元素博眼球的土味视频获得了用户的原始积累，从而使得全民审丑文化浮出水面。土味文化也反映出大众对主流文化审美感到疲劳，转而希望在审丑和猎奇的土味文化圈中获取归属感和认同感。土味文化的流行可能是大众审美观长期缺失的结果，但也反映出网络社会中文化包容度的进一步增强。

　　我们该如何理解迅速流行于各年龄群体的网络短视频文化？互联网加速了多元化信息的复制和传播，"迷因"理论得到广泛应用。英国生物学家理查德·道金斯（Richard Dawkins）在《自私的基因》中提出"迷因"（Meme）一词，旨在用生物"基因"复制模式来类比文化进化的轨迹。"迷因"是文化发展过程中具有复制能力的基本单位，其主要活动方式是对文化信息的复制、变异与传播。可见，"迷因"理论的核心概念是"复制"。近年来，研究者尤其关注互联网时代的话语、图像、视频等"迷因"传播现象及其背后的政治或文化动因。

　　QuestMobile 发布的《2020 中国移动互联网春季大报告》显示，2020 年 3 月，抖音日活用户达 5.18 亿，年龄分布以年轻用户为主，其中 35 岁以下用户占 60.6%，46 岁以上用户占 14.5%。值得注意的是，随着市场的进一步下沉，中老年用户正成为抖音最大的用户增长点。大量二三线城市或乡村的老年人通

1　彭兰. 新媒体用户研究：节点化、媒介化、赛博格化的人 [M]. 北京：中国人民大学出版社，2020：282.

过短视频平台叩开了网络世界的大门,丰富了自己的生活。

在上线初期,抖音主要推行"模仿拍摄"模式,即用户模仿某些具有流行潜质或可能触发流行情绪敏感点的热门视频中的行为或叙事方式,再将"模仿作品"上传到平台上,令其快速进入公共文化生产空间。[1] 正是因为这样的复制门槛较低,所以抖音吸引着越来越多的用户参与到当下的流行文化圈,塑造着新的流行文化景观。在公园或旅游景点,我们时常可以看到老年人的"抖音"实践。越来越多的老年人开始利用抖音提供的短视频模板录制属于自己的短视频,记录并分享生活。

随着短视频行业的迅猛发展,各种问题也开始出现,引起学界的反思:一方面,内容生产者臣服于资本逐利的本性制作低俗、肤浅的短视频,创造出一种特别的、具有迷惑性的媒介景观;另一方面,短视频用户在消费这种短平快的文化形态时,容易陷入一种被动的、不由自主的"刷屏"状态,从而丧失自我能动性。因此,有研究者引入了"异化"视角,声讨技术平台的异化导致的短视频文化景观中"人"的异化。[2] 短视频等新媒介在农村社会的盛行也呈现出的两面性:一方面能够帮助用户镌刻集体记忆、提升自我价值、实现自我表达,另一方面给用户带来屏幕成瘾、孤独感强化、家庭冲突频发等负面影响。[3] 当前,社会参与文化尚未完全形成。由于社会活动参与机会不足,以及网络经验相对欠缺,老年人对网络信息的辨别能力比较有限,容易陷入对短视频的沉迷。

老年群体面对短视频时,可能并非如很多媒体所忧虑的那样完全处于"被动迷失"的状态。在三重勾连理论视角下考察短视频"下乡",可以发现,在生活器物、文本内容和空间场景三个层面,短视频之于老年群体均有积极意义。短视频为老年群体提供了数字生活的再嵌入平台。[4] 因此,何志武、董红兵对短视频"下乡"主要持积极态度。不过,对何志武、董红兵的研究,笔者认为以下几点值得反思。第一,短视频平台的资本运营手段和个性推送技术,潜在地有"围猎"老年群体的倾向。例如,有的老年人为了省电、挣金

1　常江,田浩. 迷因理论视域下的短视频文化:基于抖音的个案研究 [J]. 新闻与写作, 2018 (12):32-39.

2　范玉吉,李紫繁. 异化理论视角下的短视频传播 [J]. 传媒观察, 2021 (5):15-22.

3　刘天元,王志章. 稀缺、数字赋权与农村文化生活新秩序:基于农民热衷观看短视频的田野调查 [J]. 中国农村观察, 2021 (3):114-127.

4　何志武,董红兵. 短视频"下乡"与老年群体的日常生活重构:基于一个华北村庄的田野调查 [J]. 新闻与传播评论, 2021, 74 (3):14-23.

币而注册抖音、快手。第二，有的老年人在实践过程中发现，看到喜欢的短视频只要点亮"桃心符"，就会源源不断地出现类似的视频。这很容易使老年人陷入"信息茧房"。第三，短视频实践中出现的性别逆转也暴露出一些家庭关系问题。例如，自制力不强的老年人沉迷于短视频，容易引发家庭矛盾。

短视频文化作为一种借助社交媒介而快速流行的网络文化，正不断改变着人们的娱乐休闲方式、学习方式和公共生活方式。我们不仅应该警惕短视频文化可能带来的老年人主体性迷失的问题，而且应该关注到老年人通过短视频获得的积极体验。笔者在田野调查中发现，老年女性喜欢聚集在公共场合一起观看或拍摄短视频，共同分享短视频带来的快乐。这种欣赏与创作不仅能帮助老年人获得主观幸福感和群体认同，而且有助于老年人创造一种新的晚年生活方式。

下 篇

数字社会治理逻辑下的精准扶老与老年人发展

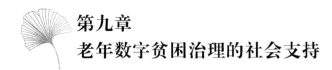

第九章
老年数字贫困治理的社会支持

随着数字社会的深度发展，老年群体日益成为数字贫困社群。那么，如何消除横亘在老年人面前的"数字鸿沟"？我们需要识别老年数字贫困的类型和成因，并从国家政府到职能部门、从各级组织到社区网格、从大众媒体到社交媒体全方位地制定精准扶贫策略，落实精准扶贫行动，让老年人早日"脱贫"。

第一节　老年数字贫困：精准化治理

一、老年数字贫困的表现

在数字化社群研究中，"社群"被界定为"社会中拥有共同的利益、共同的经历或历史、共同的道德价值观和共同的期望的个体，通过血缘、地缘、社会关系网络或特定社会组织所形成的集合体"[1]。在信息化社会发展过程中，数字弱势群体受到学界关注。有研究者从法治视角将"数字弱势群体"定义为"基于主体的经济状况、学习能力等差异，以及数字化、智能化社会引发的社会结构和社会关系变革等原因，在获取、理解和运用相应信息并享有数字红利时处于劣势的社会群体"[2]。

闫慧的数字化社会分层模型主要以数字化维度为划分标准，数字化维度主要包括：数字化意识，信息通信技术的接入与使用，信息内容的获取、利用和创造，数字化信息素质，数字化凝聚力。在该模型中，数字贫困可以分为物质

1　闫慧. 中国数字化社会阶层研究 [M]. 北京：国家图书馆出版社，2013：77.
2　宋保振. "数字弱势群体"权利及其法治化保障 [J]. 法律科学（西北政法大学学报），2020, 38（6）：53-64.

贫困、意识贫困和素质贫困。[1] 对老年群体的数字贫困来说，物质贫困在 21 世纪第一个 10 年较为突出，意识贫困主要指"拒绝接受新技术"。另外，受教育水平、生活条件等因素影响，"50 后""60 后"信息素养普遍不高，是数字贫困治理和媒介素养教育的重点目标群体。

阿马蒂亚·森在《以自由看待发展》中把"贫困"的内涵从收入扩展到权利、能力领域。贫困不仅是经济问题，更是人和社会得以良性发展的障碍，涉及经济、政治、社会、文化、法律等方方面面。周向红在阿马蒂亚·森的能力贫困研究基础上拟定了数字贫困测量的指标：数字信息供给能力、数字信息获取能力和数字信息应用能力。[2] 实际上，老年数字贫困不仅包括老年人运用数字技术获得的收入较为低下，而且包括老年人有效运用数字技术能力、平等参与数字生活的权利被剥夺。[3] 相对于传统贫困，数字贫困的治理更加复杂。

值得注意的是，闫慧根据田野调查指出，数字化贫困有 8 个核心要素，即数字化物质实体、数字化服务、数字化心理、数字化能力、数字化努力、数字化社会规范、数字化社会支持和数字化影响。以这 8 个核心要素为维度，可以识别出常见的数字化贫困人群：物质匮乏者（数字化物质实体和数字化服务取值均为 0 的个体）、脆弱的贫困者（数字化心理取值为 0 的个体）、数字化文盲（数字化能力取值为 0 的个体）、懒惰的贫困者（数字化努力取值为 0 的个体）、抵触的贫困者（数字化社会规范取值为 0 的个体）、孤独的贫困者（数字化社会支持取值为 0 的个体）、徒劳无益者（数字化社会影响取值为 0 的个体）、数字化赤贫者（8 个要素全部取值为 0 的个体）。[4] 总之，数字贫困程度越高、核心要素叠加越多的个体获得的社会网络有效支持的可能性越小，反之则越大。[5] 从微观个案来看，非物质数字化贫困者较依赖强关系。这说明来自熟人圈的社会网络支持有利于消减数字化心理或数字化能力缺乏带来的数字贫困。弱关系网络对孤独的贫困者有显著作用；强关系网络则对以徒劳无益为基础的复合数字化贫困者有显著作用。这表明，作为帮助人们连接或建构社会关系、提升社会资本的重要平台，社交媒体在数字扶贫工作中可以发挥重要

1　闫慧. 社群数字不平等的理论模型及其在中国情境中的应用 [J]. 图书情报工作, 2012, 56 (6): 90-94.
2　周向红. 从数字鸿沟到数字贫困：基本概念和研究框架 [J]. 学海, 2016 (4): 154-157.
3　潘君豪, 杨一帆. 老年数字贫困的韧性治理研究 [J]. 老龄科学研究, 2020, 8 (2): 52-60.
4　闫慧. 农民数字化贫困的结构性成因分析 [J]. 中国图书馆学报, 2017, 43 (2): 24-39.
5　闫慧. "雪中送炭"还是"锦上添花"？：社会网络对消减数字化贫困的价值探究 [J]. 中国图书馆学报, 2018, 44 (2): 17-26.

作用。以微信为代表的社交媒体不仅可以凝聚以亲缘、业缘等为基础的强关系网络，还可以拓展以趣缘为基础的弱关系网络，帮助数字贫困群体从数字世界中获得有效的社会支持。

二、老年数字贫困的治理

国际社会在不同程度上开展了数字贫困治理实践。例如，欧盟制定相关政策和法律以培养公民的数字化意识；划分数字贫困区域，识别数字贫困群体，有针对性地建设数字化基础设施和完善数字化基础服务，夯实物质层面的基础；由政府引导，在学校、图书馆等机构开展数字素养教育。[1]

林宝从跨越数字鸿沟的视角出发，指出数字贫困治理可从以下方面进行。第一，从改善收入入手，确保老年人有能力获取数字设备，为其参与数字生活提供基本保障。第二，提高老年人的数字应用能力，在增强老年人相关技能的同时提高数字应用的适老性，降低使用数字设备的成本。第三，建设不分年龄人人共享的智慧老龄社会，借助智能技术的支持，全面改善老年人的生存质量。[2]

潘君豪、杨一帆在社会—生态韧性理论的基础上，提出了老年数字贫困的韧性治理新机制。该机制包括4个关键维度：动态治理、包容治理、协同治理和开放治理。[3] 该治理思路的提出，旨在改变"一劳永逸地消除老年数字贫困"的期望。潘君豪、杨一帆认为，应通过构建具有韧性的社会生态系统，缓和数字社会变革对弱势群体带来的巨大冲击，改善老年人数字生存的物质基础，提升老年人抵御风险的能力，保障老年人的数字生存权利。当然，老年数字贫困治理涉及数字社会的经济规律、法律法规、民主观念、市场环境、社区服务、治理权力、适老化改造等方方面面的问题，有赖于政府、企业、事业单位、协会等多元主体协同推进。

消除老年群体的数字贫困，"贵在精准，重在精准"。政府应在对老年数字贫困群体进行识别、分类的基础上，精准施策，积极主导扶贫工作的推行，努力达成分层"消除老年数字贫困"的目标。

第一，基础治理。在经济和社会保障层面，进一步增加老年人的养老金，使数字技术能被老年人"触及"。例如，通过政府补贴、资源优化与共享、代

1　赵安琪，付少雄. 欧盟数字化贫困治理战略、实践及启示 [J]. 图书与情报，2019 (2)：1-10.

2　林宝. 老年群体数字贫困治理的难点与重点 [J]. 人民论坛，2020 (29)：129-131.

3　潘君豪，杨一帆. 老年数字贫困的韧性治理研究 [J]. 老龄科学研究，2020，8 (2)：52-60.

际资源传递等方式让老年人获得数字设备；与通信企业开展降低资费谈判，让老年人负担得起数字设备的使用。

第二，包容治理。在能力层面，让老年人"想学""可学"，切实提升老年人的上网意愿，为老年人提供易获得的学习途径。一方面，相关部门在数字化进程中充分尊重老年人的生活习惯，开展多样化、人性化的适老服务，提升老年人数字化生存的安全感；另一方面，家庭、社区、教育机构等创造条件精准施教，激发老年人的学习动机。要常态化开展学习活动，同时积极探索线上与线下相结合的混合学习模式。

第三，协同治理。在环境层面，确保老年人对数字生活可无障碍参与，老年人在数字社会获得的权利可持续。一方面，在全社会开展老龄国情教育，拒绝"老年歧视"。媒体要赋予老年人以话语权，并用老年人能理解的方式宣传数字生活的好处和风险，帮助老年人共享数字红利，尽量规避恶意营销、算法歧视等。另一方面，通过立法等途径对数字环境进行治理，营造清朗的网络空间。要呼吁落实对数字产品或服务的适老化改造，鼓励老年人积极参与数字生活，追寻"老有所为"的现代之义。

第二节　国家顶层设计：信息无障碍

一、信息无障碍的内涵

信息无障碍指任何人（无论是健全人还是残疾人，无论是年轻人还是老年人）在任何情况下都能平等、方便、无障碍地获取信息、利用信息。20 世纪 90 年代，国际社会开始关注信息无障碍议题。1997 年 2 月，万维网联盟（W3C）制定了一系列关于网络无障碍的标准、规范、技术等，旨在全球范围内推动网络无障碍运动。中国信息无障碍论坛自 2004 年起定期召开，与会者积极分享中国在信息无障碍领域取得的成果，探索信息无障碍标准、技术、产品在各行各业的应用。此外，国家陆续颁布多个行业标准、国家标准，引导信息无障碍的发展。

2008 年 3 月，工业和信息化部正式发布《信息无障碍—身体机能差异人群—网站设计无障碍技术要求》（YD/T 1761—2008）。该标准遵循四大原则：可感知性、可操作性、可理解性和健全性（兼容性）。

2019 年 8 月，国家市场监督管理总局、中国国家标准化管理委员会审核发布《信息技术互联网内容无障碍可访问性技术要求与测试方法》（GB/T 37668—2019）。该标准是我国互联网信息无障碍领域创新性的国家标准，能为残疾人、老年人使用互联网提供支持与帮助，为规范化指导我国互联网无障碍环境建设提供依据。

二、实施方案的出台

2020年10月，民政部召开2020年第四季度例行新闻发布会。养老服务司副司长表示，智能技术、信息技术日新月异，让人们的生活越来越便捷，但是也出现了不少老年人因没有智能手机、不熟悉智能化设备操作而遇到困难和麻烦等问题。下一步，民政部将持续推动解决老年人在民政服务中遇到的智能技术困难；联合相关部门，深入研究老年人在智能技术中遇到的困难，提高涉老智能产品的适老性，满足老年人在出行、就医、预约服务、线上消费等方面的需求。

2020年11月，国务院办公厅印发《关于切实解决老年人运用智能技术困难的实施方案》（以下简称《实施方案》）。《实施方案》指出，要以习近平新时代中国特色社会主义思想为指导，坚持以人民为中心的发展思想，满足人民日益增长的美好生活需要，持续推动充分兼顾老年人需要的智慧社会建设，坚持传统服务方式与智能化服务创新并行，切实解决老年人在运用智能技术方面遇到的困难；聚焦老年人日常生活涉及的高频事项，坚持传统服务与智能创新相结合、普遍适用与分类推进相结合、线上服务与线下渠道相结合、解决突出问题与形成长效机制相结合，做实做细为老年人服务的各项工作，让老年人在信息化发展中有更多获得感、幸福感、安全感。

首先，《实施方案》给出了切实解决老年人运用智能技术困难的努力方向，即老年人享受智能化服务水平显著提升、便捷性不断提高，线上线下服务更加高效协同，解决老年人面临的数字鸿沟问题的长效机制得以建立。其次，《实施方案》将老年人日常生活中涉及的高频事项和服务场景定位在出行、就医、消费、文娱、办事等方面，并有针对性地提出了20条具体举措。最后，《实施方案》强调，各地区、各部门要加强工作协同和信息共享，形成统筹推进、分工负责、上下联动的工作格局，加快建立解决老年人面临数字鸿沟问题的长效机制。

2020年12月，工业和信息化部印发《互联网应用适老化及无障碍改造专项行动方案》（以下简称《行动方案》），旨在着力解决老年人、残疾人在使用互联网等智能技术时遇到的困难，推动充分兼顾老年人、残疾人需求的信息化社会建设。

《行动方案》指出，当前，我国公共服务类网站及移动互联网应用无障碍化普及率较低，适老化水平有待提升，多数存在界面交互复杂、操作不友好等问题，使得老年人不敢用、不会用、不能用；普遍存在图片缺乏文本描述、验证码操作困难、相关功能与设备不兼容等问题，使得残疾人等群体在使用互联网的过程中遇到多种障碍，面临数字鸿沟的威胁。互联网应用需针对老年人推出更多具有大字体、大图标、高对比度文字等功能特点的产品；推出操作方便的界面模式，实现一键操作、文本输入提示等多种无障碍功能；提升方言识别能力，方便不会说普通话的老年人使用智能设备。

《行动方案》还公布了首批适老化及无障碍改造网站名单及首批适老化及无障碍改造 App 名单。必须指出的是，虽然适老化改造名单上的智能服务企业积极响应号召，但是让老年人真正融入数字文化仍任重道远。一方面，要通过降低产品的技术门槛，辅以必要的技术培训和指导，帮助老年人掌握互联网应用工具，提高数字化社会治理体系的包容度。另一方面，所谓"适老化改造"实际上是让产品设计师有意识地考虑到老年群体的需求，产品设计师需要有信息无障碍意识。因此，适老化不是简单地另起炉灶，重新设计一套解决方案，如开发"老年版""关怀版"，而是在常规产品中更多地考虑到各种人群的需要，在用户体验的细节上下功夫。

2021 年 1 月，人力资源社会保障部出台《关于进一步优化人社公共服务切实解决老年人运用智能技术困难的实施方案》，从涉老高频服务事项梳理、完善服务政策和服务方式、加强传统服务兜底、优化智能化服务、加强宣传培训 5 个方面明确了 7 类涉老高频服务事项和 20 项具体工作。

可见，在加快构建老年友好型智慧社会的进程中坚持以人民为中心的发展思想，就是要在老龄社会治理中充分保障老年人的权益，重视并发挥老年群体在社会变革过程中的独特价值与积极作用。老年人遭遇智能技术使用困境，不能充分共享智慧社会发展红利，这本质上是一个民生问题。[1]　一方面，要加强全社会对人口老龄化国情的深度认知，为适老化社会建设奠定观念基础。另一方面，要从多学科出发加强老龄科学研究，对中国老年群体的身心特征和需求形成系统科学的认知，为社会各方面设施和服务进行"精准适老化"设计提供重要依据。当然，应把对当前互联网空间和各种智能技术应用的适老化改造

1　黄立鹤，孙莉敏，杨晶晶. 加快构建老年友好型智慧社会 ［N］. 中国社会科学报，2021-04-06（A8）.

融入社会治理体系，加强相关法律法规建设，破除互联网经济中把人物化为"流量"的功利化营销范式，坚决打击利用老年人身心特点"围猎"老年人的网络骗局，切实维护老年人对美好生活的向往和追求。

第三节　融合媒体传播：扶老越鸿沟

随着《实施方案》的施行，各级媒体议程设置与社会治理方略同向而行。国家和地方的主流媒体、社会自媒体等开展全方位融合传播，发挥着重要的传播支持功能。

一、主流媒体的传播议程设置

2020年11月28日，中央电视台《新闻周刊》栏目推出专题报道《"老"难跨的鸿沟》，聚焦老年人的就医困境。一方面，医院希望借助智能技术提高就医效率，优化医疗资源的配置。另一方面，老年人遭遇医院智能系统带来的挑战。例如，很多老年人不会线上预约挂号，不会用手机缴费，甚至不知道如何排队等号。一位受访者谈到自己70多岁的父亲，说如果没有家人陪同，父亲会非常抗拒去医院，因为那里的一切他都"搞不定"。这位受访者期待出现类似于托幼机构的"托老机构"，能为老年人提供可靠、有效的助医服务。

节目还展现了"夕阳再晨"的志愿者在社区给老年朋友授课的场景。一位老奶奶向志愿者倾诉，因多次扫码失败产生心理障碍——她不敢去大型超市购物，担心遭遇异样眼光，日常仅敢光顾熟悉的小超市，因为店主时常抽空帮她解决扫码问题。志愿者耐心地为老奶奶解答了"为什么二维码总是扫不上"等技术困惑，逐步消除其数字焦虑。

老年人手眼协调能力退化，对不准二维码的话就会导致扫码失败。手机配置如果比较低，也可能在扫码时出现精准度问题、联网问题。前者是老化带来的身体退化，可以通过练习来熟练掌握；后者需要改变老年人的消费观念。当被问及遇到问题是否会求助于子女时，这位老奶奶说："我不会弄，有时候刚学会就又忘记了。我孩子不耐烦，不教我，把我推给外孙子。外孙子捣鼓一下，好了，但是我还是不会啊！没有人认真教我，我怎么会呢？"

2020年12月11日，《人民日报》发表文章《完善市场供给，优化公共服务，凝聚各方力量，让更多老年人乐享数字化便利》，从以下方面对与老年人数字化生存困境相应的社会治理方略进行宣传：老年人加速"触网"，成为不可忽视的网络用户群体，持续优化的智能设备和网络服务让老年人的生活更加便捷、更有乐趣；减少老年人数字化生活障碍，加大产品技术的适老化改造，缓解老年人对新技术的焦虑；信息无障碍建设成效明显；缓解老龄数字化生活供需矛盾，要在完善市场供给、优化公共服务、凝聚多方力量等方面下功夫。[1]

2020年12月28日，《让老年人生活不再"窘"，这一年我们"动真格"》从"国家队"出手推出重磅政策，到老年大学、社区开办智能手机培训班，描绘了建设老年友好型社会的灿烂图景。[2]

综上所述，我们可以看到，随着国家政策的出台，主流媒体的宣传及时跟进，对典型案例进行报道和评论，监督着《实施方案》的有效落实。

二、微博上的热点话题传播链

2020年，我国加快了数字化社会建设进程，一些老年人的数字生存困境也随之暴露。社交媒体平台上出现了相关的话题，引发广大网民的热议。这些话题包括：老年人在衣食住行上遭遇困境，如交通出行不会使用打车软件；孙子孙女为爷爷奶奶提供"智能手机学习指南"；政府回应，要切实解决老年人在交通、医疗、银行等公共服务机构中遭遇的数字困境；各职能部门行动起来，为老年人留出"绿色窗口"，在数字经济潮流中"等一等"老年人。

下文拟通过梳理2020年10月至12月微博平台涌现的聚焦老年人智能手机应用困境的"热搜"话题，分析2020年"敬老月"期间及国务院重磅推出《实施方案》前后社交媒体平台上对老年群体的热点关切及话题传播链条。

（一）预热阶段

2020年10月25日，农历九月初九，是重阳节。值此佳节来临之际，各大主流媒体的微博号相继发布关切老年人的报道，与老年人相关的话题频频登上微博"热搜榜"。

2020年10月23日，由微博号"央视财经"主持的"热搜"话题"我国将迈入中度老龄化"阅读量4.1亿，讨论量2.7万。

同日，由微博号"央视新闻"主持的"热搜"话题"民政部将推动解决老年人智能技术困难"阅读量7661.9万，讨论量8385。

1 韩鑫. 完善市场供给，优化公共服务，凝聚各方力量 让更多老年人乐享数字化便利[EB/OL]. (2020-12-11)[2024-10-11].http://www.gov.cn/xinwen/2020-12/11/content_5568815.htm.
2 田晓航. 让老年人生活不再"窘"，这一年我们"动真格"[EB/OL]. (2020-12-28)[2024-10-11].http://www.gov.cn/xinwen/2020-12/28/content_5574096.htm.

【#民政部将推动解决老年人智能技术困难#支持转起!】疫情期间，不少老年人使用"健康码"遇到困难，凸显了当下老年人面对社会智能化、数字化难以适应的问题。对此，民政部今天表示，将：① 鼓励社区工作者等帮助老年人使用智能手机等新技术；② 民政服务领域保留人工服务；③ 民政服务领域在运用智能信息技术时坚持适老化原则；④ 提高涉老智能产品的适老性，满足老年人在出行、就医等方面的需求。

2020 年 10 月 24 日，由微博号"人民日报"主持的"热搜"话题"1 分钟感受老年人的世界"阅读量 7230 万，讨论量 1.2 万。该话题的导语是："手机支付、叫外卖、网上挂号，我们再熟悉不过的生活方式，可能让他们陷入困境。我们也终将老去，请给他们更多便利、更多关爱。为他们呼吁!"

同日，微博号"人民日报"发出"善待你身边的老年人"微倡议：① 给不会和无法使用智能手机的老年人更多方便；② 乘坐公交、地铁时，给行动不便的老年人让座；③ 有空多陪伴家里的老人，无法回家也多打打电话，告诉他们你的近况；④ 关注老年人心理健康，防止他们上当受骗。

2020 年 10 月 25 日，由微博号"四川观察"主持的"热搜"话题"老年人的世界是什么样"阅读量 3670.2 万，讨论量 3177。

在"热搜"话题"老年人的世界是什么样"下，微博号"凤凰网视频"关注到老年人的网络生活，发布了如下报道：

10 月 23 日，河南郑州的甲院社区老年大学再次开班，本期课程是教老年人如何在网上买菜。临近双十一，老年大学专门准备了相关课程，包括如何网上抢鸡蛋、买五花肉等。讲师说："要让老年人也能享受到数字生活的红利，他们也要乘风破浪。"

2020 年 10 月 25 日，由微博号"人民网"主持的"热搜"话题"年轻人穿特制服体验老年人生活"阅读量 5437.3 万，讨论量 2634。该话题聚焦南京举办的一场敬老爱老主题的志愿者嘉年华活动。现场体验者可以通过穿上厚重的特制衣服，戴上让视线变得模糊的特制眼镜，感受老年人行动迟缓和视力下降的生理状态。

(二) 发酵阶段

数字化一旦走得太快，就会"理所当然"地将一部分弱势群体甩在身后，那么社会的包容度就会出问题，进而潜在地形成社会矛盾，影响社会和谐。

2020 年 11 月 22 日，一位高龄老人在银行和医保局的遭遇引发了民众的热议。各级媒体自觉承担舆论监督责任，积极跟进相关部门的回应，推动社会矛盾的化解：

2020 年 11 月 22 日，由微博号"澎湃新闻"主持的"热搜"话题"94 岁老人被抱起进行激活社保卡"阅读量 2.6 亿，讨论量 1.1 万。

2020 年 11 月 22 日，由微博号"封面新闻"主持的"热搜"话题"银行回应老人被抱起激活社保卡"阅读量 1.1 亿，讨论量 3818。

2020 年 11 月 24 日，由微博号"沸点视频"主持的"热搜"话题"老人冒雨用现金交医保被拒"阅读量 5 亿，讨论量 8.2 万。

2020 年 11 月 24 日，由微博号"封面新闻"主持的"热搜"话题"医保局回应老人用现金交医保被拒"阅读量 2.6 亿，讨论量 3.1 万。

广大网民通过对相关话题的热情关注，与媒体一起监督银行、医保局等企事业部门对为老年人带来不便的技术应用手段进行回应，进一步激发全社会对"技术应为人服务""技术是手段，不是目的"等问题的思考，也让数字社会的老年弱势群体或数字贫困群体被"看见"和被关切。

（三）应对阶段

2020 年 11 月 25 日，由微博号"央视新闻"主持的"热搜"话题"国家出手破除老年人智能鸿沟"阅读量 2.1 亿，讨论量 2.6 万。

【国务院办公厅：#高频服务事项应保留线下办理渠道#】"国家出手破除老年人智能鸿沟"，提出：① 支持社保卡增加交通出行功能，鼓励推行老年人凭身份证、老年卡等乘坐城市公共交通；② 医疗、生活缴费等服务事项，保留线下办理渠道；③ 鼓励企业提供相关应用的"关怀模式""长辈模式"，将无障碍改造纳入日常维护。

2020 年 11 月 26 日，由微博号"新浪科技"主持的"热搜"话题"健康码将和公交卡老年卡整合"阅读量 2.6 亿、讨论量 3.1 万。

【国家卫健委：#健康码将和公交卡老年卡整合#】国家卫健委老龄健康司司长王海东表示，不能把"健康码"作为出行的唯一的凭证，对于不使用或者不会使用智能手机的老年人，要通过其他的方式替代"健康码"查验。下一步，国家卫健委将与各个部门协调，通过技术手段，争取把"健康码"和公交卡、市民卡、老年卡等证件整合起来，作为替代"健康码"的凭证，最大限度方便老年人的出行。

综上，社交媒体上的热点话题与国家节庆、政策出台等节点同声相应，架设起行政部门、事业单位、服务企业与民众之间的桥梁，提升了老年人数字困境的可见度，进一步推动了治理政策方案的落地和落实。

三、微信公众号对老年用户的支持

网络时代，热点事件往往始于微博这类开放度较高的社交平台，然后进一步向微信公众号这类开放度较低的社交平台渗透。相比于微博，微信公众号文章的生产和发布具有一定的限制，其互动对象较为集中，具有圈层化特点，主要面向特定关注者。本研究采集了在《实施方案》发布后，4 个面向老年人的高影响力微信公众号发布的相关文章及用户评论，旨在分析以微信公众号为代表的自媒体如何为老年用户提供多样的社会支持。

（一）对 4 个面向老年人的微信公众号的数据采集

本研究采集了微信公众号"老年网校""退休群""乐退族""新老人"从 2020 年 11 月到 2021 年 1 月发布的与老年人的智能技术应用相关的文章，共 9 篇。

2020 年 11 月 27 日，每周更新一次的"老年网校"发布头条文章《国务院发文为老人撑腰！94 岁老人在银行被抱起，只为做这件事……》，获得了 10 万+次阅读，1103 个"在看"，1157 个"赞"，87 条评论（评论总点赞为 4230 个）。

2020 年 12 月 3 日，每周更新一次的"退休群"发布文章《退休群炸锅了：国家出手！国务院发重磅通知！可惠及所有中老年！》，获得了 9.2 万次阅读，935 个"在看"，1157 个"赞"，28 条评论（评论总点赞为 1396 个）。

2020 年 12 月 11 日，每周更新一次的"乐退族"发布文章《国家出手！央行、卫健委、医保局等多部门联合行动，关乎 60 岁以上老年人……》，获得了 3.2 万次阅读，276 个"在看"，356 个"赞"，25 条评论（评论总点赞为 234 个）。

每日更新的"新老人"2020 年 11 月 25 日发布的文章《再见了，老年人！这群被使劲折腾的老人，其尊严被践踏得一无是处！》，获得了 10 万次阅读，4021 个"在看"，3702 个"赞"，48 条评论（评论总点赞为 9560 个）；2020 年 11 月 26 日发布的文章《炸锅好消息：国家出手了！国务院发重磅通知！可惠及所有中老年！》，获得了 10 万次阅读，3113 个"在看"，3247 个"赞"，71 条评论（评论总点赞为 6241 个）；2020 年 11 月 30 日发布的文章《又出大好消息！刚刚，国家五部委联合出手：惠及所有中老年！》，获得了 3.7 万次阅读，481 个"在看"，473 个"赞"，13 条评论（评论总点赞为 278 个）；2020 年 12 月 16 日发布的文章《有利于所有中老年：刚刚，央行发布重磅公告！这下真的大局已定了……》，获得了 6.8 万次阅读，815 个"在看"，809 个 "赞"，13 条评论（评论总点赞为 354 个）；2020 年 12 月 27 日发布的文章 《为了所有中老年，刚刚国家又出手了！且马上就实行！太绝了……》，获得 了 3.6 万次阅读，442 个"在看"，395 个"赞"，10 条评论（评论总点赞为 112 个）；2021 年 1 月 2 日发布的文章《所有老人注意：刚人社部下发重磅文 件，波及你晚年生活的各方面！》，获得了 10 万+次阅读，1290 个"在看"， 1249 个"赞"，25 条评论（评论总点赞为 1129 个）。

由上可见，4 个高影响力的微信公众号在《实施方案》发布后，均围绕老 年人的智能技术使用困境及解决方案进行了报道，并鼓励订阅用户积极互动。

在此，我们也能看到微信公众号在传播方面的优势和局限。微信公众号为 了更好地"讲述故事"，会运用以下话语策略：夸张甚至夸大的标题，图文并 茂生动的叙事，以及鼓动式话语，如号召、期待互动，并试图利用受众的社交 网络进行信息传播。那么，微信公众号通过文章可能传递哪些信息，表达哪些 情感，启发哪些共识，激发哪些共鸣？微信公众号的用户通过阅读、转发、点 赞、评论等互动行为实现了什么目的？

（二）微信公众号传播的社会支持分析

本研究采集了上述 9 篇文章的 320 条评论，通过数据清理，获得了 17801 字的文本材料，然后利用"微词云"进行了词性、词频分析（见表 9-1）。

表 9-1　用户评论关键词分析

词性	关键词（词频）
名词	老年人（183）、老人（176）、政策（57）、国家（56）、社会（48）、银行（41）、政府（41）、时代（23）、科技（23）、手机（21）、问题（20）、工作人员（19）、部门（18）、规定（17）、祖国（17）、医院（14）
动词	感谢（67）、希望（43）、服务（32）、不会（27）、关爱（24）、解决（21）、落实（16）、发展（15）、进步（13）、需要（12）、出台（11）、善待（9）、学习（9）
形容词	方便（27）、灵活（9）、伟大（7）、懒惰（4）、年轻（4）、落后（3）、悲哀（3）、强大（3）、幸福（3）

第一，从词频看，评论中出现较多的名词主要围绕老年人、工作人员等主 体，包括"国家""社会""祖国""银行""政府""医院"等，聚焦科技应 用、手机普及等带来的新问题。

第二，评论中出现较多的动词包括"感谢""希望""服务""关爱""解决""进步""学习"等，表明用户对政府出台政策来解决老年人使用智能技术的困境表达了积极的情感。有些老年用户通过社交媒体提出建议和期望，同时鼓励整个老年群体加强学习，努力随着时代的发展而进步。

第三，形容词中使用最多的是"方便"，其反义词为"困难"。这说明用户在评论中普遍关注到老年人在智能时代的真实困境，认为政府的政策应真正"方便"人民群众的生活。

在此基础上，本研究试图对 320 条评论进行类型分析，探索老年人对于该公共议题发表了哪些类型的看法。社会支持理论将社会支持分为以下类型：情感支持（Emotional support）、网络支持（Network support）、尊重支持（Esteem support）、信息支持（Informational support）、工具支持（Instrumental support）。[1] 该框架为传播的社会支持提供了理论基础。[2] 研究者可以通过分析在传播活动中生成的话语，探索人们如何利用媒介（特别是社交媒体）获得多元社会支持。本研究发现，这些评论主要包括 3 种类型的社会支持，即信息支持、网络支持、情感支持（见表 9-2）。

表 9-2　3 种社会支持类型及其子类型

序号	类型及内涵	子类型及示例	节点数/个[3]
1	信息支持：包括对话题进行客观评论、描述一些相关的事实、提供一些建议或期望	① 评论：说得太好了，善待今天的老人，就是善待明天的自己	84
		② 期望：社会的进步不可否认，但是也别忘了过去为了国家建设吃苦耐劳、贡献青春的人。这些人今天上了年纪，希望有关部门快速解决老年人出行难、看病难问题。落实才是根本	37
		③ 建议：社会在发展的同时，应为这 2.5 亿老年人稍微考虑一下，人性化一点。比如，在推广移动支付的同时，给老人留下部分现金窗口；在普及电子码的同时，给老人留下纸质证明的空间；在通过网络售卖火车票的同时，给老人留下部分人工售票窗口	37

1　CUTRONA C E, RUSSELL D W. Type of social support and specific stress: toward a theory of optimal matching [M]//SARASON B R, SARASON I G, PIERCE G R. Social support: an interactional view. New York: John Wiley & Sons, 1990: 319-366.

2　胡雪瑾. 论传播社会支持理论渊源与重构 [J]. 中国出版, 2016 (12): 13-16.

3　由于信息类型多元，评论可能存在多种标注，如某条评论既被归到"评论"，又被归到"感激"。

序号	类型及内涵	子类型及示例	节点数/个
1	信息支持：包括对话题进行客观评论、描述一些相关的事实、提供一些建议或期望	④ 质疑：不人性化！随心所欲！这代人为共和国奉献了一切，老了老了却把他们边缘化了！看到这篇文章直想掉泪，这种事你们就不能上门服务一下？不收现金？国家哪里规定了？扪心自问，你也是会老的	15
2	网络支持：通过描述自己的亲身经历寻求群体归属感或"共情"，以缓解冲突或遭遇带来的不适感	① 不良遭遇：我们这里的一个公厕也是这样。厕所有个取手纸的地方，需要对准镜头照一下。我离远点照不到，离近了也照不到，怎么踮起脚都不行，累呀。我的天哪，不管怎么说我也有一米五五，虽然矮了一点，但不至于被排除在正常人之外吧	35
		② 良好经历：我们这儿的银行还好，老年人不会在取款机取钱，就有工作人员在身边指导	2
3	情感支持：直接表达情绪，如感激、赞赏、同情、难受、气愤、质疑等，对政策或服务进行评价	① 感激：感谢党和国家对我们 2.5 亿老年人的关爱	72
		② 点赞：这篇文章讲得太好了，给编导点大大的赞	9
		③ 谴责：有些部门的工作人员就这样对待老年人，确实太不人性化了，又懒惰又冷漠。应当引起重视	40
		④ 感慨：这说明国家没有忘记我们这一代，没有忘记我们这些为建设国家出过汗、流过血的老年人	7

　　普通网民积极参与话题的讨论，分享自己的经历，能传递一种"不只是你一个人有此经历"的信息，为求助者提供有利于建立群体归属感的关系网络支持。在本研究中，微信老年用户会围绕自我遭遇进行诉说，以寻求群体归属感，获得外部支持。

　　在表达信息支持的评论中，直接评论话题的有 84 条；对未来政策的落实提出期望和建议的有 74 条；质疑、反映问题的有 15 条。由此可见，在微信公众号文章评论区"发声"的网友更倾向于围绕话题本身做出评论或提出期望。

　　在表达网络支持的评论中，很多网友补充说明了社会弱势群体的遭遇。对于文章提到的在银行、医院等服务单位的遭遇，多个网友提及"我也有过类似的经历"。这种被时代抛弃的感受，让老年人深有共鸣。

在表达情感支持的评论中，表达感激等积极情感的（81 条）占 63.3%，表达谴责等消极情感的（47 条）占 36.7%。一方面，面对国家惠及老年群体的利好政策，老年网友更多表达了积极情感；另一方面，网友感激和赞赏相关文章为老年群体"发声"。

（三）微信公众号的典型传播案例分析

微信公众号"新老人"于 2020 年 11 月 25 日发布的文章《再见了，老年人！这群被使劲折腾的老人，其尊严被践踏得一无是处！》，聚焦智能时代的老年人尊严，首先介绍了备受关注的两则"老年人面对高科技遭遇窘境"的新闻，进而指出近 2 亿老年人由于无法接入互联网，衣食住行均受到限制，最后呼吁社会关注在 5G 时代还生活在"无 G"环境的老年人。

在本研究采集到的 48 条评论中，网友普遍提及"老年人""老人""老年""科技""时代""手机""银行""政府""尊严""观念""政策""现金"等关键词。网友对智能时代老年群体遭遇的衣食住行困境有深深的共鸣，其讨论主要集中在以下方面。

第一，文章谈及"老年人的尊严"问题，不少网友表示支持，并且通过诉说老年人的生命历程来为老年人发声。

被点赞最多的评论来自网友"WAF××××"：

感谢支持这篇文章的作者为我们老人发声！许多受困老人并不能看见这篇文章，他们不会用手机，甚至不会用电话。我七十几岁了，还可以用手机、用微信，可以看见这篇文章，但更多的老人是没有这个能力的。关于高科技的许多事，刷脸之类的，我也不会，还要请儿女帮助，加重了儿女的负担。这样很不好。我们是吃苦的一代，无私奉献的一代，社会的进步有我们不可磨灭的功劳！国家不应该忘记我们，时代不应该碾轧我们。掌握了高科技的人，不要撇下你的父母爷爷奶奶，不要忘记你们是站在他们的肩膀上才有今天的高度的。

第二，在智能时代，尊老敬老的传统美德仍需大力弘扬，如善待老人、关爱老人、不歧视老人，同时也不应该逼迫老人去学习、适应当下"年轻社会"的规则。

网友"赵××"认为，关爱老人，人人有责。

网友"路通八×"评论说：

怎么讲呢？对国家而言，落后就要挨打；对个人而言，落后就要被淘汰。社会生存法则表明，每一个人都必须清醒地意识到，必须与时代、社会、科技同行，少打牌，少闲聊，少做无聊的事。只有多向进步靠拢，你才能与社会同行。在很多启用新技术的领域，但凡亲友多教教老人，多一点耐性，老人都不至于这么难堪。社会的文明进步需要参与者共同努力。

网友"芦花×雪"回应说：

那个说老年人要不断学习跟上时代步伐的人，等你80岁的时候，你学一个看看！前几天我去交电费，工作人员说只能在手机上交，不要现金，气得我打了12345。没用，解决方法都不疼不痒的。现在，老年人出不了门，过不了日子。有子女的还好点，那些子女不在身边的就惨了。难道他们就活该被欺负？

网友"渔×"也表述了老年人学习新技术遭遇的困境：

两个弯没转过来，教的人烦了，自己急了。听说骗子太多，谣言太多，自己怕了。出了差错，不能纠正，找人难了。受别人白眼多了，自己习惯了。哎！老年人啊，听听就拉倒了。

第三，高科技应该"为人民服务"。服务人员应人性化地使用技术，不要被技术绑架，不要忘却了服务的本质是充分维护服务对象的利益，包括物质方面的利益和精神方面的利益。如果用户必须亲自到场"刷脸"才能办理某些惠民业务，或者必须"刷码"才能缴费，那么这种技术带来的强制要求就是对某些特殊群体的限制甚至胁迫。

网友"×情"诉说了自己家的遭遇：

先给这篇文章的作者点赞！提起激活社保卡这事我就来气！我孙子脑瘫，二十多岁，生活不能自理。我们老两口都已经七十多了，没有力量把孩子弄来。可人家说是上面规定，当事人不来不能办理，气得我在那里哭了好久。要难为死人了！直到现在我孙子也没有激活社保卡。

网友"杨×"说：

我们家有两位九十多岁的老人，需要办理银行卡激活业务。银行虽然没有让去现场，承诺上门服务，但是一年多了，我们仍没等到银行上门。

网友们在评论中进行的自我叙事，主要包括社保卡激活不便、现金购票难、旅游有年龄限制、打车难、地下通道行走不便等问题。老年人从追求美好生活的角度，对此提出了改进要求。

第四，我国已经步入老龄化社会，但全社会的老龄观念亟待更新。网友评论中"我们"和"他们"等人称代词,标明了一种"年龄"带来的"身份"观念,体现出对老年群体与年轻群体的群际差异,甚至群体间相互不理解、利益分配不公平的诉说。

老年人倾向于将自我定位为社会弱势群体,渴求外界的关注和关爱,同时反复强调自己是对共和国有贡献的一代人,希望得到社会的尊重。

在中国社会转型过程中,某些传统观念受到冲击。比如在快节奏的社会生活进程中,年轻人会对"为老不尊"的行为加以抨击,认为"只用尊敬值得尊敬的老人"。面对代际冲突,我们需要讨论尊重的本质及其文化解释性。这会涉及"老年歧视"。"老年歧视"研究关注人群之间的偏见态度或歧视行为,如青年人对老年人的偏见态度、老年人自身对衰老的偏见和思维定式,此外还在国家和社会层面关切老年人、老化观念和老龄化进程等。

一方面,步入老龄化的中国社会"未富先老、未备先老"。在此现实状况下,国家更注重解决"老有所养、老有所医"等物质层面的养老保障问题,包括缩小城乡养老差距、促进养老公平。在老年人精神文化建设方面,如"老有所乐""老有所学""老有所为"层面,国家的支持相对薄弱。社会普遍对老年群体存在偏见,不仅源于人们对老年期的认知不足,还受到媒体宣传的影响。

另一方面,年轻人伴随着数字时代的发展而成长,能理解并掌握新技术,进而塑造新技术文化;数码时代的新技术对老年人而言往往是新事物,老年人面临着新技术带来的文化冲击。

笔者认为,消除"老年歧视"和"数字世界中的老年歧视",要从更新"所有人"的老龄观念开始。

网友"逍遥×"说:

观念决定行为,中国人的传统思维和现代社会格格不入。老年人的观念完全与社会变革脱钩,因为整个社会把他们从精神上封闭起来了,看似爱护他们,实则剥夺了他们的自信、自立,埋没了他们的拳拳之心。大多数六十五岁的人直接被划为老年人,更可悲的是,他们也把自己归类为老年人,完全放弃了与时俱进的激情,抵触学习新生事物,沉湎养生,茫然地等待死亡的来临。科技无论变得多么智能、方便,傻瓜也会有无数不会、不习惯。所以,除了提升社会包容性,还应改变敬老、扶老、养老的观念,尽力增加老人的自信心,保持老人的自立观念,使老人确立正确的价值观,鼓励老人活到老学到老,为老人提供展示平台、服务岗位。要改善社会氛围,避免打击老年人的积极性。

递水行舟，不进则退，老人则是顺时而为，不用则退。精神力量大于一切，改变老年人必须靠全社会共同努力，必须有科学的政策引导。

"新老人"在 2020 年 11 月 25 日发布的反映数字时代老年人困境的文章引发了热议。其在 2020 年 11 月 26 日发布的文章《炸锅好消息：国家出手了！国务院发重磅通知！可惠及所有中老年！》重点介绍了《实施方案》，并详细列举了"交通购票""医院挂号""现金购物""公共服务""智能技术的适老化改造"等方面的利好消息。

通过对该文章的 71 条评论进行词频分析，可以发现，网友普遍提及"老年人""老人""政府""政策""祖国""手机""国务院"等关键词，以及"太好了""感谢党""感谢政府""谢谢""伟大""暖心""关怀""好消息""新政策"等词语。可见，微信网友的评论传递出积极的情绪，表达了对国家政策的欢迎和拥护，反映了老年人对党和国家的期望和信任。

总的来说，微信公众号紧跟国家政策导向，围绕老年群体的数字生存困境，用老年朋友喜闻乐见的图文形式传播国情、政府对策和实施方案等，并积极开通评论，汇集了老年用户的代表性观点，传递出老年人的声音，实现了对老年群体的媒体赋权，为老年人寻求社会平等提供了社会支持。

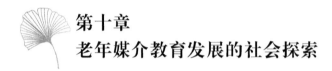

第十章
老年媒介教育发展的社会探索

　　人口预期寿命的延长，是社会发展的重要成就，亦是人类追求幸福的必然结果。在学习型社会建设过程中，终身教育理念正被广泛接受。然而，我国当前的老年教育体系尚无法充分满足老年人日益增长的学习需求。步入数字时代和长寿时代，我们需要更新老年教育理念，探索更新、更有效的老年教育模式。

第一节　他山之石：老年媒介教育发展之路

一、数字时代老年教育理念的更新

　　美国密歇根大学的霍华德·麦克鲁斯基（Howard McClusky）教授提出"余力"（Margin）这个概念来衡量成年人的生存境遇，并由此概念演绎出一套成人教育理论。[1] 余力是指负担（Load）与能量（Power）的比率。负担是由成年人在人生变化过程中产生的种种需求构成的，包括外在的物质负担和内在的精神负担；能量是成年人为了处理或消解日常生活中所需承受的负担而寻求的各种可支配资源，体现在生理、社交、智力、经济和技能5个方面。余力＝负担／能量。余力是能量之于负担的相对剩余，两者的比率应在0.5至0.8之间。麦克鲁斯基认为，在不同的生命周期，成年人的余力应该被重新评估。对大部分老年人而言，学习是一种额外的负担，需要更多的能量才能消解，包括生理、社交、智力、经济等方面已有资源的投入。由此可见，开展老年教育不仅需要一定的经济基础，还需要老年人在身体、心理等方面做好准备。随着我国经济水平的提升及健康老年人口比例的增加，发展老年教育成为必然的趋势。

1　应方淦. 成人生存境遇与学习：基于余力理论的解读［J］. 中国成人教育，2007（19）：16-17.

美国"成人教育之父"马尔科姆·诺尔斯（Malcolm Knowles）认为，"自我导向的学习"是老年人最自然且最好的学习方式。[1] 诺尔斯的成人教育理论观点主要有：普通学校教育模式常常是强制性的任务驱动，在此教育模式下，学习者具有一定的依赖性，较为被动；与儿童学习者不同，成人已在工作和生活过程中建立起强烈的"自我"概念。因此，成人教育首先要帮助学习者明确学习需要，促使学习者有意识地、主动地投入大量精力来学习对自己有用的东西。另外，学习者的已有经验必须受到尊重；学习内容要与他们的生活情境、面临的问题等密切相关；教育过程应激发学习者的内部动机，如产生获得感、增强自尊、提升生活质量等。总之，成人教育者需要改进教育模式，帮助成人学习者从"依赖者"向"自我指导者"转变。

2019 年，欧洲成人教育协会提出《21 世纪成人学习宣言》，认为成人教育应该在 9 个方面发挥功能。其中，在数字化方面，成人教育有助于缩小数字鸿沟，提升数字能力，这是实现个人成就、就业、社会包容和积极公民身份的关键。在可持续性方面，成人教育要为可持续发展提供能力、信息、辩论空间和创造力。该宣言指出，持续学习的老年人思维更活跃，工作时间更长，身体更健康；代际学习能使老年人和年轻人从彼此的知识中获益。

日本东京大学高龄社会综合研究中心的牧野笃认为，当进入超老龄时代，迎接百年人生社会时，必须从观念上将"超高龄社会悲观论"转变为"百年人生希望论"。从终身学习理念出发，高龄社会的学习不再以塑造一定规模的劳动力为主要目的，而是重视价值的多样化，即人需要通过终身学习不断创造生动的自我。牧野笃提出，要让社会成员在学习过程中不断开发自己的潜能以创造出新的自己，要让包括老年人和儿童在内的全体民众都可以成为创造社会价值的主人翁。[2]

在国外现代老龄化理论的基础上，我国学者积极反思老年教育的基本理论问题，认为老年教育的目标应从活动参与转向精神发展；老年教育的对象应从老年人转向所有人；老年教育的内容应从知识转向智慧技能；老年教育的方法应从传统转向现代。[3] 一方面，信息技术的高速发展使国家治理的数字化水平

1　田山俊，杨桂梅. 成人学习者学习特征及其教育价值：马尔科姆·诺尔斯成人教育思想解析［J］. 中国职业技术教育，2011（6）：71-74.

2　牧野笃. 日本百年人生社会的到来与"学习"概念的革新［J］. 开放学习研究，2021，26（2）：1-13.

3　李洁. 老年教育理论的反思与重构：基于西方现代老龄化理论视野［J］. 开放教育研究，2015，21（3）：113-120.

得到提高，各国均在努力建设数字化包容性社会，以将所有人纳入网络世界，共享数字社会的红利。在此意义上，老年教育承担着提升全体老年人的媒介素养的重任。另一方面，在"健康中国"国家战略下，发展老年教育有助于提升老年人口的生活质量，凸显老年人的主体性；探索老年教育的新内容和新方法也成为当前老龄工作的重要方向。老年教育的新内容不仅包括学习数字技能、培养数字公民素养，还包括掌握和践行同伴互助、代际学习、线上学习、混合学习等新方式。

二、新加坡老年媒介教育发展方案

作为高度数字化的老龄国家，新加坡对老年群体融入数字社会提供了多方支持。其与老年人媒介素养教育相关的机构主要有：①信息通信媒体发展局（Infocomm Media Development Authority，简称 IMDA）成立于 2016 年，旨在寻求建立数字包容性社会，将所有人都容纳到互联网世界中。②媒介素养委员会（Media Literacy Council，简称 MLC）是由行业发起的，不但向政府提供媒体发展建议，还制订相关计划以提升涉及青年、老年、成人、父母等公民群体的媒介素养。③人民协会（People's Association）于 2007 年成立乐龄理事会，旨在通过公共教育、社区服务和同伴互助促进积极老龄化。[1]

其中，信息通信媒体发展局致力于为老年群体提供线上和线下多种形式的媒介素养教育。例如，2017 年打造 IM Silver 平台，为老年人提供移动设备等数字技术使用的视频指南。2018 年，IM Silver 面向老年人提供数字技能相关课程的定制服务，如"iBegin"课程侧重于基本 ICT 技能的学习，"iLive"课程教授进阶的数字生活技能，如网络购物、使用电子政务服务等。

2020 年年初，信息通信媒体发展局发起 SG DIGITAL 项目，旨在帮助人们通过数字化连接所有重要的事物，改善生活。SG DIGITAL 项目办公室从 2020 年 6 月开始向全国招募数字大使，为老年人提供数字技能帮助。其中，面向老年群体的数字化生活扶持项目"数码乐龄计划"，主要目的是帮助老年人掌握数码科技，保持充实而有意义的生活。

"数码乐龄计划"提供 4 种语言的数字资源，根据老年人的实际需求提供分级指导，引导老年人逐步掌握 3 个层级的数码技能。第一层级是通信技能：学习使用基本通信工具、发送信息，以及进行视频通话；第二层级是政府电子服务：学习使用政府电子服务，如电子政府密码应用 Singpass Mobile 的访客登

1　闫玉荣. 新加坡提升老年群体媒介素养的启示［J］. 青年记者，2019（4）：86-87.

记系统；第三层级是电子付款和数码银行：学习使用电子付款工具，使用网上银行应用程序，以及掌握网络安全知识。该项目提供了 3 种学习方式：一是到附近的数码转型办事处获取一对一指导，二是定期开展"学习之旅"课程，三是线上提供简易速成指南供老年人自学。

值得一提的是，在代际学习方面，信息通信媒体发展局开展了"数字诊所计划"，即在社区俱乐部（图书馆）开设一对一的志愿服务，为老人提供就近的志愿服务。

随着老年人数字技能的进一步提升，新加坡大力推进线上老年教育，为公众提供更开放的学习机会。新加坡国家银龄学院（National Silver Academy）在简介中表明："2014 年，当我们邀请老年人参加反馈会议，讨论他们将如何度过银发岁月时，老年人告诉我们，他们想要学习。学习既是为了工作，也是为了兴趣。他们说，学习有助于保持思维活跃，让他们与家人、朋友和世界事务保持联系。他们也支持终身学习的想法，但强调有限的学习选择和负担能力是学习的障碍。于是，国家银龄学院便诞生了。这个网络平台旨在为老年人提供大量开放的学习机会。很多高等院校也纷纷加入进来，为老年人提供免考核的学习课程。另外，还有一些艺术学院、艺术机构和社区组织为老年人提供各种各样的学习课程。国家银龄学院的课程不仅关注工作技能，还关注各个领域的生活技能，包括老年学、媒体、设计、金融、IT、人文和艺术等。在经济支持方面，符合条件的老年人在国家银龄学院选修课程可以获得政府 50% 的学费补贴。"

新加坡国家银龄学院期望通过发展终身学习向老年人赋权，改变"老年人是虚弱的""老年人是需要依赖他人的""老年人是无用的"这些刻板印象，让老年人感受到"虽然我正慢慢衰老，但我仍然有我的价值"，进而消除结构性和内在化的"老年歧视"。包容实用的情境化教育内容可以让老年学习者获得自信，增强能力，重塑自我价值。[1]

新加坡国家银龄学院主要为银发群体提供以下课程或学习项目。

微型课程（Bite-sized courses）：利用 ZOOM 平台向老年人免费提供的线上课程，每次课程或研讨约 3 小时。例如，2020 年 8 月，该模块提供了 7 门线上课程，包括家庭商业研讨会、日本 Nagomi 蜡笔艺术家庭中心简介、汉语拼音、唱歌等。

---

1 MAULOD L. "I'm slowly ageing but I still have my value": challenging ageism and empowering older persons through lifelong learning in Singapore [J]. Educational Gerontology, 2020, 46（10）：628-641.

短期学习（Short courses）：由合作教学单位或组织提供的短期课程，时间从 3 小时到 12 周不等。短期课程内容广泛，包括生活技能和工作技能，如商业、媒体、IT、健康与保健、艺术等。政府补贴 50% 的学费。

免考核模块（Exam-free modules）：高等院校开设的常规课程，向老年人开放，但老年人无须参加课程考试，无学分或文凭。这类课程种类丰富，包括健康与养生、信息技术与科学、老龄化与生活技能、人文学科、金融与商业、艺术与设计等。课程学习时间通常为一个学期。

特别学习机会（Ad-hoc learning opportunities）：包括代际学习项目和简短讲座。代际学习项目旨在通过让青少年和老年人在一个集体学习的环境中相互配合，促进两代人之间的联系。通过社交媒体使用指导、健康管理和笑声瑜伽等实践课程，老年人获得了新的知识，年轻人分享了他们的知识并夯实了良好品格的根基。

例如，代际学习项目"探索网上购物应用程序"2020 年 10 月 15 日在 ZOOM 平台上进行，由新加坡胜宝旺中学（Sembawang Secondary School）提供。课程简介如下："在本课程中，您将探索和学习两个不同的移动应用程序：Redmart（学习如何在网上购买食品）和 Shopee（学习如何在网上购买衣服、电子产品等物品），让购物发生在您的指尖。在此，我们也将为您介绍如何在网上买到物美价廉的商品并确保安全。"

综上，面临日益严重的人口老龄化问题，新加坡积极探索提高老年人口生存质量的教育方案，并立足于数字包容社会，开展多元、混合式的老年媒介教育。这些举措对我国老年媒介教育发展具有启示意义。自 2020 年以来，我国逐步开设起省市县区甚至社区各级的老年课堂，采用线上与线下混合教育方式，探索老年数字素养提升的解决方案。

第二节　教育助力：老年媒介素养发展路径

媒介素养是一种公民素养，媒介素养的主体是公众，其目标在于造就积极、负责任的公民。[1] 对合格公民的塑造而言，媒介素养的重心在"素养"，而不仅仅在理解"媒介"这一功能越来越整合的社会机构。媒介素养赋权的目标是"让每一个社会成员都能够在获取新知识和新技能方面扮演主动的角

1　陆晔，等. 媒介素养：理念、认知、参与 [M]. 北京：经济科学出版社，2010：474.

色，并且通过批判性思维的训练，提出问题、辨析谬误、建立不同观点之间的联系"[1]。

随着媒介技术与数字社会的发展，媒介素养不仅涉及个人在媒介参与中习得知识，还受限于媒介社会语境下的权力分配关系。这也使得媒介素养教育的内容不断扩展，其重要性也变得不言而喻。

2016 年 10 月，国务院发布《老年教育发展规划（2016—2020 年）》。该规划重点指出，要运用信息技术服务老年教育，运用互联网等科技手段开展老年教育，为全体老年人创造学习条件、提供学习机会、做好学习服务。只有让更多的老年人主动参与数字社会，才能实现终身教育理想。

一、三层递进：老年媒介教育的目标

为老年人提供精准的媒介教育是促进老年人数字融入、跨越数字鸿沟的重要途径。老年媒介教育应超越媒介技能的基本训练，以增强老年人数字生存能力，培养合格的数字公民。

第一，在个人目标方面，媒介教育要关注老年人的自我发展，希望帮助老年人积极主动地运用新媒介技术来满足自身的各种需求。值得注意的是，老年群体具有个体异质性，精准地识别、挖掘、激发老年人的个性化新媒体使用需求，是媒介教育的首要目标。

第二，在群体目标方面，媒介教育要关注老年人的身份认同与群际理解，提供不同群体之间的沟通交流机会，在数字世界营造相互尊重的代际文化。此外，媒介教育要鼓励老年人利用新媒介积极参与社会，发展社会资本，获得社会支持。

第三，在社会目标方面，媒介教育要立足于国家数字包容度的发展视角，支持老年群体对数字化学习资源的利用，鼓励老年人争取公平的受教育权和社会参与权，促进终身学习的实现。

二、精准助老：老年媒介教育的内容

为了帮助不同的老年人跨越数字鸿沟的不同阶段，老年媒介教育应分层次、分阶段进行。

第一阶段，老年媒介教育重点解决老年人对新媒介的"可及性"问题。本阶段的主要任务是通过增加老年人与新媒介接触的机会，向老年人推介简单

1　陆晔，等. 媒介素养：理念、认知、参与［M］. 北京：经济科学出版社，2010：475.

易用的新媒介技术,如帮助老年人感知新媒体接纳在公共服务、休闲消费、代际交流、社会参与、精神滋养等方面的益处。

第二阶段,针对已经接入数字世界的老年网民,老年媒介教育应关注到老年人对新媒介应用的"可选择性"问题。为了提高老年人的媒介认知与批判能力,应在实际应用项目中为老年人介绍以兴趣为核心的互联网社交形态。比如,围绕老年人比较关注的养生健康、政务新闻类信息进行网络搜寻、甄别、传播策略的推荐;围绕新媒介生态环境中的虚拟交往、生活服务等,推荐有关理财、健康、才艺的信息传播平台,鼓励老年人接触不同年龄群体的圈子,增进他们对年轻人和网络流行文化的理解。

第三阶段,老年媒介教育应关注到老年人在数字世界中的"公平感"问题。本阶段的主要任务是提升老年人数字参与的主动性、公平感和责任感,引导老年人积极为网络生态文明发展做贡献。老年人要积极为自身争取媒体赋权,主动塑造积极的老年形象。老年媒介教育应鼓励老年人积极融入多元网络社会,支持老年人在数字世界展现自身的独特魅力。

三、三位一体:老年媒介教育的途径

在教育组织形式上,要构建学校、社区、家庭三位一体的老年媒介教育组织结构。在教育模式上,老年媒介教育可开展线上与线下相结合的混合式教学。

首先,各类开展老年教育的学校围绕老年人日常使用新媒介进行信息获取、社会参与、情感交流时遇到的问题进行项目化教学设计,采用工作坊、专题活动、案例分析等互动式较强的学习组织形式,促进老年人主动参与、协作交流与深度反思。

其次,在社区网格化管理推进过程中,将老年媒介教育纳入社区服务。例如,社区招募志愿者(包括中青年志愿者和老年志愿者),通过定期组织线上和线下的一对一、对话式互助学习沙龙,提升老年人的新媒介素养。

最后,在家庭中增强年轻一代进行数字文化反哺的责任感。推广家庭代际学习可以弥合代际数字鸿沟,增进代际理解。相关研究表明,家庭内部年轻人的帮助对增强老年人的互联网使用意愿起着举足轻重的作用,年轻人的积极反哺能大大增强老年人的数字包容性。

同时,政府应加强网络生态文明建设,进一步明确媒体的社会责任。面向老年群体的大众媒体和自媒体均应主动承担老年媒介教育的责任,用准确、合适的方式传播时政信息和流行文化,主动为老年人进行网络交往提供服务,致力于营造开放、宽容、文明的网络生态环境。

第三节　国内探索：在线教育的适老化服务

当前，老年大学、开放大学等教育机构持续探索远程教育服务老年教育的创新模式。[1] 本节将探讨老年教育的网络化服务市场及在线教育的适老化情况。

一、老年教育的网络化服务市场

现有大量研究以老年大学的学员为研究对象，探索他们在老年大学的学习获得感及影响其学习效果的各种因素。朱燕菲的一项质性研究以初老龄老年大学学员为访谈对象，发现：在行为特征上，倾向互动式参与的初老龄学习者的获得感高于自主性参与的初老龄学习者；在认知特征上，将混合学习作为重要学习策略的初老龄学习者的获得感高于将代际学习或经验转换作为重要学习策略的初老龄学习者；在情感特征上，学习信心高、学习韧性强的初老龄学习者获得感较高。[2] 该研究对适合老年学习者的学习方式进行探讨，认为初老龄群体往往要通过反复记忆、体会、理解才能掌握相应的学习内容，线上学习的优势恰好弥补了他们在学习过程中的弱势。[3] 因此，一旦老年学员克服了对计算机、互联网的心理焦虑和技术焦虑，那么线上和线下相结合的混合式学习非常适合因记忆力衰退而需要反复观看教学内容的老年人。

2020 年 9 月，互联网商业信息服务提供商"IT 桔子"发布《上进的长者——2020 年中国老年教育市场研究报告》，引起业界热议：当阿里巴巴、腾讯等企业开始布局老年课堂，中国老年教育的春天来了吗？该报告聚焦于 50 岁以上银发群体的继续教育需求，对老年教育市场、老年大学的前世今生、线上老年教育业态，以及老年教育的趋势、机遇及挑战等进行了论述。

一方面，随着老龄化社会的发展，老年群体在文化水平、认知能力、审美能力等自我提升方面的学习需求显著增加。但是，传统的老年教育渠道形式相

1　马良生. 探索远程教育服务老年人群新模式：开放大学发展老年教育的实践 [J]. 中国远程教育，2015（9）：71-76.

2　朱燕菲. 一项基于初老龄群体参与学习获得感影响因素的质性探究 [J]. 成人教育，2020，40（11）：43-51.

3　朱燕菲. 一项基于初老龄群体参与学习获得感影响因素的质性探究 [J]. 成人教育，2020，40（11）：43-51.

对单一，且存在供需不足的问题。因此，改善老年大学办学条件、创新办学模式、促进信息技术对老年教育的改造成为老年教育发展的方向。

另一方面，随着全民健康水平的提升，老龄化社会的养老模式发生了变化。新时代的老年人不再满足于"领着养老金养花种草"的退休生活，而是希望发挥余热，继续为社会做贡献。老年人渴望通过接受老年教育培养新技能，这样不仅可以增加经济来源，还能满足实现自我价值的需要，让晚年生活更有意义。

老年大学以培养兴趣爱好为主的非职业教育内容，包括健康养生、生活技能、业余爱好、信息技能等。该类教育往往采用零基础教学模式，有助于老年人追寻美好的生活，但是也存在一定的问题，如城乡发展不均衡、普惠性不高、效率低下、创新力不足。相对发达地区的老年大学，往往面向有一定文化素养和社会地位的行政事业单位退休人员，无力覆盖其他群体。另外，老年大学的教育成为部分老年人的隐形福利。有的老年学员常年占据"学位"，导致新学员难入学。在此背景下，各地职能部门积极研究破局之策，如探索引入线上教育模式，建立没有"围墙"的老年网校，以惠及更多老年人。

从市场来看，老年教育往往施行线上与线下相混合的教学模式。这种模式在商业领域被称为"OMO（Online-Merge-Offline）模式"。OMO 模式重在利用技术优势实现线上、线下教育的高质量融合，以解决纯线上教育互动不足及纯线下教育资源利用率低等问题。该模式能通过大数据分析系统的有效应用，实现线上、线下学习需求的完整闭环管理。

2020 年 10 月，阿里研究院发布《老年人数字生活报告》。报告显示，2020 年，60 岁以上年龄群体的"触网"增速远超其他年龄群体。越来越多的老年人开始走向数字生活，老年人线上服务消费崛起。不过，虽然 60 岁以上人群数字消费需求越来越旺盛，但 50% 的老年网民在遭遇问题时会因"不会操作"或"嫌麻烦"而放弃寻求解决方案。另外，该报告指出，在"老年人是否需要接受数字生活的服务培训"上，72% 的子女和 73% 的老人有此类培训需求。但在培训内容上，子女和老人之间存在分歧。子女认为老年人最应该接受网络安全防诈骗方面的指导（67%），老人自身则最渴望获得网络购物技巧（71%）和网上支付技巧（63%）方面的培训。

二、网上老年学堂的案例分析

（一）国家开放大学老年大学[1]

2015 年 1 月，国家开放大学正式挂牌成立老年大学。这是一所基于现代信息技术，以线上线下方式相结合，面向老年人和养老服务从业人员开展学历继续教育与非学历继续教育的新型老年大学。

国家开放大学老年大学充分利用现代信息技术，打造一站式、一体化的信息支撑平台，包括开通门户网站、建设数字化学习平台、开发基于移动客户端的 App、运营微博号"老年开放大学"；整合开发健康养生、摄影园艺、隔代养育等涵盖老年人生活方方面面的优质学习资源，突破时空限制，且全部免费向老年人开放。国家开放大学老年大学持续精选名师名家的视频课程，积极探索"足不出户"的线上"自主学习"与"走进社区"的线下"集中面授"相结合的有质量保证的学习模式。

截至 2020 年，国家开放大学老年大学提供了书法绘画、生活休闲、公民素养、文化体育、养生保健、隔代教育、投资理财、文学历史、技能学习（见图 10-1）等涵盖老年人生活方方面面的优质网络学习资源。

图 10-1　"老年人轻松学手机"直播课截图

国家开放大学老年大学和阿里巴巴客户体验事业群共同合作，助力老年人数字生活，推出《老年人数字生活指南》，教授网购小技巧、网络防诈骗、网

---

[1]　2023 年 3 月，国家老年大学正式挂牌成立。该大学依托国家开放大学，旨在搭建全国老年教育资源共享和公共服务平台。

络生活大便利等内容。该指南包括漫画、微视频等多种形式。

国家开放大学老年大学网站上提供的多媒体学习资源形式多元，主题丰富且实用性强（见图 10-2）。网络学习资源可以收藏、重复播放，这对记忆力衰退的老年群体而言是一个突出的优势。当然，学习微视频的录制需要符合老年人的认知习惯，如配上较大的字幕。

图 10-2　"老人学电脑（入门级）"微课截图

（二）不晚学堂

不晚学堂是一个专注于中老年人群的在线学习平台，开办之初旨在为杭州地区的各级老年大学进行在线直播教学提供整体的解决方案。学堂由"公众号""课程收看平台""学习群"组成，提供文化娱乐、实用技能、艺术修养、健康养生方面的课程。不晚学堂的课程既包括免费课程，也包括付费课程。

该平台整合了杭州退休干部（职工）大学、杭州老干部大学、杭州市老年电视大学、恩施州老年大学等老年教育机构的教学资源，定期开设直播课程，组织学员加入学习群，形成线上学习共同体。网络平台有利于保存课程资源，供老年人随时随地进行"回看"，为老年人按需学习、碎片化学习提供了可能。

（三）网上老年大学

2019 年 4 月 10 日，网上老年大学上线了微信小程序。2020 年 5 月，网上老年大学的 App 上线，旨在打造服务于老年人的"空中课堂"。"空中课堂"根据老年人的兴趣爱好，甄选精品课程，提供课程直播、课程回放等功能；为老年学员提供知识、资讯、娱乐、社交、健康等优质服务。老年人在这里可结交同龄好友，一起分享学习、生活趣事，从而更好地适应数字化的生活环境。

综合上述案例，可以发现，我国线上老年教育发展势头良好，不但有开放大学、老年大学这种传统教育机构的参与，而且不断吸引教育服务企业的加盟。线上老年教育平台在建设过程中注重资源整合、模式创新与融合宣传。各线上学习平台上不但积极整合、开发适老资源，还通过学历获取、竞赛活动等方式激发老年学员的学习动机和热情，有效培养老年学员的数字生存能力。在参与方面，线上老年教育机构积极为老年学员搭建虚拟的交往平台，拓展老年人的社会交往圈，并通过开展游学等项目寓教于乐，丰富了老年人的晚年生活，提升了老年人的幸福感。

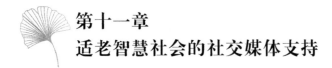

第十一章
适老智慧社会的社交媒体支持

　　党的十九大报告提出加快建设创新型国家，并首次提出"智慧社会"这个概念。作为人类社会发展历程中的一次重要变革，智慧社会以物联网、大数据、云计算、人工智能等技术为支撑建立统一的公共服务和数据共享交换平台，将大大提高社会治理的效率、公共服务的水平和人民生活的便利程度。智慧社会具有创新、包容和开放 3 个核心特征。智慧社会建设需秉持普惠性原则，通过全人群覆盖机制深化"以人为本"的核心价值理念。要建设适老的智慧社会，就要帮助老年人理性认识复杂的社交媒体环境，增强老年人的数字生存安全感，促进老年人的网络社会参与，同时加强对网络或社交媒体技术的伦理批判。

第一节　机遇与风险并存：加强网络空间治理

　　2014 年 2 月，习近平总书记在中央网络安全和信息化领导小组第一次会议上的讲话中指出："做好网上舆论工作是一项长期任务，要创新改进网上宣传，运用网络传播规律，弘扬主旋律，激发正能量，大力培育和践行社会主义核心价值观，把握好网上舆论引导的时、度、效，使网络空间清朗起来。"[1]
　　网络舆情管理的困境有四。第一，互联网话语权成为国家软实力的重要组成部分，互联网成为国际竞争的重要阵地，这大大增加了网络舆情管理的难度。第二，互联网使全员参与社会事务得以实现，增加了网络舆情管理的复杂度。第三，具有逐利本性的资本通过互联网扩大影响力，并试图通过操纵网络舆情获得利益。某些"热门""爆款"网络信息或事件背后其实是资本的操作，群情激愤不过是在资本操盘手的引导下出现的。第四，个体意见或个别事

1　习近平. 习近平谈治国理政：第一卷 [M]. 北京：外文出版社，2018：198.

件会因互联网得到快速、广泛传播，从而形成舆情，点燃网民的情绪，导致事态的失控。[1]

这些困境不免引发我们思考：在互联网上，老年群体是否被公平地赋予了话语权？成为讨论对象的老年群体是否获得了为自我发声的平等机会？在互联网资本扩张的过程中，老年群体是被"围猎""宰割"的对象吗？当网络舆情失控时，大量"缺场"的老年人的利益是否受到损害？

从社会环境的角度出发，"老年歧视"仍然存在。[2] 正是由于对老年人的观念性歧视和制度性歧视，老年群体往往无法得到公平的资源和机会分配。调动更多的社会力量参与，营造老年友好的社会环境，是持续推动"健康老龄化"之中国方案落实的重要途径。[3] 在超半数老年人"缺场"的数字世界中，"老年歧视"的传播不容小觑。不符合事实甚至虚假的网络信息的传播不仅塑造了网民对老年人的偏见式认知，还影响到老年人对网络民主的信任感和网络参与的积极性。

一、治理网络谣言，促进老年人网络社会参与

（一）作为谣言易感人群的老年人

2017 年 4 月，北京地区网站联合辟谣平台、腾讯较真平台发布《谣言易感人群分析报告》及一年来十大网络谣言榜单。此次报告通过对 2016 年 4 月至 2017 年 4 月网络大数据的分析，总结出网络谣言易感人群在年龄、地区、学历等方面的分布情况。从年龄来看，未成年人和 60 岁及以上的老年人是谣言易感人群，他们对于谣言的鉴别能力低于其他年龄群体。从地区来看，农村地区谣言易感人群占比较高。从学历来看，低学历人群更易相信谣言。相关数据显示，硕士及以上学历人群的约 10% 是谣言易感群体，初中及以下学历人群中这一比例超过 30%。结合老年人口平均受教育程度偏低的情况，老年群体更易成为网络谣言易感群体。

该报告指出，谣言甄别要素包括严重失实、夸大事实、以讹传讹、营销性造谣、变种谣言、移花接木、混淆概念、长尾谣言、恶意造谣等。上榜的十大谣言分别是：（1）撕不烂、嚼不碎、有腥臭味的紫菜是用废旧塑料袋做的；（2）蒲公英根可在 48 小时内杀死 98% 的癌细胞；（3）生长期 1 个月，街头

1　张国庆. 构建清朗的网络空间［N］. 中国社会科学报，2020-09-17（A2）.
2　吴帆. 认知、态度和社会环境：老年歧视的多维解构［J］. 人口研究，2008（4）：57-65.
3　陆杰华，阮韵晨，张莉. 健康老龄化的中国方案探讨：内涵、主要障碍及其方略［J］. 国家行政学院学报，2017（5）：40-47，145.

"速成鸭"大都含激素；（4）三五年后眼睛失明会大面积爆发；（5）某医院出现人感染 SK5 病毒死亡病例；（6）女子狂犬病发作当街咬人；（7）清肺食物陪你度过雾霾天；（8）从某地来了一百多个偷小孩的人；（9）为了孩子健康请远离疫苗；（10）自来水蒸煮食物致癌，烧开水要开盖。可以发现，这十大谣言大部分与健康养生相关，而健康养生是老年群体重点关注的网络内容。

2018 年 7 月发布的《中老年人上网状况及风险网络调查报告》指出，中老年人上网最常遭遇的风险就是"网络谣言"。年龄越大，遭遇网络谣言的比例越高，且高学历的老年"精英"同样易受谣言侵扰。

2019 年年初，"头条辟谣"基于"今日头条"的谣言智能识别系统的海量数据，综合考虑谣言的危害性、迷惑性及公众接受度等因素，整理出 2018 年十大谣言：（1）中央经济工作会议决定不减税不降费；（2）港珠澳大桥扛不住台风"山竹"；（3）MH370 残骸被找到；（4）人体体质有酸碱之分；（5）重庆公交坠江，涉事轿车女司机逆行；（6）北极出现 32 度高温，北极熊或将灭绝；（7）"天宫一号"即将失控并撞上地球；（8）多名艺人因税务问题被约谈；（9）2020 年全面禁售燃油车；（10）乾隆、傅恒、弘昼真容曝光。

2020 年年初，人民网"求真"栏目联合人民网舆情数据中心综合了谣言在论坛、博客、报刊、App 等方面的信息量与热度值，盘点出 2019 年度十大网络谣言。例如，多喝水能治疗感冒；多吃黑木耳能抗癌；出现××症状要警惕，说明你离猝死不远了；响水爆炸事故中 18 名消防员牺牲；中国每年 20 万儿童被拐，只有 0.1% 被找回；燃气一旦起火，先灭火再关阀门。

从以上由不同机构、辟谣平台盘点的年度网络谣言可以看出，传播广的谣言主要集中在社会公共安全事件、健康养生、国家政策与政府行为、科技等方面。其中，有关健康养生的内容占比较高，如"清肺食物陪你度过雾霾天""多喝水能治疗感冒"等。而且，健康养生类谣言的易感人群逐渐从中老年人群向"80 后""90 后"等更年轻的群体扩展。

与社会公共安全、食品安全等有关的谣言占比也较高。此类谣言往往与人们的生命财产息息相关，如"从某地来了一百多个偷小孩的人""自来水蒸煮食物致癌，烧开水要开盖"等。此类谣言的形成一般与社会热点话题有关，容易引发网民"不怕一万，就怕万一"的心理。当然，此类谣言的广泛传播与网络营销号的恶意引导也有关。

在突发事故、自然灾害等重大舆情事故中出现的谣言也占有不小的比重。"重庆公交坠江，涉事轿车女司机逆行""响水爆炸事故中 18 名消防员牺牲"等谣言引发的社会舆情，不仅伤害了涉事人群或组织，还影响了事故的正常处理。社会事件一次又一次在谣言爆炸中被反转，也让更多的网民意识到让"子弹再飞一会儿"，静候官方回应，反而是更明智的网络参与行动。

值得注意的是，社会弱势群体是网络谣言的易感群体。社会弱势群体既可能是谣言传播的参与者，也可能是谣言传播的受害者。涉及儿童、老人、失能人群等弱势群体的谣言往往用"真实、科学"的外衣进行包装，或为非法牟利，或为引发社会恐慌，或为激化社会矛盾。我们在打击谣言、治理谣言的同时，也要切实保障社会弱势群体的权益。

（二）作为被造谣对象的老年名人

在复杂的网络媒介环境下，自媒体常以自带流量的老艺术家为造谣对象，吸引老年网民的关注或转发。各大社交媒体平台上均有关于老艺术家的谣言，这些谣言还有统一的格式：先拿老艺术家的从影经历、剧照打"情怀牌"，再引出对其晚年生活的介绍。谣言的内容大同小异，几乎都是在杜撰老艺术家子女不孝顺、无人养老的悲惨生活。[1] 此类文章字体偏大，适宜老年人阅读，可见主要面向老年群体传播，而且在每篇文章下面还会送上"退休金句"等"忠告"，诱导老年读者点赞、转发。被造谣者往往网络经验不足，加上网络维权举证困难，因此他们即便发现自己的人格权受到侵犯，也很难诉诸法律，切实维护自身权利。

这类谣言不但侵犯了被造谣老艺术家的人格权，还伤害了广大老年读者的情感。相关部门要在网络治理过程中不断健全相关法律法规，提高网络造谣成本，警示规范网络自媒体的传播行为。

（三）网络谣言治理及辟谣策略创新

2021 年 3 月，全国两会期间，最高人民法院和最高人民检察院的工作报告多处提及网络空间治理问题。相关内容主要包括：（1）严惩网络造谣行为，决不让网络空间成为法外之地。对严重扰乱网络社会公共秩序的案件，司法机关应担追诉之责，不能让受害人畏难维权。（2）坚决制止网络暴力，畅通人格权救济渠道。惩治网络流量造假，维护公平竞争的市场秩序。（3）严惩网络欺诈，运用法治手段治理突出的诚信缺失问题，让制假售假者受到惩处，让碰瓷者落入法网，让诚实守信者受到激励，促进诚信社会建设。

根据内容，网络谣言一般分为政治谣言、灾害谣言、社会伤害类谣言、食品（产品）安全谣言、公众人物谣言。

1　佚名.造谣老艺术家晚景凄凉？莫让老艺术家成为流量的受害者！［EB/OL］.（2021-03-19）［2024-10-11］.https://www.piyao.org.cn/2021-03/19/c_1211074126.htm.

政治谣言：主要涉及政治内幕、政治事件、重大政策出台和调整等，让公众对国家秩序、政治稳定、政府工作产生怀疑和猜测，破坏党和政府的形象，危害国家安全和政权稳定。

灾害谣言：捏造某种灾害即将发生的信息，或者夸大已发生灾害的危害性的信息，引起公众恐慌，扰乱社会秩序和经济秩序。例如，引发"抢盐风波"的核辐射谣言、引发群众逃亡并导致 4 人遇难的响水县爆炸谣言。

社会伤害类谣言：虚构恐怖信息或危害公众安全事件信息，引发公众恐慌，扰乱社会秩序，引发公众对政府管理的不满，影响社会稳定。

食品（产品）安全谣言：捏造或夸大某类食品或产品存在质量问题，引起公众对该类食品或产品的抵制，导致该类食品或产品生产者、销售者受损。例如，让牛奶企业蒙受巨大损失的"皮革奶事件"谣言。

公众人物谣言：针对个人特别是名人编造吸引眼球的虚假信息，侵犯当事人隐私，给当事人造成负面影响甚至经济损失。例如，某名人死亡的谣言。

近年来，政府、媒体、社会各界都关注到网络谣言传播的失范及危害，积极探索应对之策。政府相关部门和有影响力的媒体专门开设了辟谣平台，如中央网信办和新华网联合开设的中国互联网联合辟谣平台、腾讯"全民较真"公众号、新浪辟谣栏目"捉谣记"。

公众的谣言识别能力与学历、对意见领袖的选择偏好等显著相关。[1] 雷霞总结出新媒体环境下的网络谣言产生公式：谣言 =（事件的重要性+事件的相关性+事件的娱乐性）×事件的模糊性×事件的推送力度÷公众批判能力。[2] 该公式表明，公众批判能力越强，越可能遏制谣言的传播。另外，"事件的推送力度"这一要素，揭示出网络生态中注意力经济的影响。不难发现，有些谣言是被刻意生产并传播的。在这种情形下，传播谣言的公众常常沦为网络谣言传播经济链条上的"节点"而不自知。

谣言的产生与传播主要源于信息的不对称。随着微信内辟谣平台的兴起与治理机制的成熟，官方科普账号、科普自媒体账号影响力的逐步提高，认知局限、信息不对称等问题逐步得到解决。当然，治理谣言不可能一蹴而就，需要不断提高网民的媒介素养和辨别信息真伪的能力。

2017 年 5 月，有知乎网友询问"为什么中老年人的'朋友圈'里谣言非

1　刘鸣筝，孔泽鸣. 媒介素养视阈下公众谣言辨别能力及其影响因素的实证研究［J］. 新闻大学，2017（4）：102-109，151.
2　雷霞. 网络谣言的界定和成因［EB/OL］.（2018-12-10）［2024-10-11］. https://www.piyao.org.cn/2018-12/10/c_1210011419.htm.

常多"，期望了解该现象产生的深层次原因。该问题引发了网友的热烈讨论。

2017 年 5 月，"百度知道"平台上有网友问"网络谣言转发大户 80% 是中老年人，如何平衡中老年内心和社交需求，将网络谣言的危害降到最低"。网友的观点包括以下方面：（1）老年人文化水平偏低，媒介素养不足，倾向于把网络媒体发布的印刷体文本或图片等同于"权威信息"。（2）老年人思维模式固定，难以快速地接受新事物，甚至有意地排斥新事物，害怕因改变固有观念而认知失衡。（3）大部分老年人网络经验不足，通过智能手机跃入互联网后，看什么都觉得新鲜，因此需要积累一定的经验才不那么容易被骗。（4）老年人传播的谣言大多有"积极"倾向，这是利用了老年人对积极信息的心理需求。（5）老年人传谣的对象往往是亲朋好友，某种程度上是在表达关心或寻求他人关注，反映出他们对亲密感的渴求。（6）并非所有老年人都热衷于传播谣言，老年人之间的差异较大。

2018 年 7 月 30 日，《人民日报》发布时评，指出老年人正成为一些营销号的目标群体。这些营销号利用"银发族"重视健康养生的心理，为他们量身定制谣言，如通过"有毒""致癌""致死"等刺激性语言，配合看似"专业""确凿""客观"的事实，激发老年人的焦虑和恐慌；再配合"赶紧转发给亲朋好友""不转就会……"等诱导性言辞，利用老年人的"利他"心理，促使老年人成为谣言传播的生力军。

在本研究考察的 JZS 线上助老学习群中，笔者也发现了有意思的现象。2020 年 11 月 17 日上午，花奶奶在群里分享了一则谣言（"因辐射而需要关闭手机"）。一位大学生志愿者截图告知花奶奶这是谣言，网上早就有辟谣信息。但是，花奶奶没有做出任何回应，群内的其他老年朋友也没有做出任何反应。后来，大学生志愿者为群里的老年人专门开展了辨别谣言的课程。在教学活动结束后，笔者观察到群里的部分老年朋友依然热衷于分享各种谣言类文本、图文、小程序、小视频。

根据笔者的观察，老年同龄人之间的辟谣似乎也不顺利。2020 年 9 月 18 日，花奶奶在 JZS 线上助老学习群里分享文章《紧急提醒：10 月开始这些费用全取消》。老年群友"月是故乡×"回复："火车票免费，不可能！""禄×"也跟着回复："看着消息不准确。"接着，转发信息的花奶奶回复："看看再说吧。我也不坐火车，网上的信息不全是真的，看看而已。"可以看出，老年朋友喜欢在微信群里转发各种信息，会把微信群作为日常信息获取的渠道，但是并不在意传播虚假信息或谣言的后果。他们往往认为，自己转发、分享信息，只是给大家"看看而已"。可见，老年人的"求真"意识、网络社会责任意识还是比较薄弱的。

在 JZS 线上助老学习群中，有老年朋友会在不同时间反复分享同一则谣言，其心理是"宁可信其有，不可信其无"。比如关闭手机这条谣言，转发的老年朋友会觉得，只是定期关一下手机而已，对生活并没有什么影响。由于谣言传播的成本很低，一些老年朋友没有主动树立拒绝传播谣言的意识。

针对这样的情况，可以从媒体支持、代际学习和社区服务 3 个方面进行谣言治理。

首先，积极发挥辟谣平台的功能，提升其传播影响力。媒体可以从梳理谣言套路、增强科学素养、提高媒体素养等方面出发，提升老年人的谣言鉴别能力。针对辟谣速度"跟不上"谣言传播速度的状况，相关组织可以发挥短视频文化传播的优势，研究科学辟谣传播方法。另外，辟谣类作品的制作要遵循传播规律，通俗易懂，不能曲高和寡。要把这些作品广泛投放到各大平台，精准地推送给目标群体，潜移默化地向老年人普及科学知识，提升老年人的媒介信息鉴别能力。

其次，积极推进家庭和社区场域的代际学习，围绕网络信息鉴别开展同龄人之间或不同代人之间的专题讨论。笔者在田野调查中发现，一些子女比较注重在家庭中进行媒介素养反哺。受访者周女士表示："我觉得你的这个课题很有意义。你看疫情期间老年人使用社交媒体这个事，太有意思了。老人全在转发谣言。我们家也是这样。我就天天给他们讲媒介素养。我妈现在知道了，要先考证消息的来源，那些自媒体的东西不能转。比如我先问她这个消息哪里来的，她说'央视新闻'上看的，那我就说这个行。他们整天转发养生啊、什么东西不怎么样就会得癌啊这样的内容，然而他们又是最轻视病毒的人，常常不戴口罩。"

最后，从社区治理出发，要积极为老年人营造舒适的社区养老环境，面向老年人开展积极向上、丰富多彩的社区活动，如培训学习、娱乐休闲等活动。2020 年以来，社区积极开展帮助老年人学习使用智能手机的活动，不仅增强了老年人的网络技术能力，还增加了老年人与同龄人、年轻人之间的交流互动，提升了老年人的主观幸福感。

可见，提高老年人的媒介信息鉴别能力需要循序渐进。部分老年人因缺乏网络经验和相关法律知识，倾向于根据自己的生活经验和核心关切来阅读并分享信息。这样的分享往往出于善意，然而正是这种善意被不法分子利用。在数字化生存过程中，老年人不仅要具备信息技能、阅读理解的能力，还需要建立一套"该如何相信"的信息价值观，即形成一套对网络信息的鉴别、判断、理解机制。网络信息信任机制的建立，则依赖于媒介公信力建设、网络法治完善及社会主义核心价值观的践行等。

二、规避网络风险，重建老年人网络生存环境

（一）数字时代的老龄国情教育

2018 年，党俊武连续发文呼吁全社会重视老龄国情教育，指出："我们面临的真正问题是老龄社会的人口年龄结构与人类在漫长历史发展过程中所形成的年轻社会的基本构架之间的矛盾。"[1] 老龄化社会不是仅涉及老年人。要面向全体国民，不间断地开展老龄国情教育。[2]

面对老龄化社会，年轻人应该做些什么？笔者比较认同党俊武教授的几点呼吁：一是每一位年轻人都应该意识到老龄化社会已来临，积极通过各种媒介渠道充分地认识我国的基本国情；二是在传统文化的熏陶下，检视自己一年来的敬老态度和行为，尽可能地为老年人做些实事；三是从全生命周期的视角出发，为自己的老年期做思想上的规划及经济上的储备；四是增强个体对老龄化社会的责任感，为全社会的美好生活积极奋斗。

为了强调人类交流互动中生命的自我觉知与觉醒，传播学教授师曾志提出了"生命传播"这个概念。互联网研究学者姜奇平认为，"生命传播"不单单是一个传播学概念，还应被视为关于生命以何种方式在场的哲学思考。[3] 在师曾志看来，生命传播不仅关注心灵、自我、社会的关系，而且关注对交感、交流、交往形式的反思与理解，以及交流、交往的权力结构对个体产生的影响。[4] 随着老龄化进程的加速，从生命传播出发，每个人都应该正视老化问题，因为这与每个人在数字时代的存在意义息息相关。在互联网时代，如何关注老年人的情感需求是一个社会问题，也是一个传播学问题。无论是社会关系模式的变迁、话语体系的变化，还是养老模式的技术性"异化"，都是当代老年人面临的现实挑战。

如何在媒介融合情境下，充分发挥社交媒体的传播功能，向所有人推广老龄国情教育？首先，要正视当前数字媒体环境下"老年歧视"的传播及其危

1　党俊武. 建议设立老龄国情教育日 [J]. 中国社会工作，2018 (29)：35-38.
2　党俊武. 重阳六论老龄社会国情教育 [J]. 老龄科学研究，2018, 6 (10)：3-11.
3　姜奇平. 传播，让生命在场：评师曾志《生命传播：自我·赋权·智慧》[J]. 互联网周刊，2018 (3)：70-71.
4　师曾志，仁增卓玛. 生命传播与老龄化社会健康认知 [J]. 现代传播（中国传媒大学学报），2019, 41 (2)：20-24.

害；其次，要注意到数字媒体环境下老年群体的边缘化及其伦理风险；最后，要思考作为数字弱势群体的老年人也应该被媒体和大众"看见"，应被真正赋予话语权，而不是"被代言"甚至被"污名化"。

（二）老年群体的网络风险防范

2021 年 3 月 15 日，中央电视台"3·15"晚会揭露了"老年人手机里的安全陷阱"，曝光不法分子利用老年人对手机操作的不熟悉、对手机存储空间不足的担忧，诱导老年人下载手机清理类 App，进而窃取个人信息。

稍后，《中国老年报》刊发专题报道《互联网"围猎"老年人》，聚焦"流氓软件满屏乱窜""互联网上的洗脑术""凶险的网上相亲路""网购成瘾，无法自拔"等老年人遭遇的互联网风险，呼吁认真对待互联网中的老年人，希望商家能真正从老年人的需求出发，设计安全、纯净、有益的产品和功能，保障老年人安全"触网"。《南方都市报》的商业数据新闻部对"中老年人手机软件使用现状"进行调研，发现中老年人在手机软件使用过程中面临的主要障碍是"诱导下载"和"广告困扰"。[1]

老年人特殊的生活经历与其媒介习惯存在一定关联。例如，"50 后""60 后"在艰苦岁月中形成了节俭观念，在使用物质资料或工具时往往会考虑节省。笔者发现，老年人使用智能手机最常见的心理需求是"三省"，即省流量、省空间、省电量。网络营销人员会利用老年人的这种心理需求，制订挑衅道德底线的恶意营销方案，将老年人"物化"为可以变现的"流量"。举例来讲，老年人希望节省手机空间，自然会产生"手机空间清理"的需求。但由于对手机内存清理原理不甚了解，老年人一不小心就会陷入互联网骗局，不断被诱导下载各种软件，从而被套取隐私数据。在被精准画像后，老年人会收到各种带有欺骗性的广告信息。

另一个值得关注的风险存在于名不副实的"老人机"中。被贴上"老人机"标签售卖的并不一定是专门为老年人设计的手机，也可能是已被市场淘汰的旧款产品。这些手机的核心特点是价格便宜、硬件配置低。一些无良商家还会在"老人机"中预装很多软件，诱导老年人点击广告，套取老人的数据甚至金钱。这样的"老人机"不仅没有进行适老化改造，反而是互联网商业逻辑下的"老人收割机"。

老年人不应该成为被互联网资本"围猎"的对象，职能部门应通过对相

1　孔学劲. 央视 315 曝光手机软件坑老，广告诱导已成老人最大困扰之一 [EB/OL]. (2021-03-15) [2024-10-11]. https://www.sohu.com/a/455773905_161795.

关网络技术公司、手机销售公司、网络媒体的治理，打击针对老年人的网络违法犯罪，帮助老年人规避可能遭遇的数字化生存风险。据报道，上海市通信管理局高度重视"3·15"晚会曝光的问题，第一时间组织相关单位，针对手机清理软件问题对涉事单位开展调查，并进一步加强行业监督检查，加大对互联网企业违法违规收集使用用户个人信息行为的处置力度，以切实维护用户的合法权益。

适老化改造离不开政府部门的有效介入和思路创新，比如广东省民政厅联合"粤省事"平台推出了全国首个移动端老年人服务专区——"尊老爱老"服务专区。该专区进行了大量适老化设计，如字号更大、颜色更丰富、文案表述更简洁，并针对老年人开辟了乐享生活、便捷服务、地市服务三大板块，为老年人的日常出行、娱乐、就医提供一键直达服务。

第二节　技术与人性博弈：适老智慧社会建设

一、关注技术伦理：共享逻辑下的社交媒体批判

共享逻辑是一种人类共同意识到的所有人都应该在社会中平等参与且平等受益的逻辑。[1] 以微信等为代表的社交媒体日益被视为"数字中国"发展的重要基础设施，所有人都应该真正参与到社交媒体中来，并从中受益。同时，社交媒体生态中的各种社会角色均承担着维护健康网络文化的责任。

值得注意的是，一方面，微信打造的"数字身份证"虽然加强了用户的身份认同，但也剥夺了一些非用户的权力，如边缘化了不会使用微信的老年群体。如何增强"巨无霸"式社交媒体平台的数字包容性，并维护其公平性？这值得深思。我们不能将微信的普及视作理所当然之事，亦需警惕其带来的"技术规训"效应——当社交工具异化为"数字座架"时，人性关怀正在被悄然消解。另一方面，老年群体存在自身的特点，如身体机能的退化、心理上对新事物的恐惧或焦虑。面对数字时代，老年人只有"适应"这一条出路吗？老年人有没有"拒绝"的权力，有没有"慢慢跟"的权力？

新冠疫情暴露出技术应用的弊端，即人似乎日趋被数字技术"规训"。这意味着，数字技术获得了强大的权力，开始对人们的日常生活"指手画脚"。

1　福克斯.社交媒体批判导言［M］.北京：中国传媒大学出版社，2018：251.

个体一旦不会使用数字技术，或者不能按照数字技术规定的程序操作，就会遇到"大麻烦"。无法适应快速进化的数字时代的老年人，在媒体报道中常被统称为"2.5亿老年人"或者"2亿老年人"，进而被标签化为"数字弱势群体"。诚然，60岁以上的人大多成长于传统媒体时代，他们对新媒体的接受度没有年轻人那么高，但问题在于我们应该用什么立场去看待他们的"困境"，用什么态度去解决他们遭遇的问题。当目睹老年群体面对数字技术茫然失措的时候，我们首先想到的解决办法难道只有"让他自己学，他必须学会"吗？我们是不是也应该反思不断加速的数字化进程的负面效应？这涉及技术与人性的博弈。

哲学家海德格尔在论及技术的本质时提出的"座架"概念可以给我们以启示。在《技术的追问》中，海德格尔说，技术是一种解蔽的方式。技术是在解蔽和无蔽状态的发生领域中，在真理的发生领域中成就其本质的。在现代技术中起支配作用的解蔽是一种促逼，此种促逼向自然提出蛮横要求，要求自然提供本身能够被开采和储藏的能力。现代技术的促逼不仅针对自然，还针对人本身。而且，人首先受到了促逼，促逼把人聚集到对"自然的订造"中。海德格尔造出"座架"这个词来命名那种促逼着的要求，那种要求把人聚集起来，使人去订造作为持存物的自行解蔽的东西。海德格尔认为，座架的意义在于它是本有的前奏，使得人和存在以相互逼索的方式相互归属和共属，使人和存在进入本真状态，获得本质的东西。座架的危险在于遮蔽和伪装：座架遮蔽了解蔽即真理的本质；座架伪装着真理的闪现和运作，还伪装着产出。作为现代技术之本质的座架既解蔽又遮蔽，掩盖了持存者的真实存在。[1]

海德格尔反对技术和人的二元对立，认为技术和人的存在互为一体。胡翼青在利用海德格尔的技术哲学观考察传播问题时发现，媒介技术不仅仅是一种工具和手段。[2] 他认为，传播是技术变迁最快的领域，新媒体是我们日常生活中的一种存在方式。如果研究者一味地想探索媒介与人类行为直接的因果关系，就容易陷入媒介决定论的陷阱，沦为技术功能主义的奴隶。

西方数字经济在很大程度上不仅是一种产业或生产模式，也是一种日常生活的结构化模式。[3] 一旦人们的身体与生活均被数字资本架构，资本的"异化"力量将进一步向日常生活世界渗透。根据《资本论》，资本总是倾向于将

1　包国光. 海德格尔"座架"的希腊来源和多重意义 [J]. 哲学研究，2006（7）：48-52.

2　毛章清，胡雍昭，胡翼青：重新发现传播学：从海德格尔的技术哲学谈起 [J]. 国际新闻界，2016，38（2）：170-173.

3　武强. 反思西方数字资本与数字生活 [N]. 中国社会科学报，2020-12-01（A5）.

人类活动抽象成某种符号，从而将多元而丰富的生活意义和实践意义从人类活动中剥离出来。在数字经济中，资本的这种抽象力量体现为"将人类身心捆绑于抽象的数据之上"。而且，数字资本的力量往往很隐蔽。在数字时代，人们很难拒绝自己的数字身份。

人到晚年是否有权追求"诗意地栖居"，寻求人与自然的和谐？如果老年人对新事物感兴趣，能主动学习新技术、了解新文化，那么家庭、社会均应提供支持。反之，如果老年人认为学习新技术是一种负担，或者由于身体、心理等原因无法学习新技术，那么老年人是否就该被边缘化，或者被剥夺生存的权利？在对数字技术渗透或改造人类生活进行反思后，我们也许会得出不同的答案。

大学生受访者小卢在谈论"是否要带领祖辈跨越数字鸿沟"这个问题时表示：

首先，数字鸿沟是什么？数字鸿沟又称"信息鸿沟"，是指当代信息技术领域中存在的差距现象。它既存在于信息技术的开发领域，也存在于信息技术的应用领域。有条件者可以上网且能从网上获得丰富的信息，无条件者只能徘徊在网络的大门之外。这会造成信息化水平的巨大差异。英国广播公司的相关新闻直接把数字鸿沟称为"信息富有者和信息贫困者之间的鸿沟"。很明显，它指的并不是年龄的差距，而是信息拥有量的差距。但是，为什么一说到数字鸿沟就会想到老人？那是因为中国的新媒体起步较晚，而且不够普及，所以只要提到数字鸿沟就会想到奶奶爷爷辈。很少有人去想，老人到底需不需要这么多信息。

对于互联网，我的奶奶是完全不懂的。在被教后，她也只会开关机。她总说，她学了电脑也没有什么用。她不看什么，要买东西，我们会带着她一起看一起买。就我家而言，老年人确实遭遇了数字鸿沟，但这并不代表老年人的生活缺失了什么，因为他们有自己的一套生活方式。相反，各种宣传和普及让他们觉得自己这个也不会那个也不会。结果可能不是他们慢慢学会，而是伤害到他们。

老年人不会又有什么关系？我们可以带着他们挑，给他们买，他们只要看看就好了。我并不支持教会他们，因为他们的世界那么简单，而网络那么复杂。新闻没事儿就吓他们。奶奶有时会听见谁谁谁说网上说什么会致癌，什么对身体不好，什么吃了会保持年轻。这些大多是虚假的。在信息泛滥的年代，我反而希望他们能不受网络干扰地过正常的生活。我一直跟奶奶说，网上的事儿大多和我们的生活无关。知道很多信息可能会让我们感觉自己很厉害，但其实想想，关于这些信息的真假我们并不能确定。所以，老年人只要叫我们做事情就好了。对于我的奶奶而言，她的圈子已经形成，买东西、串门都很方便。她的圈子很简单，没有很多信息也可以很好，有了很多信息也不会更好。所以，她可以保持现状，问问我，问问我的父辈，轻轻松松度过每一天。这就是我的看法，仅为个人观点。

在笔者访问的数百位年轻人中，大多数年轻人都觉得老年人该学习适应数字时代，年轻人也有责任教他们，但是如果老年人实在学不会，也没有什么好办法。小卢的观点显然不太一样。她站在老年人的角度上思考问题，给出了可能更人性化的答案。确实，无论是家庭还是社会，都不应该被数字技术"牵住鼻子"，而应充分思考人的需求，让技术服务于人类的美好生活。

技术伦理问题，特别是人工智能技术伦理正成为国际社会的核心关切。2019 年 6 月，我国发布《新一代人工智能治理原则——发展负责任的人工智能》，强调和谐友好、公平公正、包容共享、尊重隐私、安全可控、共担责任、开放协作、敏捷治理这 8 条原则。2019 年 7 月，腾讯研究院和腾讯 AI Lab 联合研究发布报告《智能时代的技术伦理观——重塑数字社会的信任》，认为基于"科技向善"理念，应倡导面向人工智能的新的技术伦理观：第一，技术信任：人工智能等新技术需要价值引导，做到可用、可靠、可知、可控；第二，个体幸福：确保人人都有追求数字福祉、幸福工作的权利，在人机共生的智能社会实现个体更自由、智慧、幸福的发展；第三，社会可持续：践行"科技向善"，充分发挥人工智能等新技术的"向善"潜力，善用技术塑造健康、包容、可持续的智慧社会，持续推动经济发展和社会进步。

网络过度使用、"信息茧房"、算法偏见、假新闻等暴露出数字产品对个人健康、思维、认知、生活和工作的负面影响，我们要呼吁互联网经济从吸引乃至攫取用户注意力向维护、促进用户数字福祉转变，要求科技公司把对用户数字福祉的促进融入互联网服务设计。

二、关切人性服务：智慧养老的社交媒体支持

2020 年 7 月 25 日，笔者通过中国知网的报纸数据检索系统，以"互联网+养老"和"智慧养老"为主题词进行检索，分别获得相关文章 56 篇和 103 篇。最早的记录是 2013 年 2 月 25 日《中国计算机报》发表的《汇晨老年公寓：700 多位老人的"智慧"养老记》。自 2013 年起，越来越多的报纸媒体开

始关注"互联网+养老"和"智慧养老",发文量稳步提升。其中,《中国社会报》《中国人口报》《中国老年报》《中国社会科学报》等媒体对智慧养老议题给予了较多且持续的关注。在"互联网+养老"的56篇样本中,《中国社会报》占4篇,《中国人口报》占8篇,《中国老年报》占4篇,《中国社会科学报》占3篇。在"智慧养老"的103篇样本中,《中国社会报》占18篇,《中国人口报》占10篇,《中国老年报》占5篇,《中国社会科学报》占3篇。

根据大众媒体的报道趋势,可以看出我国"智慧养老"的理念发展、实践成果及问题反思。

（一）概念阐释,凝聚共识

早期的"智慧养老"概念,与养老机构信息化密切关联。郭涛撰写的《汇晨老年公寓:700多位老人的"智慧"养老记》介绍了北京某老年公寓的信息化管理系统。该系统包含养老院所有的服务项目,如入住管理、护理服务管理、娱乐餐饮管理、消费结算管理、老人信息管理、员工管理等。

媒体在概念阐释上出现了转向,即从早期的"互联网+养老"逐步转向"智慧养老"。这体现出理念的转变,即养老领域的信息技术应用或服务正从技术本位转到人本位,从重视技术系统的搭建转到重视服务体系的构建,进而将智慧养老的本质从生硬的技术应用转到适老的人性化服务。

以《中国社会报》的发文趋势（见表11-1）为例进行分析,可以发现,报纸媒体从2015年起关注"智慧养老",来自学界、业界、政界的有识之士积极开展跨界思索,推动智慧养老实践在各地开展。

智慧养老指利用信息技术等现代科技（如互联网、物联网、移动计算等）,围绕生活起居、安全保障、医疗卫生、保健康复、娱乐休闲、学习分享等支持老年人的生活服务和管理,对涉老信息自动监测、预警甚至处置,实现技术与老年人二者友好、自主、个性化的智能交互。[1] 作为破解快速老龄化社会困境、促进老龄事业发展的新思路,智慧养老的本质是服务,而非产品。作为智慧养老服务的参与主体,政府、大众、老年人等需要及时转变观念,让智慧产品系统真正服务于老年人的需求。只有政策、资本、技术、人才要素有机融合,才能推进智慧养老产业的发展,助力老龄化社会治理,切实保障老年人的合法权益。

---

[1]　魏蒙. 智慧养老助力老龄社会建设［N］. 中国社会科学报,2020-10-28（A5）.

表 11-1　2014 年 1 月—2020 年 7 月《中国社会报》发表的有关"智慧养老"的文章

序号	作者	文章标题	发表日期
1	龙环	告别"悲情黄昏"　推行精神养老	2014 年 9 月 23 日
2	张新华	"智慧养老"应先找准定位	2015 年 2 月 2 日
3	许伟文	"智慧养老"的理想与实践	2015 年 5 月 29 日
4	何益军	如皋市构建民政信息化管理服务体系	2016 年 8 月 30 日
5	王志良	国家推进智慧养老的政策措施	2017 年 5 月 22 日
6	左美云	我对"智慧养老"的理解和发展建议	2017 年 5 月 22 日
7	崔炜	智慧养老产业发展遭遇三个瓶颈问题	2017 年 5 月 22 日
8	崔炜	太原市做优"互联网+养老"的三个关键点	2018 年 8 月 20 日
9	王杰	当前智慧养老面临的机遇和认识误区	2018 年 8 月 20 日
10	朱勤皓	关于大城市养老服务的几点思考	2019 年 6 月 3 日 2019 年 6 月 4 日
11	李登奇	强基础　攻难点　补短板	2019 年 7 月 12 日
12	陈刚	文化先行打造智慧养老之城	2019 年 8 月 9 日
13	王剑侯	沿着习近平总书记指引的方向不断前行	2019 年 11 月 25 日
14	朱勤皓	关于推进"智慧养老"的几点思考	2020 年 6 月 8 日
15	施绍根	智慧养老打造"没有围墙的养老院"	2020 年 7 月 6 日
16	左美云	抓住机遇须在供给和需求两方面共发力	2020 年 7 月 23 日
17	彭剑波	既对技术有要求，又对服务有要求	2020 年 7 月 23 日
18	李志宏	智慧养老要由"云端"落到"地上"	2020 年 7 月 23 日

（二）理念先行，跨界合作

首先，智慧养老是新时代老年学的研究焦点。中国人民大学左美云教授较早开展智慧养老研究，分析了"智慧养老"的内涵和行业发展阶段。2011—2016 年，智慧养老处于概念和思想的启蒙期。2017 年 2 月，工信部等 3 部委联合发布《智慧健康养老产业发展行动计划（2017—2020 年）》；国务院发布《"十三五"国家老龄事业发展和养老体系建设规划》，提出实施"互联网+"养老工程。这意味着智慧养老正式进入探索期。[1] 学界通过学术研究为智慧养老奠定理论基础，亦通过与政界、业界的积极互动探索智慧养老的新机遇。

1　左美云. 智慧养老的含义与模式 [J]. 中国社会工作，2018（32）：26-27.

其次，智慧养老成为新时代应对养老困境的新思路。以我国大城市的养老问题为例，2019 年 6 月，朱勤皓发表《关于大城市养老服务的几点思考》，强调 "养老服务作为新一轮机构改革后民政部门的重要工作，关系到党和国家的执政基础，关系到人民群众的生活幸福"，并具体阐释了我国养老服务事业的发展理念：应建立符合国情市情、有利于城市老年人安享晚年的养老服务发展模式，让老年人生活得更有尊严，让老年人在熟悉的环境下、亲情的陪伴下、丰富资源的围绕下养老，实现 "在地老化" 和 "原居安老"。[1]

最后，从大局看，我国步入人口快速老龄化阶段，面对以亿计的人口的养老挑战，智慧养老行业大有可为。2019 年智慧健康养老产业发展大会公布的数据表明，我国智慧养老产业规模近 4 万亿元，全国范围内建成 117 家示范企业、225 个示范街道（乡镇）和 52 个示范基地，初步形成了信息技术企业、健康养老机构、专业服务商及用户等多主体间的互利共赢机制。[2] 当前，智慧养老产业商业模式实现了多样化的创新发展，如市场主导式、企业自建自营式、政企联合式、公建民营式、集成商+服务商式等，智慧养老服务产品也细分为健康管理类穿戴设备、便携式健康监测设备、自助式健康检测设备、智能养老监护设备、家庭服务机器人等。在国家规划和政府政策的推动下，医疗器械、地产、科技、互联网等相关领域的企业积极投资布局，助力智慧养老行业发展。

（三）积极反思，实践创新

现阶段，智慧养老虽然得到了社会的广泛接受，在国家行动计划的推动下成为养老跨界融合发展的热点，但是在落地过程中还存在较多问题。朱勤皓认为，践行 "以老年人为中心" 的智慧养老理念，让信息技术更好地服务老年人，要注意 3 点：一是厘清需求，思考 "老年人到底需要什么"；二是考虑性价比，思考 "怎样才是最优化、最实用的解决方案"；三是以人为本，思考 "如何让信息多跑路，让老年人享受到人性化的服务"。[3]

李志宏认为，智慧养老 "叫好不叫座" 的原因在于其发展存在 5 个堵点：有精度，无温度；有线上，无线下；有产品，无服务；有需要，无需求；有系统，无整合。让智慧养老 "落地"，就是要疏通这些堵点。主要对策有：以人为本，产品研发注重用户体验；根据老年人的需求层次结构升级迭代智慧养老

1　朱勤皓. 关于大城市养老服务的几点思考：上篇［N］. 中国社会报，2019-06-03（A2）.

2　韩鑫. 智慧健康养老产业规模将突破 4 万亿元［EB/OL］.（2020-01-04）［2024-10-11］.http://www.gov.cn/xinwen/2020/01/04/content_5466410.htm.

3　朱勤皓. 关于大城市养老服务的几点思考：下篇［N］. 中国社会报，2019-06-04（A2）.

产品和服务；注重线上与线下融合服务；注重拓展老年人链接智慧养老平台的模式；将智慧养老服务纳入基本公共服务保障范畴，惠及所有老年人。[1] 例如，"50 后""60 后"普遍信息素养偏低，在操作智能终端方面可能存在实际困难。应考虑如何让老年人便捷地接入智能养老平台，包括扩展线下服务、技术改进、开通电话模式等。

智慧养老产品和服务看起来琳琅满目，但在实际应用过程中存在接受度不高、不会用、不实用的问题，此外还有价格的问题，比较突出地体现为"三重三轻"，即"重技术、轻需求""重产品、轻服务""重概念、轻场景"。[2]以 5G、物联网、大数据、云计算、人工智能等新技术为依托的智慧养老产品和服务，为解决传统养老方式在医疗健康、生活照料、精神娱乐等方面的难题提供了优质解决方案，有助于人们的晚年生活更自主、更健康、更有尊严。

我国社会养老资源相对有限，依赖家庭和社区的居家养老是主流养老方式，也是绝大数老年人普遍期待的养老方式。因此，提供居家养老服务成为老龄工作的重要切入点，亦是养老服务业的主要发展方向。老年人对社区提供的医疗健康服务、日常生活服务和心理咨询/聊天解闷服务有强烈的需求。[3] 如何利用新技术为居家养老的老年人提供个性化支持，成为居家智慧养老的重要课题。

宋林飞在江苏省哲学社会科学界第十三届学术大会上对居家智慧养老模式进行了阐释，认为："在现代经济社会发展背景下，传统的家庭养老功能弱化，社会化养老机制尚不健全，居家智慧养老是解决当前养老问题的主要思路。居家智慧养老指利用互联网、物联网、大数据、云计算、人工智能技术，借助各类智能化数据平台与设备做出智能响应，整合正式和非正式的支持系统，为居家老人提供养老智能产品和服务，使老人度过愉快、自主、有价值和有尊严的晚年生活。"[4]

有调查显示，96.7% 的老年人愿意居家养老，其主要需求集中在医疗保健、精神慰藉等方面；老年人对养老服务的需求虽然较大，但购买养老服务的意愿较低。70% 的受访者愿意以每月不超过 200 元的价格购买养老服务。[5] 了

---

1 李志宏. 智慧养老要由"云端"落到"地上"[N]. 中国社会报, 2020-07-23 (A4).
2 黄瑶. 智慧养老破解"三重三轻"方能渐入佳境 [J]. 中国社会工作, 2020 (23)：16-17.
3 党俊武, 李晶. 中国老年人生活质量发展报告：2019 [M]. 北京：社会科学文献出版社, 2019：144.
4 宋林飞. 居家智慧养老模式与标准 [N]. 中国社会科学报, 2020-02-20 (4).
5 宋林飞. 居家智慧养老模式与标准 [N]. 中国社会科学报, 2020-02-20 (4).

解老年人的真实需求和现实状况是发展居家智慧养老的出发点。笔者认为，利用智能技术助力养老事业，不仅仅要发展"互联网+"传统养老服务，还要立足我国老年人对晚年生活质量提升的美好期望，提供"晚年+"精准养老服务。政府部门、企业单位、服务机构要真正做到以人为本，重视老年人的真实需要，探索个性化的技术解决方案。发展智慧养老，不能仅将其视为资本逐利的"蓝海"，还要将其看作惠及全体人民的公共福利事业。发展智慧养老，不仅在于支持"养老"，还要促使老年人更新生存观念，提升生存质量，真正实现"享老"。

当前，我国正加快"数字中国"建设。面对老年人被数字时代边缘化的现实，各地纷纷实施智慧助老行动，旨在切实保障老年人的合法权益。同时，政府对相关技术企业、公共事业单位进行部署，如鼓励信息技术企业和公共事业服务窗口进行适老化改造，要求社区、老年大学等面向老年人开展智能手机、社交媒体的使用技能培训，并通过各种防诈骗宣传提升老年人的媒介素养。2021 年，惠民项目"互联网医院"蓬勃发展。患者可以通过网络进行问诊，医生开的药也能快递到家。据国家卫健委通报，截至 2021 年 3 月，我国建成 1100 余家互联网医院，旨在为广大群众提供寻医问药、健康管理等服务。建立互联网医院对老年人而言是好事，但老年人能否有效利用互联网医院解决自身的医疗保健问题，一方面取决于老年人的网络使用技能，另一方面取决于老年人新观念的形成，如对互联网问诊模式的信任。

围绕老年人的服务需求，一些地方政府建立了虚拟养老院。虚拟养老院是没有围墙的养老院，能为居家养老的老年人提供整合式信息服务。老年人只需在该平台选择相应的服务，便可以享受接受政府管理和监督的、物美价廉的上门服务。供需平衡、规模效应是影响虚拟养老院质量和效率的重要因素。如果有更多的老年人通过微信这样简单易用的平台加入互联网，那么类似虚拟养老院的服务将会获得多样化、个性化的发展，服务项目会更细分，收费会更合理，模式会更成熟。

另外，我们还应该关注智能技术的优势与限度，即智能技术能做什么，不能做什么。2020 年年底，一则报道引起了人们的关注：上海长宁区江苏路街道办为辖区内的 6 户独居老人安装了智能水表。一旦 12 小时内智能水表的读数低于 0.01 立方米，居委会便会收到信号，然后会及时派人上门查看。2021 年 2 月，为保障高龄独居老人的安全，上海普陀区的一个小区在高龄独居老人家中安装了一套智能系统。如果 12 小时用水不足 0.01 立方米，或 48 小时没有进出大门记录，这些装置就会发出预警，提醒社区人员上门探视。在建设老年友好型社区的过程中，智能助老产品或服务的人性化发展是以全社会养老观念的转变为基础的。随着超级老龄化社会的来临，在用智能技术解决养老问题上因地制宜、精准施策，彰显的是政府的用心和企业的诚心。

实际上，随着老年人的数字生存困境逐步走进公众视野，我们可以看到许多帮助老年人在数字时代安度晚年的行动。首先，为老年人开展各种技术培训支持。例如，南京在全市社区开设多个培训点教老年人使用智能手机，华为的《送给爸妈的手机使用指南》持续修订，支付宝为老年人开设的线下课堂走进社区，来自大学生志愿者的面向老年人的智能手机使用方法培训更是遍地开花。其次，提供老年版、关怀版的手机应用越来越多，涉及新闻媒体、交通出行、社交通信、生活购物、搜索引擎等。设计老年版、关怀版的目的是构建纯净的网络空间，帮助老年人规避广告等诱导性信息带来的风险，同时在显著位置为老年人提供健康类、新闻类、生活类服务。最后，提升老年人的社交媒体接受度和参与度，保障提供系统服务的城市智能门户顺利运行。以"我的扬州"为例，该 App 集成了扬州市各类生产生活服务资源，是为政府、企业、公众提供统一资源管理、统一接入、统一服务的城市智能门户。扬州市以此建立以市民为中心的社区发展治理体系，努力打造 15 分钟生活圈。

结　语

风吹落枯叶，枯叶滋养土壤，肥沃的土壤帮助果实缓慢而坚定地生长。

——电影《人生果实》

一、发现自我价值：数字时代全社会老龄观念的更新

民众对"老年人应该如何生活"似乎有一种应然的观点，从而形成了一种普遍的刻板印象。无论是老年人对自我老化的认知，还是子女对老年父母的看法，二者都相对一致。笔者在采访一些"70后"或"80后"时，常听到这样的感慨：老一辈的人活得"太粗糙""太无聊"了！一方面，子女希望父母的晚年生活不要以子女为中心，为子女操心太多，而是要学会经营和享受自己的生活；另一方面，子女希望老年父母改变"省吃俭用"的金钱观，在改善生活、培养兴趣、丰富自我等方面积极消费。如果老年人不能真正享受晚年生活，不仅可能让自己蒙上悲凉的色彩，还可能让后代对即将来临的超级老龄化社会失去信心，潜在地传递出悲观情绪。

老年人深受既往生命历程、人生经验的影响，往往形成了相对独立且固化的人生观、价值观。我们不能强行改变老年人的观念，而是需要思考该如何理解、尊重和支持老年人，帮助他们通过适当改良生活方式提高生存质量。

本书上篇在大的社会背景下，从主体角度出发关注老年人的社交媒体接纳和数字化生存状况。首先，直面数字时代的"大国养老"问题，梳理人口发展、制度安排、老龄观念更新及智慧养老模式探索，同时揭示老年人面临的社交困境和数字化生存挑战。其次，对与老年人的数字化生存相关的文献进行研究，从个体、群体和社会层面总结学界所关切的老年人参与社交媒体的安全感、归属感和公平感等问题。基于对已有研究的本土化反思，又从社会分层理论和生命历程理论出发，考察我国老年人口的基本状况，具体描绘老年人的生活世界。再次，立足于我国老年人口的生活状况，对老年网民的规模发展、社交媒体使用特征、网络身份标识、网络表达方式进行系统认知与反思。最后，

在对社交媒体的"社会性"解析的基础上,探讨老年网民在认知、交流和协作维度上存在的困境,揭示老年群体的认知同质化、交流圈层化和协作边缘化等社交特征,从而为扶老越鸿沟精准施策提供理论支撑。

值得注意的是,老年人所遭遇的数字不平等并不仅是个体老化带来的问题,亦是数字时代发展的后果。"50 后""60 后"在文化背景、生活经历等方面具有独特性。无论是"上山下乡"、改革开放、恢复高考,还是实施计划生育政策等,都对他们产生了重要的影响。许多老年人并不是随着信息技术的发展自然而然地适应数字化生活的,而是因一些关键事件(如智能手机普及、微信上线)而匆匆跃入网络海洋的。希望老年人像游泳健将一样在网络海洋中遨游,是强人所难,很不现实。

要减少数字不平等,不仅要提升老年人的生活质量,增加老年人接入互联网、进行网络社交的机会,还要更新全社会的老龄观念,为老年人获得数字化生存的平等权利提供全面的社会支持。对于老年个体而言,改善老龄化社会中的数字化生存状况,不仅包括社交媒体的技术应用和文化适应,还包括重塑老年人对自我价值的认知。

"既不抛弃,也不强求"应是促进老年人适应数字文化的指导思想。无论是在技术接纳方面还是在文化理解方面,老年人都有自己的选择权。我们不应该抛弃无法使用数字技术的老年人,也不应该在数字化道路上对老年人"拉得太快""逼得太紧"。每个人的生命历程都值得尊重,我们不应该盲目地认为新时代的生活方式比旧时代的生活方式优越,更不应该逼迫具有丰富阅历的老年人融入"年轻人的文化"。基于老年个体的异质性,引领老年人融入数字化生存,可分两步走:第一步是实现对数字技术的工具化应用,第二步是对数字文化的包容、尊重和理解。全社会应对老年人的数字社会融入差异予以包容;同时,还应引导老年人用更开放、包容的态度对待数字文化,力所能及地参与数字文明建设。

二、建构老年身份:社交媒体运行逻辑及伦理反思

在社交网络环境下,媒介实践不仅是经验或事实的符号化过程,也是社会关系表征和建构的媒介化过程。人们越来越习惯通过媒介资源的获取达成某种目的,并且必须遵循媒介实践的种种规则。由此发展而来的媒介化社会理论开始关切媒介环境下包括个人与组织在内的不同社会角色之间社会交往和关系的变动模式。不同于传统文化研究将媒介仅作为参与传播的中介化工具,媒介化研究着眼于媒介在社会和文化变迁过程中发挥的作用。也就是说,媒介不仅仅

是社会各领域使用的技术工具，更是社会和文化变迁的结构性条件。[1]

老年群体的社交媒体参与不仅存在年龄、文化水平、物质条件、心理等方面的个体性影响因素，还存在经济、文化、社会、政治等方面的结构性影响因素。与商业化等一样，媒介化也可能是能影响个体行动者认识和理解社会世界的元过程。不容忽视的是，数字技术或社交媒体对社会组织及其变迁产生着制度化影响。在数字环境中，不同社交平台各有其运行逻辑，参与者必须按照某种规则认知或行事。在此过程中，用户的思维方式、认知方式、行动方式，乃至情感、态度、价值观等被潜在地形塑。社交平台在构建虚拟公共领域的同时，必须肩负起培育数字公民的社会责任和历史使命。在此，技术扩张与人性发展之间的关系被广泛讨论，而社交媒体上媒介组织的责任与伦理也迫切需要被全面考量。

本书中篇用"善"的尺度考察微博、微信、抖音、B站等社交平台中的媒介化现象，探讨数字世界的"老年歧视"和群际偏见生产、老年用户的媒介互动与话语抗争、老年网民的自我呈现、老年网民的主体性迷失与寻求等问题。

首先，通过考察微博平台，笔者发现数字世界中的"老年歧视"弥漫在网络话语之中。在"缺场"社交情境下，年轻的数字强势群体在涉及老年人的话题中通过"闲话"发起对老年数字弱势群体的舆论对抗、道德评价，塑造或强化着对老年人的偏见。媒介组织和网络用户相互寻求、彼此满足，媒介的差别赋权或"代言"均体现出媒介不公，从而导致数字不平等。

其次，根据田野调查，笔者发现较多老年人仅使用微信进行线上活动，微信公众号成为他们接受信息、发表评论的重要场域。其中，高质量的微信公众号对老年用户的网络阅读具有重要价值。公众号运营者通过用户互动赋予老年人发声或话语抗争的权力，并实现对老年人心理的把握，传递积极的老龄观念。可见，微信公众号通过传播政策类、健康类、生活类、教育类信息，引导着全社会老龄观念的更新，肩负着与老年人共同创造美好晚年生活的责任。

再次，在对老年群体参与微信群的案例进行分析后，笔者发现，无论是在家庭群还是在社区（业主）群，老年人的身份都较容易被识别，也常被其他年龄群体区隔。老年人在家庭场域的权威地位受到挑战，在社区场域中参与线上民主协商进程也并不顺利。在"朋友圈"的使用方面，老年人的隐私观念亟待更新，其对"朋友圈"这类社交平台的自我控制意识和技能均需要加强。

---

1 夏瓦. 文化与社会的媒介化 [M]. 上海：复旦大学出版社，2018：5.

最后，笔者通过关注网瘾老人和出圈老人，考察老年人因孤独而出现的过度数字参与、因精神虚无而形成的畸形数字依恋和因身份危机而挣扎着的数字化身，讨论短视频文化中老年主体性的迷失和寻求。

基于上述分析，我们要警惕以下问题。

第一，警惕社交媒体迎合用户的运行逻辑带来的群体极化风险。社交媒体用户圈层化的趋势日益加强，如果个体只能接触到量身定制的信息，那么信息面和判断力都将受到影响，小群体内部的封闭和极化会加速进行。"当代老年人就是……""微博网友就是……"等句式会大行其道，并在社交媒体上迅速获得群体成员的拥护和强化。如果以年龄或兴趣区分的群体相互之间只有区隔和攻击，缺乏对话或辩论，显然不利于数字社会群际关系和协商民主的健康发展。

第二，警惕社交媒体赋权过程中出现的不公。社交媒体上的媒介组织要负责任地生产和传播正能量内容，并将发声权公平地赋予利益相关者，客观全面地塑造当代老年人的形象。在微信、微博、B站等社交媒体平台上，媒介组织不仅要呈现老年弱势群体遭遇的困境事件与价值冲突，也要传播来自老年积极群体的生活事迹与精神感召。在推动网络民主的过程中，社交媒体平台不仅要为弱势群体提供利益诉求渠道，还要搭建各利益（代际）群体间的对话之桥。

第三，警惕因对社交媒体逻辑理解有异而危害数字家庭沟通、熟人社交关系和社区协商治理。由于网络社交媒体是一种支持可扩展社会性的技术，社交媒体使用者需要建构现代化隐私观念，理解和推动社交媒体对所有人的公平赋权。实际上，在我国，老年人在融入数字社会、建构现代隐私观念的过程中可能遭遇"家长制"文化、"面子"观念的影响，因此需要更多的包容和引导。

第四，警惕老年人可能被迫沦为互联网资本"围猎"的风险群体。从规范媒介伦理、创新传播模式出发，要用老年群体能理解的方式传播数字生活的好处和风险，帮助老年人规避网络谣言、恶意营销、算法歧视、"信息茧房"等，从而公平共享数字红利。从技术改进和家庭关怀出发，应主动识别老年网络重度依赖者，鼓励老年人健康使用互联网或社交媒体，避免被数字技术奴役或沦为资本链条上的"商品"。

三、培育数字公民：数字政府治理下的老年权益保障

人类社会发展先后经历了农业社会、工业社会和信息社会。在不同的人类社会形态演变过程中，形成了3种不同的社会治理模式：单向控制、代议互动

和数字协商。[1] 在信息社会，人际互动以信息交换为中心，信息生产和传播日趋互动化和扁平化，打造数字政府成为国家治理目标。当前，数字政府建设的核心问题是如何通过数据融通实现"以人民为中心"的智慧服务。这关乎技术与人性的博弈问题、资本利益与人民利益的冲突问题。

在国家治理体系中，数字公民充分体现了"以人民为中心"的社会发展理念，是"数字中国"建设的重要组成部分，亦是国家治理的关键。数字公民是公民在数字世界的映射，是物理世界公民的副本，是公民责、权、利的数字化呈现。[2] 一方面，数字身份认证体系是"数字中国"的基础设施，要打通物理世界和数字世界以确保人的数字化，消除"信息孤岛"，就必须先赋予数字贫困人群合法的数字身份。另一方面，从个体发展而言，数字世界中建立的社会诚信体系不断完善，有助于数字公民在日常生活中获得道德感、安全感和幸福感。

本书下篇在社会治理逻辑下讨论了数字社会老年发展的社会支持问题。首先，探讨精准化治理老年数字贫困的理论基础，结合案例重点阐释相关政策、举措、行动在社交媒体平台上的传播效果，展现融合媒体传播对老年数字贫困治理的支持力。其次，从老年媒介教育发展出发，探索提升老年人媒介素养的教育路径，并通过案例分析反思在线教育的适老化服务情况及前景。最后，聚焦老年友好型智慧社会建设进程，先围绕面向老年人的网络谣言传播和网络安全陷阱，重点分析网络空间治理和网络风险防范问题，落脚于老年人网络参与的安全问题；进而在伦理框架下讨论技术和人性的博弈，揭示社交媒体在支持适老智慧社会建设过程中的"限度"和"潜能"。

如何在数字时代构建"一切为了人民"的政府，保障政府数据治理中的民主？[3] 我国社会主义民主政治旨在维护全体人民的利益。有学者提出利用法治来平衡数字政府建设中诸多价值冲突的核心机制，这些核心价值冲突体现在效率与公平、创新与稳定、先进与平等、便利与安全等方面。[4] 例如，针对数字鸿沟带来的先进与平等冲突，设定底线原则，要求数字政府建设不能把"技术先进"作为唯一的价值考量标准，必须考虑对数字弱势群体的平等关

1　戴长征，鲍静. 数字政府治理：基于社会形态演变进程的考察［J］. 中国行政管理，2017（9）：21-27.

2　王晶. "数字公民"与社会治理创新［N］. 学习时报，2019-08-30（A3）.

3　叶战备，王璐，田昊. 政府职责体系建设视角中的数字政府和数据治理［J］. 中国行政管理，2018（7）：57-62.

4　马颜昕，李哲，袁强，等. 数字政府：变革与法治［M］. 北京：中国人民大学出版社，2021.

怀，让全体公民均能享受数字时代的红利。当然，数字政府的建设离不开法律框架体系的健全。

在社会主义民主框架下，数字政府应该切实保障老年人的权益。个别工作人员在所谓"依规办事"过程中表现出对老年人真实需求与困境的漠视，引发了数字治理过程中应"以技术为中心"还是"以人为本"的争议。面对这些问题，各地积极探索解决方案。首先，从技术流程上，改进相关事项的申请流程，方便老年人的日常生活。其次，从社区服务出发，探索线上与线下融合的"扶老上网"教育行动或志愿服务，开展面向老年人的媒介素养教育，助力老年人获取合法的数字身份。最后，深入了解微信、抖音等社交媒体在老年人日常生活中的渗透，把握老年人的媒介使用习惯，充分利用社交媒体的优势传播积极、正能量的信息，架设有效的沟通渠道。

另外，在家庭后辈或社区志愿者的帮助下，更多的老年人认识到"数字政府"的高效，从而增强了数字化生存的安全感。然而，我们也要考虑到老年人的个体特质。身体功能退化可能导致健忘，老年人不仅需要简单易懂的操作流程，而且需要尊重、帮助和理解。因此，我们不仅要呼吁更适老、更人性化的数字界面，还要营造更包容、开放、友善的社会环境，让每一位公民都真正成为负责任的数字公民，也让我们的社会变得更加宜居、适老、和谐、美好！当前，无论是年轻人还是老年人，大家都应摒弃偏见，守望相助，携手前行！

/ 参考文献 /

一、书籍

［1］JENKINS H.Convergence culture：where old and new media collide［M］. New York：New York University Press，2008.

［2］森. 以自由看待发展 ［M］. 北京：中国人民大学出版社，2002.

［3］格里芬. 初识传播学：在信息社会里正确认知自我、他人与世界 ［M］. 北京：北京联合出版公司，2016.

［4］陈虹霖. 追溯老年佳境：基于社会资本理论的研究 ［M］. 北京：社会科学文献出版社，2015.

［5］迈尔斯. 社会心理学：第 11 版 ［M］. 北京：人民邮电出版社，2014.

［6］党俊武，李晶. 中国老年人生活质量发展报告：2019 ［M］. 北京：社会科学文献出版社，2019.

［7］党俊武. 超老龄社会的来临：长寿新时代人类的伟大前景 ［M］. 北京：华龄出版社，2018.

［8］郭爱妹，张戌凡. 城乡空巢老年人的生存状态与社会保障研究 ［M］. 广州：中山大学出版社，2011.

［9］郭庆光. 传播学教程 ［M］. 2 版. 北京：中国人民大学出版社，2011.

[10] 国家应对人口老龄化战略研究总课题组. 国家应对人口老龄化战略研究总报告 [M]. 北京：华龄出版社，2014.

[11] 塔尔德. 传播与社会影响 [M]. 北京：中国人民大学出版社，2005.

[12] 福克斯. 社交媒体批判导言 [M]. 北京：中国传媒大学出版社，2018.

[13] 李晶. 老年人的生活世界 [M]. 北京：商务印书馆，2019.

[14] 李强. 生命的历程 [M]. 杭州：浙江人民出版社，1999.

[15] 刘海龙. 大众传播理论：范式与流派 [M]. 北京：中国人民大学出版社，2008.

[16] 陆晔，等. 媒介素养：理念、认知、参与 [M]. 北京：经济科学出版社，2010.

[17] 马颜昕，李哲，袁强，等. 数字政府：变革与法治 [M]. 北京：中国人民大学出版社，2021.

[18] 豪格，阿布拉姆斯. 社会认同过程 [M]. 北京：中国人民大学出版社，2011.

[19] 米德. 文化与承诺：一项有关代沟问题的研究 [M]. 石家庄：河北人民出版社，1987.

[20] 库尔德利. 媒介、社会与世界：社会理论与数字媒介实践 [M]. 上海：复旦大学出版社，2016.

[21] 彭兰. 新媒体用户研究：节点化、媒介化、赛博格化的人 [M]. 北京：中国人民大学出版社，2020.

[22] 师曾志，等. 生命传播：自我·赋权·智慧 [M]. 北京：北京大学出版社，2018.

[23] 师曾志，胡泳，等. 新媒介赋权及意义互联网的兴起 [M]. 北京：社会科学文献出版社，2014.

[24] 夏瓦. 文化与社会的媒介化 [M]. 上海：复旦大学出版社，2018.

[25] 腾讯研究院. 吾老之域：老年人微信生活与家庭微信反哺 [M]. 杭州：浙江出版集团数字传媒有限公司，2018.

[26] 袖井孝子. 老年人是社会弱势群体吗："养老计划"的时代 [M]. 北京：世界知识出版社，2016.

[27] 薛亚利. 村庄里的闲话：意义、功能和权力 [M]. 上海：上海书店出版社，2009.

[28] 闫慧. 中国数字化社会阶层研究 [M]. 北京：国家图书馆出版

社，2013.

[29] 杨继绳. 中国当代社会阶层分析［M］. 南昌：江西高校出版社，2013.

[30] 弋舟. 空巢：我们在这世上太孤独［M］. 上海：上海文艺出版社，2020.

[31] 易鹏，梁春晓. 老龄社会研究报告：2019［M］. 北京：社会科学文献出版社，2019.

[32] 于海. 西方社会思想史［M］. 3 版. 上海：复旦大学出版社，2016.

[33] 彭尼贝克. 语言风格的秘密：语言如何透露人们的性格、情感和社交关系［M］. 北京：机械工业出版社，2018.

[34] 周晓虹. 文化反哺：变迁社会中的代际革命［M］. 北京：商务印书馆，2015.

二、学位论文

[1] LIU S. Social support network，coping and positive aging among the community-dwelling elderly in Hong Kong［D］. Hong Kong：City University of Hong Kong，2014.

[2] 陈雅雪. 数字鸿沟视角下老年群体微信的采纳与使用研究：以深圳市60 岁以上老年群体为例［D］. 深圳：深圳大学，2017.

[3] 窦昌盈. 老年人微信使用行为与态度研究［D］. 南昌：江西师范大学，2019.

[4] 范雪凯. 青年大学生在家庭微信群中的自我呈现：基于拟剧理论的分析［D］. 南京：南京大学，2019.

[5] 房信子. 业主微信群在社区治理中的作用研究：以长沙市雨花区"华银园业主群"为例［D］. 长沙：湖南大学，2018.

[6] 冯婧. 微信在中老年健康教育中的运用及对策研究：以重庆主城区为例［D］. 重庆：重庆医科大学，2018.

[7] 胡怡雯. 城市老年人微信使用与孤独感的关系研究：以九江市老年人为例［D］. 湘潭：湘潭大学，2020.

[8] 黄秋彤. 认同·转变·重塑：老年人在微信使用中的身份认同与建构［D］. 重庆：西南大学，2019.

[9] 贾贞. 老年人微信朋友圈的自我呈现及影响因素研究：以南昌市为例［D］. 南昌：南昌大学，2020.

［10］李珂欣. 家庭中的数字代沟与反哺现象探究：基于对 90 后大学生家庭的微信使用访谈［D］. 武汉：武汉大学，2018.

［11］梁辰. 老年人孤独感现状及影响因素研究［D］. 济南：山东大学，2018.

［12］林枫. 老龄化背景下的中国家庭数字代沟研究［D］. 深圳：深圳大学，2018.

［13］蒲新微. 老年群体的层级结构与养老保障模式研究：以长春市为例［D］. 吉林：吉林大学，2007.

［14］乔亚奴. 老年人数字阅读行为及其接受研究［D］. 上海：上海交通大学，2017.

［15］任振华. 中国城市老年人微信使用与社会适应、生活满意度的关系研究［D］. 厦门：厦门大学，2018.

［16］汪露. 试论刻板印象与老年传播［D］. 北京：中国人民大学，2009.

［17］王迪. 微信健康传播的改进：基于老年人接触微信健康信息的调查［D］. 沈阳：辽宁大学，2018.

［18］许婧. 养老模式、社会支持对老年人主观幸福的影响研究：基于孤独感的中介效应检验［D］. 西安：陕西师范大学，2012.

［19］薛昕宇. 南京老年群体微信沟通研究［D］. 南京：南京师范大学，2017.

［20］杨飘绿. 老年群体对微信表情符号意义的建构与重构［D］. 上海：上海师范大学，2020.

［21］衣旭峰. 亲属关系的重塑：基于微信家庭群的实证研究［D］. 南京：南京大学，2016.

［22］岳改玲. 新媒体时代的参与式文化研究［D］. 武汉：武汉大学，2010.

［23］周婷. 网络段子的传播学分析［D］. 南昌：南昌大学，2009.

［24］朱佳. 基于互联网的创新扩散：微博客早期采纳者特征研究［D］. 北京：北京大学，2010.

三、期刊论文

［1］BARTHORPE A，WINSTONE L，MARS B，et al. Is social media screen time really associated with poor adolescent mental health? a time use diary study ［J］. Journal of Affective Disorders，2020，274：864-870.

［2］ BRAUN M T. Obstacles to social networking website use among older adults ［J］. Computers in Human Behavior, 2013, 29 （3）: 673-680.

［3］ EMERSON S, JOSHUA P, DAVID B, et al. Magnitude and composition of sedentary behavior in older adults living in a retirement community ［J］. Journal of Community Health, 2019, 44 （4）: 805-814.

［4］ HESS T M, HINSON J T, HODGES E A. Moderators of and mechanisms underlying stereotype threat effects on older adults' memory performance ［J］. Experimental Aging Research, North Carolina State University, 2009, 35 （2）: 153-177.

［5］ HUANG C, YING L. Understanding leisure satisfaction of Chinese seniors: human capital, family capital, and community capital ［J］. The Journal of Chinese Sociology, 2019, 6 （1）: 1-18.

［6］ BROOKE J, JACKSON D. Older people and COVID-19: isolation, risk and ageism ［J］. Journal of Older People Nursing, 2020, 29 （13-14）: 2044-2046.

［7］ JULIE C, RHIANNON T, NATASHA H, et al. Does intergenerational contact reduce ageism: when and how contact interventions actually work? ［J］. Journal of Arts and Humanities, 2014, 3 （1）.

［8］ KAHN M, BARNETT N, GLAZER A, et al. Sleep and screen exposure across the beginning of life: deciphering the links using big-data analytics ［J］. Sleep, 2020, 44 （3）.

［9］ KAHN R L, ANTONUCCI T C. Convoys over the life course: attachment, roles, and social support ［J］. Life-Span Development and Behavior, 1980 （3）: 253-286.

［10］ LEVY B R, SLADE M D, GILL T M. Hearing decline predicted by elders' stereotypes ［J］. Journals of Gerontology, 2006, 61 （2）: 82-87.

［11］ LI T, ZHANG Y. Social network types and the health of older adults: exploring reciprocal associations ［J］. Social Science & Medicine, 2015, 130: 59-68.

［12］ LYTLE A, LEVY S R. Reducing ageism: education about aging and extended contact with older adults ［J］. The Gerontologist, 2019, 59 （3）: 580-588.

［13］ VIZCAINO M, BUMAN M, RESROCHES T, et al. From TVs to

tablets：the relation between device-specific screen time and health-related behaviors and characteristics ［J］. BMC Public Health，2020，20（1）：1542-1548.

［14］MENGWEI T. Chinese one-child families in the age of migration：middle-class transnational mobility，aging parents，and the changing role of filial piety ［J］. The Journal of Chinese Sociology，2016，3（1）.

［15］MING-CHUN H，LIN C Y，HUANG P H，et al. Cross-sectional associations of environmental perception with leisure-time physical activity and screen time among older adults ［J］. Journal of Clinical Medicine，2018，7（3）：56.

［16］QUINN K. We haven't talked in 30 years！relationship reconnection and internet use at midlife ［J］. Communication & Society，2013，16（3）：397-420.

［17］SUM S，EMAMIAN S，SEFIDCHIAN A. Aging educational program to reduce ageism：intergenerational approach ［J］. Elderly Health Journal，2016，2（1）：33-38.

［18］TROWBRIDGE R H. Wisdom and lifelong learning in the twenty-first century ［J］. London Review of Education，2007，5（2）：159-172.

［19］包国光. 海德格尔"座架"的希腊来源和多重意义 ［J］. 哲学研究，2006（7）：48-52.

［20］曹阳春，宁凌，张静. 基于 CiteSpace 的中国空巢老人研究知识图谱 ［J］. 中国老年学杂志，2021，41（1）：181-186.

［21］曾秀芹，吴海谧，蒋莉. 成人初显期人群的数字媒介家庭沟通与隐私管理：一个扎根理论研究 ［J］. 国际新闻界，2018，40（9）：64-84.

［22］常江，田浩. 迷因理论视域下的短视频文化：基于抖音的个案研究 ［J］. 新闻与写作，2018（12）：32-39.

［23］陈勃. 人口老龄化背景下大众传媒对老年形象的呈现 ［J］. 甘肃社会科学，2006（6）：247-249，227.

［24］陈诚. 见微知著，立信于群：社区微信群对治理绩效的影响机制研究 ［J］. 贵州师范大学学报（社会科学版），2020（6）：34-46.

［25］陈丁漫. 微信群与养老群体社会关系的重构：以成都市 S 区为个案的考察 ［J］. 广西民族大学学报（哲学社会科学版），2020，42（3）：84-90.

［26］陈虹霖，吴晓薇. 适老化科技的社会工作回应 ［J］. 社会工作，2019（1）：99-108，112.

［27］陈鑫. 互联网使用对老年人社会隔离的影响及差异研究 ［J］. 当代经济管理，2020，42（9）：53-59.

[28] 陈月华，陈荟竹. 关于我国老年人媒介素养的若干思考：基于哈尔滨和上海两地的实证调查 [J]. 中国广播电视学刊，2011（8）：60-61.

[29] 陈月华，兰云. 基于中国文化的老年群体媒介诉求分析 [J]. 现代传播（中国传媒大学学报），2010（9）：16-20.

[30] 成梅. 以生命历程范式浅析老年群体中的不平等现象 [J]. 人口研究，2004（3）：44-51.

[31] 程新峰，刘一笑，葛廷帅. 社会隔离、孤独感对老年精神健康的影响及作用机制研究 [J]. 人口与发展，2020，26（1）：76-84，96.

[32] 崔一凡. 老年人的"网络焦虑" [J]. 中外文摘，2018（24）：6-7.

[33] 大鹏. 助岳母戒"网瘾" [J]. 新天地，2018（10）：52-53.

[34] 戴长征，鲍静. 数字政府治理：基于社会形态演变进程的考察 [J]. 中国行政管理，2017（9）：21-27.

[35] 党俊武. 建议设立老龄国情教育日 [J]. 中国社会工作，2018（29）：35-38.

[36] 党俊武. 重阳六论老龄社会国情教育 [J]. 老龄科学研究，2018，6（10）：3-11.

[37] 丁卓菁，沈勤. 城市老年群体的新媒体使用与角色认知 [J]. 当代传播，2013（6）：102-104.

[38] 丁卓菁. 新媒体环境下老年群体媒介素养教育探讨 [J]. 新闻大学，2012（3）：116-121.

[39] 杜丹，陈霖. 自定义"化身"：社交媒体中的自我建构：以微信重度用户为考察对象 [J]. 江苏社会科学，2020（5）：1-10.

[40] 杜鹏，汪斌. 互联网使用如何影响中国老年人生活满意度？ [J]. 人口研究，2020，44（4）：3-17.

[41] 杜鹏，王武林. 中国老年人宗教信仰状况及影响因素研究 [J]. 人口研究，2014，38（6）：64-75.

[42] 杜鹏，谢立黎，李亚娟. 如何扩大老年志愿服务？：基于北京朝外街道的实证研究 [J]. 人口与发展，2015，21（1）：89-95.

[43] 范玉吉，李紫繁. 异化理论视角下的短视频传播 [J]. 传媒观察，2021（5）：15-22.

[44] 方婧，陆伟. 微信公众号信息传播热度的影响因素实证研究 [J]. 情报杂志，2016，35（2）：157-162.

[45] 风笑天. "空巢"养老？城市第一代独生子女父母的居住方式及其启

示 [J]. 深圳大学学报（人文社会科学版），2020，37（4）：120-130.

[46] 风笑天. 一个时代与两代人的生命历程：中国独生子女研究 40 年
（1980—2019）[J]. 人文杂志，2020（11）：22-36.

[47] 公文. 触发与补偿：代际关系与老年人健康信息回避 [J]. 国际新
闻界，2018，40（9）：47-63.

[48] 郝大海，王磊. 地区差异还是社会结构性差异：我国居民数字鸿沟
现象的多层次模型分析 [J]. 学术论坛，2014（12）：88-95.

[49] 何志武，董红兵. 短视频"下乡"与老年群体的日常生活重构：基
于一个华北村庄的田野调查 [J]. 新闻与传播评论，2021，74（03）：14-23.

[50] 贺建平，黄肖肖. 城市老年人的微信使用与主观幸福感：以社会资
本为中介 [J]. 新闻界，2020（8）：57-66.

[51] 胡薇. 累积的异质性：生命历程视角下的老年人分化 [J]. 社会，
2009，29（2）：112-130，225-226.

[52] 胡雪瑾. 论传播社会支持理论渊源与重构 [J]. 中国出版，2016
（12）：13-16.

[53] 胡泳，张月朦. 网红的兴起及走向 [J]. 新闻与写作，2017（1）：
41-45.

[54] 黄瑶. 智慧养老破解"三重三轻"方能渐入佳境 [J]. 中国社会工
作，2020（23）：16-17.

[55] 黄莹. 语境消解、隐私边界与"不联网的权利"：对朋友圈"流失的
使用者"的质性研究 [J]. 新闻界，2018（4）：72-79.

[56] 黄月琴. "弱者"与新媒介赋权研究：基于关系维度的述评 [J]. 新
闻记者，2015（7）：28-35.

[57] 黄钟军，潘路路. 从中老年表情包看网络空间的群体身份区隔 [J].
现代传播（中国传媒大学学报），2018，40（4）：97-102.

[58] 江虹，徐晶晶，王瑞，等. 城市老年人的孤独感与社会支持的增龄
性变化及影响因素 [J]. 山东大学学报（医学版），2017，55（9）：17-22.

[59] 姜奇平. 传播，让生命在场：评师曾志《生命传播：自我·赋权·
智慧》[J]. 互联网周刊，2018（3）：70-71.

[60] 蒋俏蕾，刘入豪，邱乾. 技术赋权下老年人媒介生活的新特征：以
老年人智能手机使用为例 [J]. 新闻与写作，2021（3）：5-13.

[61] 靖鸣，方芳，袁志红. 微信"晒客"行为及其自我认知研究 [J].
武汉大学学报（人文科学版），2016，69（6）：115-124.

［62］李彪. 数字反哺与群体压力：老年群体微信朋友圈使用行为影响因素研究［J］. 国际新闻界，2020，42（3）：32-48.

［63］李东晓. 微屏时代谁在传播健康？：对微信平台健康养生信息兴起的传播学分析［J］. 现代传播（中国传媒大学学报），2016，38（4）：21-26.

［64］李嘉兴，王晰巍，常颖，等. 基于移动终端日志的微信老年用户使用行为画像研究［J］. 图书情报工作，2019（22）：31-40.

［65］李建民. "未富先老"不是中国老龄化的本质特征［J］. China Population Today，2008（1）：29-30.

［66］李洁. 老年教育理论的反思与重构：基于西方现代老龄化理论视野［J］. 开放教育研究，2015，21（3）：113-120.

［67］李敬. 传播学领域的话语研究：批判性话语分析的内在分野［J］. 国际新闻界，2014，36（7）：6-19.

［68］李静，谢耘耕. 大学生在社会热点事件中的社交媒体传播行为研究：基于上海十所高校的实证调查分析［J］. 新闻记者，2018（1）：90-96.

［69］李林容，李茜茜. "大妈"媒介形象的嬗变（2007—2017）：以《人民日报》《南方都市报》和《中国妇女报》相关报道为例［J］. 编辑之友，2018（11）：62-68.

［70］李路路. 从阶层分化到阶层结构化　我国社会阶层结构有哪些新变化［J］. 人民论坛，2016（18）：74-75.

［71］李娜. 分享互动：青年群体微信"晒食"的探索性调查［J］. 青年探索，2016（6）：21-26.

［72］李强. "丁字型"社会结构与"结构紧张"［J］. 社会学研究，2005（2）：55-73，243-244.

［73］李青青. 阅读类微信公众号内容传播特征［J］. 中国出版，2018（16）：50-53.

［74］李月，张许颖. 我国"十四五"时期及中长期人口发展态势分析［J］. 人口与健康，2020（8）：41-47.

［75］梁成帅. 空间争夺与代际政治［J］. 求是学刊，2011，38（2）：106-108.

［76］梁宏. 广州市老年人口的消费状况分析［J］. 南方人口，2009，24（2）：28-34.

［77］梁勤超，李源，石振国. "广场舞扰民"的深层原因及其治理［J］. 北京体育大学学报，2016，39（1）：26-31，111.

［78］林宝. 老年群体数字贫困治理的难点与重点［J］. 人民论坛，2020

（29）：129-131.

［79］林枫，周裕琼，李博. 同一个家庭不同的微信：大学生 VS 父母的数字代沟研究［J］. 新闻大学，2017（3）：99-106，151.

［80］林卡，吕浩然. 四种老龄化理念及其政策蕴意［J］. 浙江大学学报（人文社会科学版），2016，46（4）：136-143.

［81］刘庚常，彭彦，孙奎立. 我国老年人口社会分层初探［J］. 西北人口，2008（1）：65-67，71.

［82］刘宏伟. 老爸老妈染"网瘾"拿着手机不撒手［J］. 老同志之友（上半月），2017（4）：46-47.

［83］刘辉. 文化治理的逻辑：广场舞中的碰撞、文化链接与公共行动［J］. 民族艺术，2019（6）：143-151.

［84］刘鸣筝，孔泽鸣. 媒介素养视阈下公众谣言辨别能力及其影响因素的实证研究［J］. 新闻大学，2017（4）：102-109，151.

［85］刘胜枝，李俞晨. 网红之路漫漫：互联网内容创作者群体研究［J］. 中国青年研究，2020（11）：11-19.

［86］刘素素，欧阳铮，王海涛. 老年人的社会关系研究概述：基于护航模型的视角［J］. 人口与发展，2016，22（5）：90-97.

［87］刘天元，王志章. 稀缺、数字赋权与农村文化生活新秩序：基于农民热衷观看短视频的田野调查［J］. 中国农村观察，2021（3）：114-127.

［88］刘汶蓉. 转型期的家庭代际情感与团结：基于上海两类"啃老"家庭的比较［J］. 社会学研究，2016，31（4）：145-168，245.

［89］卢鑫欣. 广场舞冲突中的代际时间之争［J］. 青年研究，2019（6）：80-90，93.

［90］陆杰华，阮韵晨，张莉. 健康老龄化的中国方案探讨：内涵、主要障碍及其方略［J］. 国家行政学院学报，2017（5）：40-47，145.

［91］骆静雨. 作为一种购买的生活方式：公众号的造梦之旅［J］. 编辑之友，2018（3）：45-49.

［92］马良生. 探索远程教育服务老年人群新模式：开放大学发展老年教育的实践［J］. 中国远程教育，2015（9）：71-76.

［93］毛浩然，徐赳赳，娄开阳. 话语研究的方法论和研究方法［J］. 当代语言学，2018，20（2）：284-299.

［94］毛章清，胡雍昭. 胡翼青：重新发现传播学：从海德格尔的技术哲学谈起［J］. 国际新闻界，2016，38（2）：170-173.

［95］闵学勤，王友俊. 移动互联网时代的在线协商治理：以社区微信群为例［J］. 江苏行政学院学报，2017（5）：103-108.

［96］牧野笃. 日本百年人生社会的到来与"学习"概念的革新［J］. 开放学习研究，2021，26（2）：1-13.

［97］穆光宗. 老年发展论：21 世纪成功老龄化战略的基本框架［J］. 人口研究，2002（6）：29-37.

［98］潘君豪，杨一帆. 老年数字贫困的韧性治理研究［J］. 老龄科学研究，2020，8（2）：52-60.

［99］彭希哲，吕明阳，陆蒙华. 使用互联网会让老年人感到更幸福吗？：来自 CGSS 数据的实证研究［J］. 南京社会科学，2019（10）：57-68.

［100］邱雯雯. 现代性视角下微信使用与老年人自我认同构建：以社区老年协会微信群为例［J］. 闽南师范大学学报（哲学社会科学版），2019，33（4）：70-75.

［101］任杰慧. 把"无缘"变"有缘"：中国农村养老模式研究［J］. 西南民族大学学报（人文社科版），2018，39（7）：7-15.

［102］师曾志，仁增卓玛. 生命传播与老龄化社会健康认知［J］. 现代传播（中国传媒大学学报），2019，41（2）：20-24.

［103］施春宏. 网络语言的语言价值和语言学价值［J］. 语言文字应用，2010（3）：70-80.

［104］石晋阳. 网络闲话与群际偏见生产：微博话题的批评话语分析［J］. 现代传播（中国传媒大学学报），2020，42（9）：73-78.

［105］司峥鸣，盖龙涛. 老年群体网络媒介的消费价值与生活品质［J］. 当代传播，2012（2）：54-57.

［106］宋保振. "数字弱势群体"权利及其法治化保障［J］. 法律科学（西北政法大学学报），2020，38（6）：53-64.

［107］宋士杰，宋小康，赵宇翔，等. 互联网使用对于老年人孤独感缓解的影响：基于 CHARLS 数据的实证研究［J］. 图书与情报，2019（1）：63-69.

［108］宋维翔，贾佳. 微信公众号信息质量与用户互动行为关系研究［J］. 现代情报，2019，39（1）：78-85.

［109］唐魁玉，刘冬. 年轻人与老年人微信使用行为的对比研究［J］. 中共杭州市委党校学报，2015（6）：69-74.

［110］田山俊，杨桂梅. 成人学习者学习特征及其教育价值：马尔科姆·诺尔斯成人教育思想解析［J］. 中国职业技术教育，2011（6）：71-74.

[111] 万莹. 利他理论视角下的社交媒体用户传播行为分析: 以微博、微信用户为例 [J]. 新闻研究导刊, 2017, 8 (17): 54-56.

[112] 汪连杰. 互联网使用对老年人身心健康的影响机制研究: 基于CGSS (2013) 数据的实证分析 [J]. 现代经济探讨, 2018 (4): 101-108.

[113] 汪云, 王志宏, 张兵, 等. 2015 年中国十五省老年居民屏幕静坐时间及与肥胖的关联 [J]. 环境与职业医学, 2019, 36 (12): 1100-1105.

[114] 王乐, 张业安, 王磊. 近 10 年屏幕时间影响青少年体质健康的国外研究进展 [J]. 体育学刊, 2016, 23 (2): 138-144.

[115] 王玲宁, 兰娟. 青年群体微信朋友圈的自我呈现行为: 一项基于虚拟民族志的研究 [J]. 暨南学报 (哲学社会科学版), 2017, 39 (12): 115-125, 128.

[116] 王文韬, 刘雨时, 虞小芳, 等. 基于微信平台的中老年用户健康信息接受行为意愿扎根分析 [J]. 现代情报, 2020, 40 (1): 69-78.

[117] 王焱. 灰段子的狂欢表征、意义及其限度: 以巴赫金狂欢化诗学为视角 [J]. 文艺争鸣, 2013 (6): 115-118.

[118] 邬沧萍, 姜向群. "健康老龄化" 战略刍议 [J]. 中国社会科学, 1996 (5): 52-64.

[119] 吴翠萍. 老年微信公众平台订阅号的传播特征与社会功能: 基于 12 家老年微信公众号的研究 [J]. 中国出版, 2018 (11): 39-42.

[120] 吴帆. 认知、态度和社会环境: 老年歧视的多维解构 [J]. 人口研究, 2008 (4): 57-65.

[121] 吴高泉. 抵抗与规训: 黄段子灰段子与红段子的意识形态话语分析 [J]. 清华大学学报 (哲学社会科学版), 2016, 31 (1): 83-94, 190-191.

[122] 夏瑛, 庞晓芳, 韩保磊. 疫情背景下上海终身教育线上学习的现状、问题与思考 [J]. 中国成人教育, 2020 (17): 8-12.

[123] 谢立黎. 中国城市老年人社区志愿服务参与现状与影响因素研究 [J]. 人口与发展, 2017, 23 (1): 55-65, 73.

[124] 谢新洲, 赵珞琳. 网络参与式文化研究进展综述 [J]. 新闻与写作, 2017 (5): 27-33.

[125] 熊雪芹, 刘佳, 石菡, 等. 屏幕时间与亲子关系、学龄儿童社会能力及行为问题的关系研究 [J]. 中国妇幼保健, 2019, 34 (4): 899-904.

[126] 徐静, 徐永德. 生命历程理论视域下的老年贫困 [J]. 社会学研究, 2009, 24 (6): 122-144, 245.

［127］薛可，余来辉，余明阳. 社交媒体政治新闻使用的性别和代际差异：基于中国网民调查的实证分析［J］. 新闻记者，2018（7）：53-60.

［128］闫慧. 数字鸿沟研究的未来：境外数字不平等研究进展［J］. 中国图书馆学报，2011（7）：87-93.

［129］闫慧. "雪中送炭"还是"锦上添花"？：社会网络对消减数字化贫困的价值探究［J］. 中国图书馆学报，2018，44（2）：17-26.

［130］闫慧. 农民数字化贫困的结构性成因分析［J］. 中国图书馆学报，2017，43（2）：24-39.

［131］闫玉荣. 新加坡提升老年群体媒介素养的启示［J］. 青年记者，2019（4）：86-87.

［132］杨志. 针对老年人的文字、色彩及版式设计研究述评［J］. 装饰，2012（5）：86-87.

［133］姚劲松. 我国老年人微信阅读的内容供给现状与优化策略［J］. 西南民族大学学报（人文社科版），2020，41（4）：150-154.

［134］叶战备，王璐，田昊. 政府职责体系建设视角中的数字政府和数据治理［J］. 中国行政管理，2018（7）：57-62.

［135］殷猛，李琪. 微博话题用户参与动机与态度研究［J］. 情报杂志，2016，35（7）：101-106.

［136］尹新瑞，吴帆. 文化传承与沟通行动理论：和谐代际关系建构的理论视角与方略［J］. 湖南社会科学，2019（5）：53-60.

［137］应方淦. 成人生存境遇与学习：基于余力理论的解读［J］. 中国成人教育，2007（19）：16-17.

［138］余春晖. "50后"群体性人格的自然表达：评刘克邦散文［J］. 创作与评论，2014（12）：65-67.

［139］喻国明，李彪，王斌. 表情包构建全新话语框架［J］. 人民周刊，2018（4）：82-83.

［140］袁媛，严宇桥. 表情包传播现象研究：以互动仪式链视域下的中老年表情包为样本［J］. 新闻与写作，2020（1）：46-53.

［141］展恩燕，张铭鑫，乔凤杰，等. 国外关于减少儿童青少年屏幕时间的措施及启示［J］. 中国健康教育，2020，36（7）：635-638.

［142］张君安，张文宏. 社会网络类型与老年人幸福感［J］. 社会发展研究，2019，6（2）：79-96，243-244.

［143］张娜. 虚拟民族志方法在中国的实践与反思［J］. 中山大学学报

（社会科学版），2015，55（4）：143-150.

[144] 张硕，陈功. 中国城市老年人社会隔离现状与影响因素研究 [J]. 人口学刊，2015，37（4）：66-76.

[145] 张硕. 中国城市老年人电脑/互联网使用影响因素研究：基于北京市朝阳区的调查 [J]. 国际新闻界，2013（7）：51-61.

[146] 张文娟，刘瑞平. 中国老年人社会隔离的影响因素分析 [J]. 人口研究，2016，40（5）：75-91.

[147] 张志安，周嘉琳. 基于算法正当性的话语建构与传播权力重构研究 [J]. 现代传播（中国传媒大学学报），2019，41（1）：30-36，41.

[148] 赵安琪，付少雄. 欧盟数字化贫困治理战略、实践及启示 [J]. 图书与情报，2019（2）：1-10.

[149] 赵栋祥，马费成，张奇萍. 老年人健康信息搜寻行为的现象学研究 [J]. 情报学报，2019，38（12）：1320-1328.

[150] 赵乾海. 我帮老妻戒网瘾 [J]. 长寿，2017（4）：60.

[151] 郑作彧，胡珊. 生命历程的制度化：欧陆生命历程研究的范式与方法 [J]. 社会学研究，2018，33（2）：214-241，246.

[152] 钟晓慧，何式凝. 协商式亲密关系：独生子女父母对家庭关系和孝道的期待 [J]. 开放时代，2014（1）：155-175.

[153] 周葆华. 出圈与折叠：2020 年网络热点事件的舆论特征及对内容生产的意义 [J]. 新闻界，2021（3）：21-27.

[154] 周军杰，左美云，谢芳文. 虚拟社区内外互动对老年人参与行为的影响研究 [J]. 信息资源管理学报，2014（4）：24-33.

[155] 周向红. 从数字鸿沟到数字贫困：基本概念和研究框架 [J]. 学海，2016（4）：154-157.

[156] 周晓虹. 文化反哺与媒介影响的代际差异 [J]. 江苏行政学院学报，2016（2）：63-70.

[157] 周晓虹. 文化反哺与器物文明的代际传承 [J]. 中国社会科学，2011（6）：109-120.

[158] 周怡. "大家在一起"：上海广场舞群体的"亚文化"实践：表意、拼贴与同构 [J]. 社会学研究，2018，33（5）：40-65，243.

[159] 周裕琼. 数字代沟与文化反哺：对家庭内"静悄悄的革命"的量化考察 [J]. 现代传播（中国传媒大学学报），2014，36（2）：117-123.

[160] 周裕琼. 数字弱势群体的崛起：老年人微信采纳与使用影响因素研

究［J］. 新闻与传播研究，2018，25（7）：66-86，127-128.

［161］朱丽丽，李灵琳. 基于能动性的数字亲密关系：社交网络空间的亲子互动［J］. 中国地质大学学报（社会科学版），2017，17（5）：95-104.

［162］朱燕菲. 一项基于初老龄群体参与学习获得感影响因素的质性探究［J］. 成人教育，2020，40（11）：43-51.

［163］朱颖，丁洁. 互动仪式链视角下政务微信与用户的互动研究［J］. 新闻大学，2016（4）：75-86，152.

［164］左美云. 智慧养老的含义与模式［J］. 中国社会工作，2018（32）：26-27.

四、报纸文章

［1］白晨，雷晓燕. 新时代中国老龄化趋势、挑战及应对思考［N］. 中国社会科学报，2019-08-09（5）.

［2］陈虹霖. 代际支持影响老年人抗逆力［N］. 中国社会科学报，2019-04-17（6）.

［3］黄立鹤，孙莉敏，杨晶晶. 加快构建老年友好型智慧社会［N］. 中国社会科学报，2021-04-06（A8）.

［4］李志宏. 智慧养老要由"云端"落到"地上"［N］. 中国社会报，2020-07-23（A4）.

［5］齐天际，高春兰. 老年志愿服务大有可为［N］. 吉林日报，2020-07-17（5）.

［6］宋林飞. 居家智慧养老模式与标准［N］. 中国社会科学报，2020-02-20（4）.

［7］宋鹏伟. "网瘾老人"需要全社会正视与呵护［N］. 嘉兴日报，2020-11-06（3）.

［8］陶凤. 假靳东的真粉丝［N］. 北京商报，2020-10-16（2）.

［9］王晶. "数字公民"与社会治理创新［N］. 学习时报，2019-08-30（A3）.

［10］王平. 技术恐惧的拯救之道［N］. 中国社会科学报，2020-10-21（12）.

［11］魏蒙. 智慧养老助力老龄社会建设［N］. 中国社会科学报，2020-10-28（A5）.

［12］武强. 反思西方数字资本与数字生活［N］. 中国社会科学报，2020-

12-01（A5）.

　　［13］谢飞君. 老人沉迷"假靳东"，该嘲讽吗［N］. 解放日报，2020-10-21（2）.

　　［14］姚晓丹. 加强对假新闻传播的管控［N］. 中国社会科学报，2020-09-14（A2）.

　　［15］于春玲，黄莎. 新时代"美好生活"释义［N］. 中国社会科学报，2020-09-08（A8）.

　　［16］张国庆. 构建清朗的网络空间［N］. 中国社会科学报，2020-09-17（A2）.

　　［17］张俊. 聚焦应用场景需求"智慧养老"渐行渐近［N］. 中国社会报，2020-04-30（A2）.

　　［18］朱勤皓. 关于大城市养老服务的几点思考（上篇）［N］. 中国社会报，2019-06-03（A2）.

　　［19］朱勤皓. 关于大城市养老服务的几点思考（下篇）［N］. 中国社会报，2019-06-04（A2）.

五、网络资料

　　［1］CAC. 三部委关于印发《智慧健康养老产业发展行动计划（2017—2020年）》的通知［EB/OL］.（2017-02-21）［2017-02-21］. http://www.cac.gov.cn/2017-02/21/c_1120501005.htm.

　　［2］艾媒网. 2018中国老年人"网瘾"热点监测报告［EB/OL］.（2018-08-20）［2024-10-11］. https://www.iimedia.cn/c400/62211.html.

　　［3］艾媒咨询. 2019—2020年中国移动社交行业年度研究报告［EB/OL］.（2018-06-30）［2024-10-11］. https://report.iimedia.cn/repo1-0/39031.html.

　　［4］任欢. 民政部：努力解决老年人在民政服务中遇到的智能技术困难［EB/OL］.（2020-10-24）［2024-10-11］. http://www.gov.cn/xinwen/2020-10/24/content_5553807.htm.

　　［5］邱玥，刘坤. 中国家庭空巢率超50%　如何破解"养老难"［EB/OL］.（2016-02-18）［2024-10-11］. http://theory.people.com.cn/n1/2016/0218/c40531-28132685.html.

　　［6］国务院. 国务院关于积极推进"互联网+"行动的指导意见［EB/OL］.（2015-07-04）［2024-10-11］. http://www.gov.cn/zhengce/content/2015-07/04/content_10002.htm.

［7］海阳. 中老年人的微信朋友圈有多野？［EB/OL］.（2018－12－31）［2024－10－11］.https：//www.sohu.com/a/285767372_99994314.

［8］韩鑫. 完善市场供给，优化公共服务，凝聚各方力量　让更多老年人乐享数字化便利［EB/OL］.（2020－12－11）［2024－10－11］.http：//www.gov.cn/xinwen/2020－12/11/content_5568815.htm.

［9］韩鑫. 智慧健康养老产业规模将突破4万亿元［EB/OL］.（2018－01－04）［2024－10－11］. http：//www.gov.cn/xinwen/2020－01/04/content_5466410.htm.

［10］极光 JIGUANG. 极光大数据：2019 年老年群体触网研究报告［EB/OL］.（2019－10－30）［2024－10－11］.https：//www.sohu.com/a/350613441_483389.

［11］佚名. 老龄化程度仅次于上海北京！江苏发布老龄事业发展报告［EB/OL］.（2020－10－30）［2024－10－11］. https：//dy.163.com/article/FQ6KR99C05345B2A.html.

［12］孔学劭. 央视 315 曝光手机软件坑老，广告诱导已成老人最大困扰之一［EB/OL］.（2021－03－15）［2024－10－11］.https：//www.sohu.com/a/455773905_161795.

［13］雷霞. 网络谣言的界定和成因［EB/OL］.（2018－12－10）［2024－10－11］.https：//www.piyao.org.cn/2018-12/10/c_1210011419.htm.

［14］李艺. 老人"朋友圈"为何谣言多［EB/OL］.（2020－10－26）［2024－10－11］.http：//www.piyao.org.cn/2020-10/26/c_1210857699.htm.

［15］佚名. 老年人网络生活报告：部分人或患网络孤独症，日在线超十小时［EB/OL］.（2020－10－25）［2024－10－11］. https：//www.jfdaily.com/news/detail？id=303758.

［16］王芊霓，黄羽婷. 阎云翔：中国家庭结构的新脚本是什么？［EB/OL］.（2019－07－23）［2024－10－11］. https：//www.thepaper.cn/newsDetail_forward_3972438.

［17］人力资源社会保障部. 人力资源社会保障部印发关于进一步优化人社公共服务切实解决老年人运用智能技术困难的实施方案的通知［EB/OL］.（2018－01－01）［2024－10－11］.http：//www.gov.cn/zhengce/zhengceku/2021－01/01/content_5576047.htm.

［18］腾讯研究院. 智能时代的技术伦理观：重塑数字社会的信任［EB/OL］.（2019－07－08）［2024－10－11］. https：//baijiahao.baidu.com/s？id=1638484356360631835&wfr=spider&for=pc.

[19] 田晓航. 让老年人生活不再"窘"，这一年我们"动真格"[EB/OL].(2020-12-28)[2024-10-11].http://www.gov.cn/xinwen/2020-12/28/content_5574096.htm.

[20] 微博数据中心. 2017 微博用户发展报告[EB/OL].(2017-12-25)[2024-10-11].http://data.weibo.com/report/reportDetail?id=404.

[21] 微信数据中心. 2018 微信数据报告[EB/OL].(2018-12-26)[2024-10-11].https://support.weixin.qq.com/cgi-bin/mmsupport-bin/getopendays.

[22] 佚名. 国务院办公厅印发《关于切实解决老年人运用智能技术困难的实施方案》[EB/OL].(2020-11-24)[2024-10-11].http://www.gov.cn/xinwen/2020-11/24/content_5563861.htm.

[23] 丁志新. 刚刚，扬州市老龄事业发展报告发布！[EB/OL].(2020-11-27)[2024-10-11].http://share.96189.com/yfs/Article/9a1d011142884a18a698524e4941fa6d.

[24] 张广彦. 老年观众媒介报告　传统电视仍是其主要选择[EB/OL].(2019-11-06)[2024-10-11].https://news.znds.com/article/41806.html.

[25] 中国国信网. 从第 46 次《中国互联网络发展状况统计报告》看我国互联网发展趋势九大特点[EB/OL].(2010-10-04)[2024-10-11].http://www.cac.gov.cn/2020-10/04/c_1603374972250693.htm.

[26] 中国互联网络信息中心. 第 45 次《中国互联网络发展状况统计报告》[EB/OL].(2020-04-28)[2024-10-11].http://www.cac.gov.cn/2020-04/27/c_1589535470378587.htm.

[27] 工业和信息化部. 工业和信息化部关于印发《互联网应用适老化及无障碍改造专项行动方案》的通知[EB/OL].(2020-12-26)[2024-10-11].http://www.gov.cn/zhengce/zhengceku/2020-12/26/content_557347 2.htm.

[28] 朱紫阳, 江宏. 2019 年十大谣言盘点　被拐儿童只有 0.1% 被找回？[EB/OL].(2020-01-03)[2024-10-11].https://society.people.com.cn/n1/2020/0103/c1008-31533810.html.

/ 后　记 /

本书即将付梓，回望来时路，我内心满怀感激。在诸多专家、朋友的帮助下，我完成了一段有意义的研究旅程，备感幸运。

感谢我的导师南京师范大学李艺教授。2016 年，我在李老师门下攻读教育技术学博士。李老师非常支持我跨学科申报国家社会科学基金项目，积极帮助我研究申报指南。本选题的诞生得益于李老师的敏锐洞察和悉心指导。

感谢在项目申报过程中为我提供指导和帮助的杜骏飞教授、风笑天教授、俞洪亮教授、秦兴方教授、冯锐教授等学者。感谢诸位学界前辈对我的慷慨提携。前辈的一个提示或一句鼓励，常常如灯塔般照亮我前行的道路。

感谢国家社会科学基金项目的五位匿名评审专家细致中肯、一针见血的评审意见，鞭策着我"上下而求索"，同时也感谢评审专家对青年学者的宽容和肯定，激励着我关注社会民生，提高研究素养。

感谢每一位为本书提供支持的朋友。感谢南京邮电大学周灵教授、淮阴师范学院杨绪辉教授、江苏师范大学安涛教授、南京师范大学陈巧云教授、河南科技学院冯小燕教授、洛阳师范学院付青教授等同门给予我的无私帮助。

感谢因隐私保护而未在书中呈现真实姓名的受访者们，包括众多老年朋友及其家人、大学生志愿者、社区居民委员会主任及网格员、老年大学负责人等。至今，我还与不少老年朋友保持着微信好友关系，相互关注着彼此的动态。一位老年朋友每天为我的"微信运动"点赞，而这总让我回想起曾经与老年朋友们愉快交谈的时光。在平等友善的代际学习场景中，我收获良多。

感谢扬州大学新闻与传媒学院的同事们（原谅我不再一一列举姓名）。我可爱的同事们总是乐于接受我正式或非正式的访谈邀请，在线上或线下与我探讨他们对老年父母使用社交媒体的观察、心得和困惑。这些分享为我的研究提供了有力的支持。

特别有意义的是，我与受访家庭探讨的数字时代家庭代际关系和老龄观念更新问题，对我和受访者持续产生着积极的影响。一些受访者甚至把我当作值得信赖的"家庭问题专家"。感谢朋友们的信任，我实在愧不敢当。

感谢我的亲人。大家族中诸多步入老年的亲友，其社交媒体使用日常源源不断地为本研究提供着数据、思路和启发。亲友们不仅时时关心我的研究进展，而且积极参与其中，帮我填写或转发调查问卷、联络合适的访谈对象。有些亲友还作为受访者，不厌其烦地为我答疑解惑，增进了我对"家"的理解。

研究过程总是充满挑战，研究者免不了被"坏情绪"侵扰。感谢我的先生和儿子给我的爱、包容和鼓励，你们是我前进的动力。

感谢江苏大学出版社编辑团队精心细致的审校，让拙作能以更完善的面貌呈现给广大读者。

最后，我要向所有阅读此书的读者表示衷心的感谢。你们的关注和反馈，是我专业成长的加油站，敬请批评指正。

石晋阳

2024 年 11 月